中国旅游院校五星联盟教材编写出版项目
中国骨干旅游高职院校教材编写出版项目

酒店人力资源管理实务

（第二版）

主编　方向红　陆勤　苏炜

中国旅游出版社

编委会

主编 方向红 陆 勤 苏 炜

参编 姚建园 王则天 赵程凌云 韩琳琳
秦琅琅 郑菊梅 林 媛

出版说明

把中国旅游业建设成国民经济的战略性支柱产业和人民群众更加满意的现代服务业，实现由世界旅游大国向世界旅游强国的跨越，是中国旅游界的光荣使命和艰巨任务。要达成这一宏伟目标，关键靠人才。人才的培养，关键看教育。教育质量的高低，关键在师资与教材。

经过20多年的发展，我国高等旅游职业教育已逐步形成了比较成熟的基础课程教学体系、专业模块课程体系以及学生行业实习制度，形成了紧密跟踪旅游行业动态发展和培养满足饭店、旅行社、旅游景区、旅游交通、会展、购物、娱乐等行业需求的人才的开放式办学理念，逐渐摸索出了一套有中国特色的应用型旅游人才培养模式。在肯定成绩的同时，旅游教育界也清醒地看到，目前的旅游高等职业教育教材建设和出版还存在着严重的不足，体现在教材反映出的专业教学理念滞后，学科体系不健全，内容更新慢，理论与旅游业实际发展部分脱节等，阻碍了旅游高等职业教育的健康发展。因此，必须对教材体系和教学内容进行改革，以适应飞速发展的中国旅游业对人才的需求。

上海旅游高等专科学校、浙江旅游职业学院、桂林旅游高等专科学校、南京旅游职业学院、山东旅游职业学院、郑州旅游职业学院等中国最早从事旅游职业教育的骨干旅游高职院校，在学科课程设置、专业教材开发、实训实习教学、旅游产学研一体化研究、旅游专业人才标准化体系建设等方面走在全国前列，成为全国旅游教育的排头兵、旅游教学科研改革的试验田、旅游职业教育创新发展的先行者。他们不仅是全国旅游职业教育的旗帜，也是国家旅游局非常关注的旅游教育人才培养示范单位，培养出众多高素质的应用型、复合型、技能型的旅游专业人才，为旅游业发展做出了贡献。中国旅游出版社作为旅游教材与教辅、旅游学术与理论研究、旅游资讯等行业图书的专业出版机构，充分认识到高质量的应用型、复合型、技能型人才对现阶段我国旅游行业发展的重要意义，认识到推广中国骨干旅游高等职业院校的基础课程、专业课程、实习制度对行业人才培养的重要性，由此发起并组织了中国骨干旅游高职院校教材编写出版项目，将六校的基础课程和专业课程的教材成系统精选出版。该项目得到了“五星联盟”院校的积极响应，得到了国家旅游局人事司、教育部高职高专旅游专业教学指导委员会、中国旅游协会旅游教育分会的大力支持。经过各方两年多的精心准备与辛勤编写，在国家“十二五”开局之年，这套教材终于推出面世了。

中国骨干旅游高职院校教材编写出版项目所含教材分为六个专业模块：**“旅游管理专业模块”**（《旅游概论》《旅游经济学》《中国旅游地理》《中国旅游客源国与目的地国概况》《旅游市场营销实务》《旅游服务业应用心理学》《旅游电子商务》《旅游职业英语》《旅游职业道德》《旅游策划实务》《休闲学概论》《旅游商品概论》《旅游服务礼仪与实训》《中国主要客源国概况》（双语教学用书）《中国历史文化》《旅游企业人力资源管理》《旅游公共关系》）；**“酒店服务与管理专业模块”**（《酒店概论》《酒店前厅部服务与管理》《酒店客房部服务与管理》《酒店餐饮部服务与管理》《酒店人力资源管理实务》《酒店财务管理》《酒店英语》《酒店市场营销》《调酒与酒吧服务与管理》）；**“旅行社服务与管理专业模块”**（《旅行社经营管理》《旅游政策与法规》《导游业务》《导游文化基础知识》《旅行社门市业务》《旅行社业务操作技能实训》《出境旅游领队实务》）；**“景区服务与管理专业模块”**（《景区规划原理与实务》《景区服务与管理》《旅游资源的调查与评价》）；**“会展服务与管理专业模块”**（《会展运营管理》《会展策划与管理》《会展设计与布置》《节事活动赞助》）；**“烹饪工艺与营养专业模块”**（《厨政管理》《烹饪营养与食品安全》《面点工艺学》《西餐工艺与实训》）。本套教材实行模块主编审稿制，每一个专业模块均聘请了一至三位该学科领域的资深专家作为特邀主编，负责对本模块内每一位主编提交的编写大纲及书稿进行审阅，以确保本套教材的科学性、体系性和专业性。六校的资深专家及相关课程的骨干教师参与了本套教材的编写工作。他们融合多年的教学经验和行业实践的体会，吸收了最新的教学与科研成果，选择了最适合旅游职业教育教学的方式进行编写，从而使本套教材具有了鲜明的特点。

1. 定位于旅游高等职业教育教材的“精品”风格，着眼于应用型、复合型、技能型人才的培养，强调互动式教学，强调旅游职业氛围以及与行业动态发展的零距离接触。

2. 强调三个维度能力的综合，即专业能力（掌握知识、掌握技能）、方法能力（学会学习、学会工作）、社会能力（学会共处、学会做人）。

3. 注重应用性，强调行动理念。职业院校学生的直观形象思维强于抽象逻辑思维，更擅长感性认识和行动把握。因此，本套教材根据各门课程的特点，突出对行业中的实际问题和热点问题的分析研讨，并以案例、资料表述和图表的形式予以展现，同时将学生应该掌握的知识点（理论）融入具体的案例阐释中，使学生能较好地将理论和职业要求、实际操作融合在一起。

4. 与相关的行业资格考试、职业考核相对应。目前，国家对于饭店、导游从业人员的资格考试制度已日渐完善，而会展、旅游规划等的从业资格考核也在很多旅游发达地区逐渐展开。有鉴于此，本教材在编写过程中尽可能参照最新的各项考试大纲，把考点融入到教材当中，让学生通过实践操作而不是理论的死记硬背来掌握知识，帮助他们顺利通过相关的考试。

中国骨干旅游高职院校教材编写出版项目是一个持续的出版工程，是以中国骨干旅游高职院校和中国旅游出版社为平台的可持续发展事业。我们对参与这一出版工程的所有特邀专家、学者及每一位主编、参编者和旅游企业界人士为本套教材编写贡献出的教育教学和行业从业的才华、智慧、经验以及辛勤劳动表示崇高的敬意和衷心的感谢。我们期望这套精品教材能在中国旅游高等职业教育教学中发挥它应有的作用，做出它应有的贡献，这也是众多参与此项编写出版工作的同人的共同希望。同时，我们更期盼旅游高等职业教育界和旅游行业的专家、学者、教师、企业界人士和学生在使用本套教材时，能对其中的不足之处提出宝贵意见和建议，我们将认真对待并吸纳合理意见和建议，不断对这套教材进行修改和完善，使之能够始终保持行业领先水平。这将是我们不懈的追求。

中国旅游出版社

2013 年 11 月

序

南京旅游职业学院前身可溯源至1978年成立的江苏省旅游学校和1989年成立的专门培养酒店业管理人才的高等院校金陵旅馆管理干部学院。40余年来，南京旅游职业学院为行业输送了大批旅游酒店精英人才。

作为江苏省旅游学校首届毕业生，我为母校不断取得的成就与发展深感自豪和骄傲。2015年，母校酒店管理学院教师团队合作编写了中国骨干旅游高职院校教材《酒店人力资源管理实务》。教材梳理整合了国内外酒店业的成功案例与理论成果，是一部系统性、应用性俱佳的教材。第一版于2015年9月由中国旅游出版社出版。方向红、陆勤两位主编都曾长期在南京金陵饭店集团从事人力资源管理工作，现又工作在旅游教育教学的第一线，具有丰富的酒店实践及教学经验。方向红老师曾作为访问讲师到普渡大学进行人力资源管理专项研修，陆勤老师曾两次到普渡大学进修和交流。两位老师对酒店业及人力资源发展有着深刻的认识与思考，本书融入了她们的思想和理念。此次再版，她们邀请了苏炜博士和一些行业专家参与编写和修订，显示出两位主编坚持理论和实践相结合、与时俱进的学者风范。

母校是中国旅游教育的先行者。40多年来，中国酒店业实现了跨越式的发展，成为体验式经济的支柱产业。目前，复杂多变的世界格局正在迅速改变着社会和市场，人力资源在激烈的竞争和动荡的环境下，对于各行各业、企业单位的生存有着决定性意义。互联网进一步改变着信息传播的形态，人才有了更广阔的选择空间。酒店的竞争归根结底是人才的竞争，酒店的人力资源实践活动需要与时俱进。本书此次再版，增加了信息化更新的人力资源管理方法，更加强调“人”作为获取竞争优势的首要资源。本书贯彻母校“以就业为导向，以能力为核心”的人才培养理念，从酒店经营管理角度出发，注重理实一体，学以致用，在阐述观点、传授理论知识的同时，更侧重培养实战能力，提升学生的职业素养。

感谢方向红、陆勤、苏炜、韩琳琳、姚建园、赵程凌云、王则天等老师的辛勤耕耘。祝愿母校在旅游教育前沿硕果累累。

蔡利平博士 Dr.Liping A.Cai

国际旅游教育者协会理事

美国普渡大学旅游研究中心主任、教授

2021 年 1 月

再版前言

随着我国经济的快速发展与人民生活消费水平的提高，我国酒店行业正逐步走向大规模、高质量的发展时代。随着我国在国际上的地位和声望不断提高，来华国际人士增多，加上国内流动人口、商务活动不断增加，中国酒店业的发展前景将不可限量。酒店业作为典型的服务行业，人力资源管理质量直接决定了其竞争力。

酒店人力资源管理是一种动态的、较为全面的管理，不仅包括根据企业的整体目标为酒店提供和选拔合适人才等人事管理的职能，还包含了酒店员工的招聘、录用、培训、升迁、奖惩、退职等全过程的管理。

本教材作为旅游高等职业院校教材，适应了现代旅游业对从业人员的需求。通过对本教材的学习，能够让将来进入酒店行业工作的学生以及未来意向从事人力资源管理的学生对酒店人力资源管理的模式以及过程有一个初步全面的了解。

本教材针对中国酒店行业的国际化发展，从国内品牌和国际品牌两方面考虑酒店人力资源的管理和运用，推行适合中国酒店行业人力资源管理的模式。以酒店人力资源管理导论为开篇，分八章对酒店人力资源管理实践活动进行阐述，分别为酒店人力资源管理导论、酒店人力资源的规划、酒店员工的招聘与配置、酒店员工培训与开发、酒店员工绩效管理和员工激励、酒店员工的薪酬与福利管理、酒店员工的劳动关系与职业安全、酒店的员工关系。在形式上，每一章首先以案例导入对正文知识的学习，再用案例分析的问题引发学生讨论和思考，正文中穿插的相关链接用来补充材料，以扩展学生知识面。相信通过知识和案例的链接内容，会促使学生利用业余时间进行研究，在学习的同时提高了学生认识问题和解决问题的能力。

互联网时代的到来对酒店人力资源管理提出了新的要求与挑战，酒店要根据时代发展趋势与时俱进，及时转变工作思维，创新工作方法，不断调整自身的人力资源管理模式，更好地顺应时代的变化与发展。我们对第一版进行了修改，形成教材的第二版。第二版中增加了信息化时代新的人力资源管理方法，如招聘网站的使用建立了酒店网络人力资源招聘的重要平台，节约了招聘成本。酒店信息化培训能够优化培训流程并激发员工的培训热情。针对 2020 年出现的新冠疫情，增加了酒店人力资源危机管理的章节。

本教材由具有丰富酒店经营管理、行业实践经验和教学经验的南京旅游职业学院一线教师编写修订，并邀请酒店行业人力资源管理专家参与讨论。南京金陵饭店人力资源总监秦琅琅先生、合肥元一希尔顿酒店人力资源总监郑菊梅女士、南京绿地洲际人力资源总监林媛女士都对本教材的编写给予了大力支持，帮助提供资料和修订。

本教材中，第一章由姚建园和苏炜老师编写，第二章由姚建园老师编写，第三章由王则天老师编写，第四章由陆勤老师编写，第五章由方向红老师编写，第六章由韩琳琳老师编写，第七、八章由赵程凌云老师编写。方向红、陆勤、苏炜负责此次教材的整理、修订和定稿工作。

由衷感谢国际旅游教育者协会理事、美国普渡大学旅游酒店管理学院终身教授、旅游研究中心主任蔡利平博士对此教材改版的全程关心，不仅欣然为本教材写序言，并且对整体教材的结构和内容给予了具体的指导。在本教材编写过程中，我们借鉴并参考了若干国内外相关学术著作以及旅游、教育界相关资料，在此向业界同人表示特别感谢！由于时间较紧、水平有限，本教材的编写难免出现一些疏漏和不足，敬请专家、同人和读者给予批评指正！非常感谢！

编者

2021 年 1 月

前　言

作为我国第三产业中的一个支柱产业，酒店行业一直在社会发展和人民生活中发挥着重要作用，被视为一枝独秀。同时它也是所有行业中最具吸引力的行业之一。随着我国在国际上的地位和声望不断提高，来华国际人士增多，加之国内流动人口、商务活动不断增加，中国酒店业的发展前景将不可限量。

随着知识经济时代的到来，人力资本概念开始被引入现代企业管理中，企业对人的管理逐步从人事管理向人力资源管理发展。人力资源管理着眼于未来和人的全面发展，强调将人力资源作为企业获取竞争优势的首要资源，通过人力资源规划、政策及具体实践，获得与企业战略相匹配的人力资源配置。

酒店人力资源管理是一种动态的、较为全面的管理，不仅包括根据企业的整体目标为酒店提供和选拔合适人才等人事管理的职能，而且包含了酒店员工的招聘、录用、培训、升迁、奖惩、退职等全过程的管理。新时期人力资源的发展呈现出新的趋势，酒店人力资源管理实践活动亦需不断与时俱进。

本教材作为旅游高等职业院校教材，适应了现代旅游业对从业人员的需求。通过这本教材能够让将来进入酒店行业工作的学生以及未来意向从事人力资源管理的学生对酒店人力资源管理的模式以及过程有一个初步全面的了解。

本教材以酒店人力资源导论为开篇，分八章对酒店人力资源管理实践活动进行阐述，分别为酒店人力资源导论、酒店人力资源的规划、酒店员工的招聘与配置，酒店员工培训与开发，酒店员工绩效管理和员工激励，酒店员工的薪酬与福利管理，酒店员工的劳动关系与职业安全，酒店的员工关系管理。在形式上，每一章首先以案例导入对正文知识的学习，再用案例分析的问题引发学生讨论和思考，正文中穿插的相关链接用来补充资料，以扩展学生知识面。相信通过知识和案例的链接内容，会促使学生利用业余时间进行研究，在学习的同时也提高了学生认识问题及解决问题的能力。

本书针对中国酒店行业的国际化发展，从国内品牌和国际品牌两个角度考虑酒店人力资源的管理和运用，从双方面寻找适合中国酒店行业人力资源管理的模式。

本教材由具有丰富酒店经营管理行业实践经验和教学经验的南京旅游职业学院一线老师编写。由南京旅游职业学院副院长方向红和南京旅游职业学院副教授陆勤担任主编，两位老师都曾长期在南京金陵饭店从事过人力资源管理工作。南京万达希尔顿人力资源总监郑菊梅女士提供了一些国际化酒店管理信息，对本教材的编写给予了大力支持。本教材中，姚建园老师编写第一章和第二章；王则天老师编写第三章；陆勤老师编写第四章；方向红老师编写第五章，韩琳琳老师编写第六章，赵程凌云老师编写第七章和第八章。

本教材在编写过程中借鉴、参阅了若干国内外相关学术著作以及旅游、教育界相关资料，在此对业界同人特别表示感谢！由于时间紧、水平有限，本教材的编写不免有疏漏和不妥之处，谨请专家、同人和读者给予批评指正！

编　者

2015 年 6 月

目录

CONTENTS

第一章 酒店人力资源管理导论

随着酒店业的快速发展，酒店企业之间的竞争已经逐步转化为人才之间的竞争，酒店经营管理也从标准化管理向“以人为本”管理模式转变。酒店只有具备了人才优势，其资金、技术、设备、网络等方面的优势才能得到全面的整合和充分的发挥，真正变成企业现实的经济优势和效益优势。而酒店企业要真正地建立高素质员工团队，发挥人力资源优势，就必须具备科学的人力资源管理体系。

本章介绍了酒店人力资源管理的概念、发展历史、理论基础，酒店人力资源管理的主要内容，以及目前酒店人力资源管理所面临的挑战。学习本章内容将为读者建立对酒店人力资源管理的基本认知，为后续章节的学习打下基础。本章的重点在于酒店人力资源管理的主要内容。

学习目标

知识目标

1. 了解酒店人力资源管理的发展历史。
2. 掌握酒店人力资源管理的主要内容。
3. 了解目前人力资源管理面临的挑战。

技能目标

分析酒店人力资源的竞争优势。

案 例

更多关爱在君澜

作为中国饭店集团10强之一的君澜酒店集团本着“不以硬件设施自豪，以软件、优秀员工队伍自豪”“以人为本”的企业理念，为业主创造最佳的效益，为员工搭建最好的职业舞台。

君澜对于员工薪酬福利极其重视，除了各行业都拥有的基础福利，君澜酒店集团每年都会进行员工满意度调查，根据员工满意度调查的结果，从工作条件、工作环境、个人发展空间、员工需求培训等方面进行相应的改进调整并安排专人跟进。另外，君澜酒店集团也非常重视给员工提供各类自我展示的平台，不仅是从业务上，更是从喜好、兴趣、才艺、综合素养等各方面多维度、多渠道地给予员工展示自我的平台，让员工在君澜的大舞台上真正实现自我。

君澜重视人才战略发展，人才梯队建设以及人才的素质培养。从四个系列主题培养，将中国文化的“参赞化育”融合到职业生涯培养中。“青衿”计划，针对在校大学生、新入职基层员工，每年开设“泮水学堂”“新蒙学馆”，将社会人变成酒店人、君澜人；“在野”计划，面向基层员工，开设“稷下学宫”，从君澜人成长为君澜职业经理人；“在渊”计划，面向集团内基层管理者，开设“成均学堂”，从君澜职业经理人成为君澜常青树、中流砥柱；“大学”计划，面向中高层管理者，开设“明堂辟雍”，成为君澜领航人、事业伙伴。君澜酒店集团构建的一套完整的人才培养体系，保证了企业有源源不断的新生力量，从而打造出一支多元化、高素质的人才梯队。

“更多的关爱在君澜”如同家一般的工作环境，每一位员工之间都能相互尊重，和谐的上下级关系，每位员工都能找到归属感，并为企业发自内心地贡献自己的一份力量。发掘每位员工的需求，员工感觉工作本身和环境因素对员工自己的价值观、人生观的实现而产生的愉悦，这是一个成功的企业必须具备的。

资料来源：迈点网新闻《更多关爱在君澜 / 君澜荣获最佳雇主》，
2017年11月7日

案例分析

请结合上述案例，思考如下问题：

1. 君澜为什么提出“不以硬件设施自豪，以软件、优秀员工队伍自豪”的理念？
2. 君澜“以人为本”的理念体现在哪些地方？

第一节　酒店人力资源管理的发展

知识经济时代的到来使得人才成为最重要的资源。人力资源决定着其他资源的有效开发和利用，完善的人力资源管理体系是提高酒店整体品质与增强酒店活力的根本。酒店经营者把人力资源管理放在重要的战略地位，努力营造吸引、培养、用好、留住人才的良好环境，有利于提高酒店人才队伍整体素质和增强酒店的竞争力。

一、人力资源概述

（一）人力资源的概念

著名的管理学家彼得·德鲁克（Peter Drucker）于 1954 年在讨论员工及其工作的管理时，引入了“人力资源”这一概念。他指出：与其他所有资源相比，唯一的区别就是它是人；人力资源拥有其他资源所没有的素质，即协调能力、融合能力、判断力和想象力；管理者可以利用其他资源，但人力资源只能自我利用，因为人对自己是否工作拥有完全的自主权。随着管理实践的不断深化，学者对于人力资源的概念有了更为广泛与深刻的理解。

在现代的企业管理中，资源一般被分为四大类，即人力资源、自然资源、资本资源和信息资源，而后三类也被统称为物力资源。普遍意义上的人力资源是指一切能为社会制造财富、推动整个经济和社会发展的劳动者的能力，具体是指存在人的体能、知识、技能、能力、个性行为特征等载体中的经济资源，它反映了一个国家和地区的人口总体所拥有的劳动能力，包括数量、质量与结构三个方面。而企业中的人力资源则是指一切能为企业创造财富，能够提供企业规定服务的人及其所具有的能力。

（二）人力资源的特征

1. 能动性

人力资源的能动性是指由于作为劳动者的人具有社会意识，并且在社会生产中处于主体地位，因此决定了其在企业生产、服务、经营等各项社会经济活动中具有主导地位。企业人力资源的能动性主要表现在职业选择、自我学习、自我完善和积极工作等方面。

2. 可再生性

人力资源是一种可再生性资源。人的劳动能力具有“消耗—生产—再消耗—再生产”的机制，劳动能力暂时消耗后，通过饮食能量补充及适当的休养，仍可以得以恢复。此外，人力资源的质量也具有可开发性，劳动者的劳动素质，如智力、知识、技能、体质及品质状况等，可以通过各种措施加以改善。人力资源的可再生性特点，要求人们在使用人力资源的同时，提供必要的人力资源再生产的保障，如合理的工资报酬、福利及社会保障等，还要求在人力资源管理中通过培训等途径开发现有人力资源的素质潜力，以最大限度地发挥人力资源的能量。

3. 时效性

人力资源具有时间的界定，局限于具有实际劳动能力的劳动适龄时期。当然，不同性质的劳动对劳动年龄的限定是不相同的，如从事简单体力劳动的年龄上下限较低，从事复杂脑力劳动的年龄上下限较高，其原因在于，复杂脑力劳动者在就业前须接受更高层次的教育，智力的衰退过程比体力的衰弱过程慢。人力资源的时效性特点，要求人类依据生物学的规律来使用自身的劳动能力，合理规定劳动年龄的上下限，充分利用劳动适龄时期的劳动能力。

4. 两重性

人力资源的两重性属于人类自身所有，人既是其自身人力资源的生产者，也是消费者。人既通过学习、成长、休息、锻炼等方式获得人力资源，同时也通过消费人力资源获得报酬。对于企业而言，企业的人力资源既是企业经营的生产资源，也是企业投资的结果，与其他资源一样具有投入产出规律。因此，企业在人力资源开发中要注意人力资源生产和消费的关系，不能只关注消费而忽视了对员工的培养。

5. 社会性

企业人力资源处于特定的社会和时代中，其形成、配置和使用无不受到社会经济生活、文化和风俗等因素的影响，不同的社会形态、文化背景都会反映和影响人的价值观念、行为方式、思维方式。人力资源的社会性要求在人力资源开发过程中要特别注意政治制度、国别政策、法律法规以及文化环境的影响。

二、酒店人力资源管理的概念

（一）人力资源管理的概念

人力资源管理，就是指运用现代化的科学方法，对与一定物力相结合的人力进行合理的培训、组织和调配，使人力、物力经常保持最佳比例，同时对人的思想、心理和行为进行恰当的诱导、控制和协调，充分发挥人的主观能动性，使人尽其才，事得其人，人事相宜，以实现组织目标。

人力资源管理主要包括两个方面：一方面是对人力资源“量”的管理，就是根据人力和物力及其变化，对人力进行恰当的培训、组织和协调，使二者经常保持最佳比例和有机的结合，使人和物都充分发挥出最佳效应；另一方面是对人力资源“质”的管理，主要是指采用现代化的科学方法，对人的思想、心理和行为进行有效的管理，充分发挥人的主观能动性，以达到组织目标。

（二）酒店人力资源管理的概念

根据人力资源的内涵及酒店行业的特点，本书将酒店人力资源管理的概念界定为：基于正确的人才理念，综合运用管理的原理，对酒店各层次、各类型的从业者从招聘、培训、职业生涯、组织调配、劳动合同、绩效考评、报酬体系、工作环境等方面实行全过程、全方位的管理，充分开发员工潜力与发挥员工主观能动性，使人尽其才、才尽其用、人职匹配，满足员工需要，达成组织目标，实现组织与员工的共赢。

三、酒店人力资源的发展阶段

人力资源管理思想的正确与否，直接影响到酒店员工的态度、行为与绩效。酒店管理者要对员工进行卓有成效的管理，就必须了解人力资源管理的理论基础与发展阶段，并根据酒店所处的内外环境变化，把握人力资源管理的发展趋势。

（一）人力资源管理的理论基础

酒店管理者关注的重点是如何引导员工的行为，以使其完成组织赋予的职责，因此，需要进一步分析人的行为产生的原因。而理解人的行为产生的原因，就要明白“人是什么”。在人力资源管理实践中，任何管理者心中都存在一个关于人性的认识，他们根据人性的认识来采取相应的管理手段。人性假设理论是管理者对于人性问题探究的结果，是对人的本质特征所做的理论假定。因此，人力资源管理理论的形成与发展，在很大程度上受到人性假设理论的影响。关于人性假设，得到广泛认可的主要有四种，即经济人、社会人、成就人（自我实现人）和复杂人假设。

1. 经济人假设

经济人假设是西方管理思想形成初期的一种人性假设。它认为人的一切行为都是为了最大限度地满足自己的私利，人都要争取最大的经济利益。人由经济诱因而引发工作动机，因而人在组织中是被动地受组织操纵、激发和控制的。美国工业心理学家道格拉斯·麦格雷戈（Douglas McGregor）在《企业的人性面》一书中，对以经济人假设为基础的传统观点进行了概括，称之为X理论。其主要内容为：一般人天生懒惰，厌恶工作，总是尽可能少干工作；多数人没有雄心大志，无进取心，不愿负责任，而宁愿接受他人指挥和管理；人生来以自我为中心，对组织的要求与目标不关心；人是缺乏理性的，本质上不能自律，但又容易受他人影响。因此，对大多数人必须实行强制、控制、指挥和以惩罚相威胁，以使之为实现组织目标做出充分的贡献。由这种人性假设所导出的管理方式为：（1）以经济报酬获得员工的效率和服从，对消极怠工的员工采取严厉的惩罚，以权力或控制体系来保护组织本身和引导员工；（2）管理的重点是提高员工的劳动生产率，完成工作任务；（3）制定严格的工作规范，加强规章制度管理；（4）组织目标的实现程度取决于管理人员对员工的控制。

经济人假设是西方早期企业管理（包括人事管理）思想和实践的基础。由著名的"科学管理之父"弗雷德里克·泰勒（Frederick Taylor）及其同伴所创造的科学管理理论和实践则是全面而具体地将这种人性假设理论运用于企业人事管理的典型。在20世纪初的相当一段时期内，科学管理理论和方法极大地提高了劳动生产率。据估算，仅实行计件工资制一项，就至少使当时的劳动生产率提高了25%。科学管理思想在西方企业管理和人事管理发展中，具有极为重要的指导意义。尽管因其以经济人假设为基础，相对忽视人的情感需求，受到过人们激烈的批评，但是，科学管理的一些原则和方法在现代企业管理中仍得以沿用和发展。因为劳动是谋生的首要手段，这使得经济动机在促使人们积极工作中依然持续发挥着重要作用。

2. 社会人假设

社会人假设的基本观点是：人们在工作中不仅关心物质需要，也重视友谊、尊重、关怀等需要，即人具有社会交往需要。人际关系是形成人们身份感的基本因素，人与人之间的关系和组织的归属感比经济报酬更能激发人的工作积极性。经济人假设在某种程度上揭示了人类内心的动物性本能，体现了自我的保护与利益追求，但这种假设忽视了人的社会性，从而必然与社会实践有一定脱节，难以解释互惠合作与利他行为等社会现象，难以实现个人与组织长期利益的有效协调，因此，在应用上具有局限性。一般认为，社会人假设是由美国社会心理学家乔治·埃尔顿·梅奥（George Elton Mayo）于1924年的霍桑实验的基础上提出的。生活在一定社会的人，必然受到社会历史、文化、政治、经济的影响而打上社会的烙印。行为管理理论学者认为人是生活在社会中的"社会人"，除了对温饱的要求之外，人不可避免地要受到所处的社会环境、亲人、教育等影响。如果人是孤立存在的个体，那么人与人之间的合作、人与人之间的影响，甚至人与人之间的排斥也就成为空谈，那么人力资源管理理论中的类似团队合作理念也就失去了自身的意义。

根据社会人假设理论，社交需要和尊重需要是激发员工的最强大动力。管理者应活跃于员工之间，了解员工的要求和思想感情；鼓励员工多进行交往，随时调整和解决下属之间的矛盾，以健康积极的企业文化来融洽员工关系；倡导相互尊重、信任的人际交往，营造一种充满关爱、友好的交往氛围，力争培养员工的归属感和整体感。同时，企业管理实践证明，一旦员工感知到组织的充分信任，即使把各项工作标准调高，他们还是会尽力去完成任务。现在许多企业喜欢以组建任务团队的方式来实现目标。这种方式有助于参与其中的员工增强彼此之间的信任、沟通和尊重，把个人利益融入团队利益中去，其对企业的归属感和自豪感也就水到渠成了。酒店管理者可通过组织各种集体活动来满足员工的社会人需求，以及通过日常的关怀来培养员工对组织的心理归属感。

3. 成就人假设

"成就人"也称"自我实现人"，是美国心理学家亚伯拉罕·马斯洛（Abraham Maslow）首先提出的一种人性假设。成就人假设认为，员工更注重自我实现，只有当他们的才能和潜力充分发挥出来后，才会感到最大的满足。所谓自我实现，是指个人才能得以充分展示，个人理想与抱负得以实现，以及人格趋于完善。这种假设认为自我实现是人的最高层次需求，只有使每个人都有机会将自己的才能发挥出来，才能最大限度地调动人的积极性。道格拉斯·麦格雷戈总结并深化了"自我实现人"假设，结合管理问题，提出了 Y 理论。Y 理论的基本观点是：一般人都是勤奋的，只要环境条件合适，人是乐于工作的；人对工作的态度取决于对工作的理解和感觉；人在工作中具有自我指导和自我控制的愿望与能力，外来的控制和惩罚不是驱使人们工作的唯一手段；大多数人具有相当程度的想象力、独创性和创造力，只要不为外界因素所控制，这种想象力、独创性和创造力就会得到正常发挥；在适当条件下，一般人都主动承担责任；在现代工业条件下，一般人的潜力只利用了一部分。根据 Y 理论，现代组织应采取的管理方式为：（1）尽量使工作富有意义和挑战性，使人们从工作中得到满足和自尊；（2）管理者的主要职责就是要创造一个允许和鼓励每位员工能从工作中得到内在奖励的工作环境，让员工自我激励，使个人需要与组织目标自然和谐地统一起来。

推崇经济人假设的管理者在激励方式上过分强调金钱刺激、物质激励，即在工资报酬、工作条件、福利待遇上下功夫，其关注焦点是员工工作的外部条件，也被称为"外在激励"。而"内在激励"关注的焦点不是工作的外部条件，而是工作本身，即现有工作能否使员工产生兴趣爱好，能否满足其求知、求美的欲望，能否使其在工作中发挥潜力与取得成就，能否满足其自尊和自我实现的需要。显然，内在激励比外在激励更深刻、更持久。近三十年来，在发达国家中方兴未艾的"工作重新设计"即"工作扩大化与工作丰富化"，以及企业内的民主参与制度、自我培训计划等，都是通过提高工作生活质量，满足员工的高层次需要，以调动其工作积极性。

根据成就人假设理论，管理者应赋予员工一定的权利和责任，使他们能够感觉到上司看重、信任他们，使员工的工作动力自然被激发出来，进而表现出超乎寻常的自信，释放出更大的潜能。因此，酒店管理者主要可以采取两种途径来激发员工的工作热情：（1）让员工参与管理工作以激发其工作热情。通过让下属在一定程度上参加组织的决策过程和各种管理工作，使员工更好地体会自己的利益与企业利益密切相关而产生的责任感，以及建议被采纳和实施而带来的成就感。（2）用授权来激发员工的工作积极性。通过有效授权使员工更多地参与到组织的运作和决策中去，充分发挥员工的个人特长，充分体现员工的个人价值，以增强员工的责任感和主人翁意识。

4. 复杂人假设

复杂人假设的基本观点是：人们的需要是多种多样的，并且会随着人的成长和生活处境的变化而变化；人们有需求偏好并不是说其他需要不重要，而是一个主次问题。因此，即便是同一位员工，在不同的时间和环境下，也会有不同的需求，而且随着年龄、知识和个人事业的发展，其偏好会发生变化，激励手段当然要相应改变。

在复杂人假设理论的基础上，美国日裔学者威廉·大内（William Ouchi）提出 Z 理论。Z 理论也称作权变理论，它是 20 世纪 70 年代出现的一种管理理论。Z 理论认为：组织的管理应根据其所处内外部环境的变化而变化，世界上没有一成不变的、普遍适用的“最佳”管理理论和方法。如果说科学管理理论采用的是“假如 X，那么 Y”的表达形式，那么 Z 理论采用的就是“假如 X，那么 Y，但只有在 Z 的情况下”，其中 Z 为环境变量。

从人力资源管理角度分析，由于人们是怀着各自不同的理由加入某个组织与承担某项工作的，因此一个人在不同单位、不同部门工作时，其工作动机和需要也是不同的。针对人的这种复杂性，酒店管理者可采用的管理方式为：（1）应该善于发现员工的个体差异，因人而异地采取灵活多变的管理方式；（2）为了提高员工的工作积极性，管理者的领导方式也应该有较大的弹性；（3）管理者要努力发现员工没有得到满足的需要，并力争使员工得到真正的满足，而且当发现员工某种需要一时难以满足时，还可采用培训、教育、组织文化影响等手段改变员工的兴趣偏好，以有利于组织目标的实现。

（二）人力资源管理的发展历程

人力资源管理的发展历程，实质上是对人力价值认识的不断深化过程。

结合管理理论的发展以及众多学者的研究脉络，本书将人力资源管理思想的演进划分为四个阶段。

1. 劳动关系管理阶段

在劳动关系管理时期，在大多数管理者的心目中，人的价值和机器的价值没有本质区别，工人工作条件艰苦，劳资关系紧张，劳资纠纷时有发生。为了缓和这一矛盾，管理者逐渐开始尝试改善工人的生产条件与生活条件。该阶段推崇经济人的人性观，以经验管理思想与科学管理思想为核心。在经验管理思想阶段，管理的有效性主要取决于管理者个人的素质。就酒店业来说，最初属于家庭式经营的人力资源管理，其主要特征是：家庭成员是酒店的主人，其他员工均为临时雇佣；雇员与雇主之间没有明确约定双方的关系，雇员的权益缺乏法律保障；实行家长式的管理；雇员培训采用师带徒的方式。随着现代酒店业的兴起，管理逐步标准化，劳资双方的关系开始在法律的框架内运作，劳动关系逐步表现为由劳资双方达成的契约关系。科学管理的逐步普及，促进了工作专业化程度与劳动生产率的提升，但劳资之间的矛盾并没有得到真正改善，因为员工感受不到来自组织的关怀与尊重。

2. 人际关系管理阶段

人际关系管理阶段是人力资源管理思想的形成阶段，该阶段推崇社会人和成就人（自我实现人）的人性观。其基本理念是：(1）员工劳动生产率受到社会、心理和群体因素的影响；(2）员工是社会人，不是单纯的经济人，有心理与社会方面的情感需要，管理过程中要重视员工作为社会人的需要；(3）企业中存在非正式组织。非正式组织有自身行为规范，会与正式规定相冲突，影响劳动生产率，因此，管理者要关注非正式组织的作用，重视人际关系协调。霍桑实验在一定程度上证明了融洽的人际关系对于团队合作与组织绩效的重要性。乔治·埃尔顿·梅奥带领的团队在 1927—1936 年的研究结果表明：员工劳动生产率与其心理、态度、动机、同事之间的人际关系以及上下级之间的关系密切相关；人的行为与人的情感有密切的关系，员工除追求物质利益外，还追求人与人之间的友情、安全感与归属感。

3. 开放系统管理阶段

在第二次世界大战时，为解决战争中的资源分配问题，组建了运筹研究小组。他们总结出来的运筹方法，取得了巨大成功。战后这些研究人员大多数到企业工作，伴随计算机技术的发展，定量管理思想得到迅速发展。在 20 世纪 60 年代至 70 年代中期，从系统的角度分析组织的理论得到了快速的发展，这也是从人事管理转变为人力资源管理的重要时期。系统理论认为，组织是一个具有反馈特性的开放系统，由相互依存的众多因素组成。如一个企业由采购、财务、生产、营销、人力资源等部门构成，管理者的任务是促进组织间各部门的相互协调，以达成组织整体管理的优化。系统理论强调组织是一个开放的系统，组织是一个外部环境相互作用、相互影响的系统，因此，劳动力市场中劳动者的素质与供求状况会影响组织的效益。管理者必须时刻关注内外环境的变化，以把握可能的机会与避免潜在的威胁。在国际酒店集团中，把员工作为资源进行开发与管理的各种举措层出不穷，对员工关系的管理步入资源管理型阶段。在系统管理阶段，人力资源部门被视为与生产、财务、营销等部门并行的一个子系统。

4. 战略资源管理阶段

在前面三个阶段，企业虽然意识到人是一种重要资源，但并不认为是战略性资源。在企业战略形成过程中，往往把人力资源因素放在相对次要的位置。从 20 世纪 70 年代至今，人力资源管理逐步迈向战略性人力资源管理阶段，人力资源逐渐被当作战略资源进行管理。战略性人力资源管理主张人力资源管理在组织的管理中应处于核心位置，强调人力资源与经营战略的有效匹配。因此，酒店人力资源管理必须具有战略性与系统性，强调人才开发与配置必须同企业的战略与目标相一致。酒店必须把人才当作资产看待，用发展的眼光来确定如何分配人力资源，并详细评估人才的使用结果。随着国际酒店集团的大力扩张与渗透，我国酒店业面临日益激烈的竞争环境，为此，培养、引进与配置具有预见性、洞察力与系统性思想的人才资源，是打造酒店核心竞争力的必然选择。

课堂思考

1. 人力资源包括哪三个部分？
2. 什么是酒店人力资源管理？

第二节　酒店人力资源管理的任务

人力资源管理的基本任务是指那些对于实现人力资源管理目标具有关键作用的管理体制与机制。为了有效提高员工的劳动生产率与工作生活质量，以及营造员工乐于工作的氛围，酒店需要努力完成以下基本任务。

一、构建人尽其才的管理平台

管理平台，就是员工实现职业目标的空间、条件、路径与相应管理机制，表明组织将给员工职业目标实现提供怎样的舞台。

（一）尊重知识、尊重人才的舆论氛围

随着以信息技术为核心的科学技术迅猛发展，以高新技术及其产业为基础的知识经

济迅速兴起，世界经济发展的动力已经从主要依靠物力资本转向主要依靠人力资本，创造成为重要的劳动形式，人才成为最宝贵、最重要的资源，脑力劳动在劳动形态中的地位和作用越来越突出。酒店现代化管理迫切要求营造尊重知识和人才的舆论氛围。

（二）公开、公平、公正的竞争机会

员工选聘是为一定的工作岗位寻找合适人才而进行的一系列活动，其目标是把优秀、合适的人才招募进来。只有通过公开招聘、公平竞争、公正录取才能使得人才脱颖而出，才能真正吸引到优秀人才，才能为酒店的发展谋求到未来的人力资源。

（三）能位相称、各尽所能的用人机制

每一个工作岗位、职位都有特定的能力要求。能位相称是指工作岗位应该与人的能力相匹配。酒店的各种岗位都需要配备具有相应能力的员工。处于不同层次的酒店管理者，所应具备的技术能力、人际能力和管理能力也不同，因此，在选拔与培训管理者时，必须具有针对性。

只有充分发挥人的能力，才能提高组织的工作成效，所以酒店管理者应该注重提高各类人员素质，包括思想素质、身体素质、文化素质、业务素质等，使各类人员不断更新知识与技术，提高思想道德和文化水平，充分发挥每个人的智慧和才能，充分开发与利用人力资源，真正做到各尽所能。

（四）客观科学、目标导向的考评制度

酒店需要建立一套科学有效的人才考评机制，应用各种科学的定性与定量的考评方法，全面、客观地评估员工的态度、行为、工作目标的完成程度，以帮助员工全面地认识自己和充分调动员工的工作积极性。

二、构造潜能开发的培养体系

酒店培养体系是一项系统工程，涉及组织体系、计划体系、制度体系、方法体系和评估体系。要行之有效、落到实处，关键在于建立一套有助于员工不断成长的机制。

（一）提升员工自我开发的能力

强调员工自我开发，其目的是提高员工自我管理的能力。这要求管理者给予个体充分的尊重与认同，努力激发个体的渴求与理想。为此，要从文化、教育、修养三个方面来着手：（1）重视文化要素。通过酒店文化建设，引导员工增强行为的自觉性，促使员

工与酒店形成一个利益共享、风险共担的命运共同体。（2）重视教育作用。酒店在市场竞争中取得优势地位依托管理能力与服务质量，管理能力与服务质量依托人才，人才培养依托培训和教育。酒店要通过系统化的员工教育体系来开发员工的潜能，提升员工的素质。（3）重视修养修炼。酒店要利用自我修养提升的方式，提升员工的综合素质，增强员工开发自身潜能的能力。通过员工自我开发机制的构建，使员工处于自我激励、自我运转的主动状态。

（二）构建因材施教的培训体系

同一酒店的员工在能力上存在着较大的差异，而且不同岗位的员工，其能力要求也不一样。能力差异往往是由员工不同的知识结构、文化程度、性格特征、品质修养以及直接环境所导致的，这要求主管人员因材施教、因人而异。培训要满足不同人员素质的要求，就要正视员工群体差异性的现实，区分员工的不同特点，如能力差异和心理差异，根据不同的表达能力、操作能力、记忆力、心理素质等采用灵活多样的培训方法。

（三）构建实用的职业管理体系

酒店必须为员工创造职业发展的条件，在职业生涯指导、职业发展通路、职业培训体制等方面，建立员工职业生涯管理的体系。根据酒店的业务特点和人员成长的内在发展规律，提炼同类业务人员的技能特征和成功行为特征，形成该类业务人员的资格标准和行为标准，并以此标准来规范与培训业务人员，提高其技能，改进其业务行为，以提升员工个人的工作业绩，从而最终实现个人和组织的目标。

（四）构建人才成长的制度环境

为了促进人才的成长，还应重视对人才的系统性培养，打造有利于人才成长的环境氛围，可从企业价值观、愿景规划、人际沟通、学习氛围等方面着手，并实行员工报酬与当期经营业绩挂钩的制度。当企业增长到一定规模时，应积极推行管理者期权与骨干人员持股的做法，以激发核心人才主动性与积极性的发挥，为企业长期发展提供更强大的动力源。

卓越的酒店服务品质必须基于优秀的酒店员工。卓美亚（Jumeirah）酒店集团是世界顶级奢华酒店集团，每家酒店都属于超豪华类型，其中最为著名的就是迪拜“七星级”帆船酒店。为了能够给目标顾客提供最优质的服务，该集团致力于打造一流员工队伍，努力创造有助于员工快速成长的环境：（1）系统的员工培训体系。卓美亚酒店集团为员工的学习与培训提供全方位、全过程的支持，在员工的上岗、转岗、提升时，都有硬性的培训规定，让员工方便、快捷地获得工作所需的知识与信息。（2）“劳逸结合”

的工作制度。酒店员工来自全球各地，为吸引优秀员工尽可能长时间在酒店工作，卓美亚酒店集团努力为员工提供灵活的工作制度，提供具有市场竞争力的薪资与福利，鼓励员工相互交流管理经验或工作心得，兼顾员工的工作与休闲，给员工一定的工作时间选择权。（3）优良的成长环境。卓美亚酒店集团中级以上的管理者，都有良好的教育背景，都经由基层部门的锻炼，这就使潜在人才都能看到升迁的希望。集团岗位若有空缺，就及时公布，鼓励员工参加竞聘，鼓励员工进步，努力使员工看到自己的成长方向与成长空间。

三、构筑动力激发的激励机制

激励是指充分调动人的积极性，使每个人都感到才有所用、能有所展、劳有所得、功有所赏，从而自觉地努力工作。人的心理活动不可能凭直观感知，只能通过其行为表现出来。由激励产生的动机与行为不是固定不变的，受多种主客观因素的影响，在不同的时间、不同的场合，其表现必然不同。因此，必须以动态的而不是静止的观点去认识和观察这一问题。激励的对象是有差异的，从而决定了不同的人对激励的满足程度和心理承受力也各不相同。这就要求对不同的人采用不同的激励手段。激励的目的是使人的潜力得到最大限度的发挥。但人的潜力不是无限的，它受生理因素的制约，也受人的自身条件的限制。所以，激励不能超过人的生理（年龄、疲劳程度）和能力的限度，而应该是适度的。要充分发挥激励的作用，必须建立科学有效的激励机制。

（一）物质激励机制

在制定战略目标、营造愉悦氛围、构建参与机制时，很容易忽视物质报酬是大多数人从事工作的主要原因。物质激励制度是酒店最基本也是最重要的激励制度，主要通过酒店的薪酬制度反映出来。成功的薪酬制度可以吸引优秀员工，降低员工流失率，促使员工努力工作。员工通过薪酬不仅能得到生活保障，而且能得到自身价值的实现以及获得生活的乐趣。

（二）文化激励机制

优秀的酒店文化可以营造一种奋发向上的工作氛围，可以对员工产生激发、动员、鼓动和推进作用，从而使员工更加具有工作热情。酒店文化建设的关键在于如何传播文化理念，使其深入人心，只有这样才能对员工产生激励作用，形成酒店文化激励机制。酒店确立核心价值观后，还必须强化员工的团队合作意识。为了加强员工的团队合作意识，要明确每个员工为实现目标应遵循的行为准则、权利与义务，同时，要加强民主管理，鼓励员工参与酒店的经营决策，从各方面加强员工的主人翁意识。此外，酒店要利用内部正面的或是负面的、积极的或是消极的、成功的或是失败的重大事件，从文化的角度进行认真细致的分析研究，总结出其积极的影响和失败的原因。利用事件总结出的经验和教训，在员工中进行大力渲染，给员工带来心理上的震动，给员工留下深刻的印象，从而使员工认识到酒店文化的重要作用，并能自觉地贯彻落实和推广弘扬。

（三）竞争激励机制

竞争往往在不确定环境下进行，伴随着机会、要求与压力。适度的压力能够产生积极的影响，促使员工超常发挥自身的水平，因此，在保证竞争适度性与公平性的情况下，竞争能对员工起到显著的激励作用。实践证明，理论上的自由竞争是一种简化和理想的产物，现实中的竞争并非只是一种简单或单一的压力，而是很多压力的组合。竞争在按其自有规律运作时，因受人为因素等多方面影响而存在着不公正性，所以酒店管理者在利用竞争压力激励员工时，要尽量使竞争在公平的规则及操作下运行，否则竞争只是一种形式，浪费人力物力。

（四）领导激励机制

员工积极性的高低，直接影响酒店服务工作的绩效，而要提高员工积极性，就离不开领导对员工的有效激励。领导的职能就在于通过为员工排忧解难、激发热情、鼓舞斗志，使员工以最大的努力自觉地为实现组织目标做出贡献。美国管理学家孔茨、奥唐奈和韦里奇认为，领导是一种影响力，是对人们施加影响的艺术或过程，从而使人们情愿地、热心地为实现组织或群体目标而努力。由此可见，酒店管理者的综合素质和领导水平，直接影响员工的主动性与创造性。领导激励机制的作用在于领导可以将下属的个人需要和工作绩效有机地结合起来，为员工提升绩效进行有效的指导、协调与激励。

课堂思考

酒店应该采取什么样的激励机制？

第三节　酒店人力资源管理的竞争优势

人力资源管理对酒店的竞争优势有着直接和间接的双重影响。

一、人力资源管理对竞争优势的直接影响

酒店可以通过有效的人力资源管理来取得成本优势。与人力资源管理密切相关的成本包括招聘、任用、培训、福利等，这些成本在酒店总成本中占据着相当一部分比例，可以取得较大的比较优势。人工成本的下降主要通过提高劳动生产率来取得，而员工士气、工作效率直接影响劳动生产率。

二、人力资源管理对竞争优势的间接影响

（一）人力资源对员工产生的影响

在有效的人力资源管理作用下，员工的工作胜任程度、激励程度、工作态度等可以得到改善。

（1）员工的工作胜任程度包括各种所需的知识和技能。如果酒店通过有效的途径有效识别、吸引和任用有能力的应聘者的话，员工的素质就有了保证；有效的培训能够增强员工对工作的胜任程度；科学公正的工作评估可以找出员工工作能力不足的原因，以便给予相应的指导和培训，使之得到改进。如果企业能够提供比竞争者更有吸引力的薪酬福利及激励机制，将会吸引更优秀的人才。

（2）激励是为提高员工的工作积极性。激励机制包括物质和精神两种，不同层次不同需求的员工个体应该区别对待。物质激励如薪酬福利，精神激励如授权、晋升等。

（3）工作态度由工作满意度、企业责任感、企业归属意识等几方面构成，包括能与同事合作、乐意接受命令、克制个人情绪，乐意在必要时超时工作等。这些都有助于实现企业的目标，往往靠自觉行动。而工作态度受人力资源管理公平性的影响。当员工受到公平待遇时，他们可能更满意其工作，对企业有更大的忠诚度，更乐意对企业做出贡献。

（二）员工对企业的影响

当人力资源对员工产生良好作用时，就能增加企业竞争力。员工对企业的影响主要表现在企业的产出量、员工流动率、法律诉讼、企业声誉和形象等方面。产出指企业提供的产品和服务的数量、质量和创新程度；员工流动率指企业员工流动的比例，反映员工对企业的信心和归属感，是人力资源管理好坏的标志之一；法律诉讼问题反映企业的人力资源是否能遵守政府颁布的各项劳动法规；企业声誉表明社会对企业的赞赏程度。员工对企业的满意和忠诚度可以提高企业的形象和声誉。

（三）竞争优势的获取

企业在人力资源管理方面取得积极效果时，在市场上就能取得竞争优势。这些效果能增加成本优势和凸显产品差异。并且，酒店通过人力资源管理获得的竞争优势能维持相当长时间，不大可能被模仿。人力资源系统是企业战略资产中不可缺少的一部分，战略资产是蕴含于公司竞争优势中难于交易和模仿的、稀有的、特定的一套资源和能力，是一种无形资产，当它深入渗透到组织运作系统能够增强企业的实力时，它就能创造价值。

三、酒店人力资源管理的发展趋势

随着“互联网+”信息技术的发展和新生代逐步走上酒店行业的舞台，酒店人力资源管理也面临新的管理难题和挑战。为解决酒店行业普遍存在的员工流失率高、行业人才结构性短缺等问题，酒店人力资源管理应更加重视“以人为本”的管理理念，充分借助“互联网+”的人力资源管理模式，具体发展趋势包括：

（一）建立基于大数据的人力资源管理模式

随着“互联网+”时代的到来，大数据技术正显示出巨大的优势。因此，在发展过程中，酒店企业应继续以大数据为基础，加强人力资源管理。例如，当酒店人力资源管理人员与员工沟通时，会生成一定数量的大数据。通过大数据的收集和分析，可以有效地为人力资源管理者的决策提供更科学的建议，从而不断提高人力资源管理者的管理效率，不断优化企业的人力资源结构，有效地促进企业在“互联网+”时代长足发展。此外，人力资源经理还应有效地建立基于大数据的员工自我发展平台，并不断提高员工的自我意识和责任感。

（二）组建基于“互联网 +”的酒店人力资源管理新的组织架构

相对于传统时代，“互联网 +”时代在组织重构和组织变革方面与其存在巨大差异。人力资源管理努力朝着“互联网 + 时代”发展，积极创新系统机构，同时调整企业组织架构，努力构建复合“互联网 +”时代的管理体系。信息技术的发展会使酒店不断往智能化方向发展，部分劳动密集型岗位逐步被技术所取代，催生酒店组织架构的转变。如酒店收益管理作为一个促进酒店收益最大化的管理工具，在收益管理软件的帮助下，酒店管理效率极大提升，一度催生了对收益管理经理的极大需求。而部分国际连锁酒店集团在大数据分析的基础上，已经实现了收益管理的集团化管理。

（三）酒店人力资源管理将更加重视企业文化的建设

目前，酒店行业员工流失率高是酒店人力资源管理面临的难题之一。虽然一定的物质激励和精神激励可以有效缓解员工离职率高的难题，但真正有效的人力资源管理应加强企业文化建设，引导员工价值观与酒店价值观保持一致，增强酒店对员工的持久性凝聚力，实现员工与酒店的双赢。

课堂思考

酒店人力资源管理具有哪些竞争优势？

复习与思考

一、名词解释

人力资源

酒店人力资源管理

经济人假设

复杂人假设

二、简答题

1. 人力资源管理的主要内容是什么？

2. 人力资源管理的发展历程主要经历了哪几个阶段？

3. 如何构建人尽其才的管理平台？

4. 酒店人力资源管理的竞争优势在哪里？

三、单选题

1. 关于人性假设，得到广泛认可的主要有四种，以下哪种说法是错误的？（　　）

A. 经济人假设　　B. 社会人假设

C. 成就人（自我实现人）假设　　D. 简单人假设

2. 关于员工对企业的影响，以下哪项不属于其主要表现？（　　）

A. 企业的产出量　　B. 员工婚姻状况

C. 法律诉讼　　D. 企业声誉

3. 关于员工的激励机制，以下哪种说法不正确？（　　）

A. 唯一激励　　B. 物质激励

C. 文化激励　　D. 领导激励

4. 人力资源管理思想的演进划分为四个阶段，以下哪种说法不正确？（　　）

A. 劳动关系管理阶段　　B. 人际关系管理阶段

C. 封闭系统管理阶段　　D. 战略资源管理阶段

四、案例分析题

吴总的困惑

浙江金华某酒店经过近 20 年的发展，已在本地区具有了一定的知名度。酒店总经理吴某作为酒店的创始人和所有者，已经 60 多岁，一直以来依靠自己的判断与决策指引酒店的前进方向，对于酒店的大小管理事务，几乎事必躬亲，500 元以上的任何花费都要亲自批示，发现地面不整洁也要亲自批评处理。在谈到为什么不能放心地将日常管理事务交给副总负责的时候，吴总是认为聘请的副总素质不高、能力不够，只有自己对酒店最了解，最能管好。

为了能够将所有的事情处理好，吴总每天很早就来到酒店，大部分时间穿梭于各个部门，以对部门员工的工作进行现场指导。部门主管以及其他管理人员把原本属于自己职责范围的工作也推给了吴总，基本上所有的事情都要吴总才能拍板，而一旦吴总自己有事情离开酒店一段时间，酒店的服务质量与工作效率就会下降。对于部分员工来说，吴总离开酒店的时间意味着“放假”。为了保证按照自己的意愿经营并达到理想的目标，吴总不敢离开酒店，几乎没有休息的时间，天天操心不已，时时忙碌不已。

尽管吴总喜欢大权在握带来的那种满足感，而且他一贯认定，唯有如此才能保证事情做得使自己放心与满意。不过他也发现，如果不想方设法发挥其他管理者的作用，就可能每天陷于琐事当中，也就不可能有充分的时间来考虑酒店未来的发展战略。曾经，吴总试图通过授权的方式，让管理人员承担更多的责任。但效果并不理想，似乎许多管理者有意把权力交还给他，因为管理者还是事事请教，需要关注的事情似乎比以前还多。有一次，在吴总与某著名大学教授的交流过程中，他抱怨："管理人员似乎就不想承担责任，也没有自己的主见，企业缺乏值得重用的人才。"

思考题：

1. 总经理负担过重的根源是什么？
2. 如何授权才能激发员工的潜能？

参考资料

赵曙明．中国企业集团人力资源管理战略研究［M］．南京：南京大学出版社，2003.

张小林．人力资源管理［M］．杭州：浙江大学出版社，2005.

朱富强．现代经济学中人性假设的心理学基础及其问题——"经纪人"假设与"为己利他"行为机理的比较［J］．经济学家，2011（3）.

张新南．饭店人力资源管理［M］．北京：高等教育出版社，2006.

［美］斯蒂芬·P. 罗宾斯，［美］玛丽·库尔特．管理学（第7版）［M］．孙健敏，黄卫伟，等，译．北京：中国人民大学出版社，2004.

第二章 酒店人力资源的规划

中国有句古话，叫“凡事预则立，不预则废”，意思是说不管做任何事情，如果想取得成功就必须先做好计划、做好准备，否则可能就会失败。不仅做事如此，酒店的人力资源管理也同样如此，为了保证酒店的整个系统能够正常运转，人力资源的配置能够更加合理，满足酒店人力资源的需求与供给，就必须事先做出科学的、有效的、合理的人员计划，对酒店人力资源进行整体上的规划。

本章介绍了酒店的组织架构、酒店的人力配置，以及酒店的工作规划。学好本章内容有利于更好地了解酒店人力资源的主要工作及重要性。

学习目标

知识目标

1 了解酒店的组织架构。

2 了解酒店人力资源配置的内涵。

3 了解酒店人力资源规划的内涵、内容、意义。

技能目标

1 熟悉酒店人力资源配置的方法。

2 掌握酒店人力资源规划的程序。

案　例

疫情下的酒店员工何去何从?

2020 年年初，一场突如其来的新冠肺炎疫情对全球的经济发展都带来了极大的冲击。而酒店业作为受疫情影响最大的行业之一，不得不重新审视各自的发展路径。

根据去哪儿网公布的数据，早在 2020 年年底，中国国内的酒店超过 9 成恢复营业，但是复工复产的酒店虽然正常营业，入住率却只有往年正常状态下的四分之一。万豪酒店集团的业务水平比正常水平低约 75%，各大酒店集团纷纷安排员工无薪休假，通过与员工协商一致采取调整薪酬、轮岗轮休、缩短工时等方式稳定工作岗位，尽量不裁员或少裁员。

疫情的发生，也促使酒店企业重新考虑企业的组织架构设计。在尽量减少接触的情况下，充分利用各项智能化设备，优化岗位设置，节约劳动力成本。

案例分析

请结合上述案例，思考如下问题：

1. 酒店的组织架构设计是不是一成不变的?
2. 酒店设计组织架构的基本原则是什么?

第一节　酒店的组织架构

组织架构（又称“组织结构”）是指对于工作任务如何进行分工、分组和协调合作。组织架构是表明组织各部分排列顺序、空间位置、聚散状态、联系方式以及各要素之间相互关系的一种模式，是整个管理系统的“框架”。和任何组织一样，每家酒店都具有自己的组织架构。

酒店的组织架构不是一成不变、完全一致的，应根据酒店的规模大小、市场定位、星级等级、服务产品等因素来设置。在现今这个快速发展的社会，各家酒店只有根据自己的实际情况设计符合自己个性需求的机构设置，才能应对激烈的市场竞争，才能培育与市场抗衡的能力。

一、酒店组织机构的设置

酒店的组织机构是酒店工作职能的主要依靠。组织机构的设置必须以顾客满意为目标，以提升产品服务品质为原则。一个沟通顺畅、设置合理、机构人员精简、人工成本节约、能满足客人要求的组织机构尤为重要。

酒店按照其业务范围，可以分为全服务型酒店和有限服务型酒店。下面对各种规模、类型酒店的组织机构设置做一简单的介绍。

（一）全服务酒店组织机构

传统大中型的全服务酒店的组织架构几乎都是一办（总经理办公室）八部（餐饮部、前厅部、客房部、工程部、财务部、人力资源部、安全部、市场销售部），或一办九部（外加信息技术部），各个部门再设分支机构（见图 2–1）。

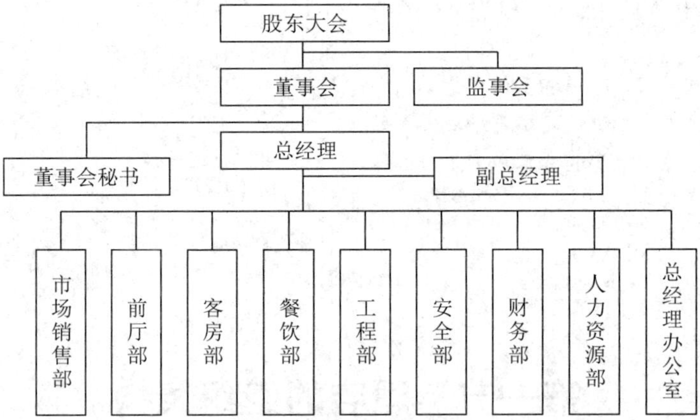

图 2–1　股份制酒店组织机构

有些酒店还会将一些职能相近的部门进行合并，如将前厅部、客房部（或称管家部）合并为房务部（见图 2–2）。在相应职位设置上，酒店总经理下设部门总监，总监下设各分部部门经理，从而层层完善人员管理体系。万豪酒店集团中另一个显著的特色是将传统的安全部（Security Department 或称安保部）改为防损部（Loss Prevention Department），意为预防损害的发生，和安保部的职责功能是一致的。

还有一些小型酒店机构相对精简，一般在总经理办公室下只设房务部经理、餐厅经理、人事和保卫四个部门，职能相对集中，便于管理又节约成本。

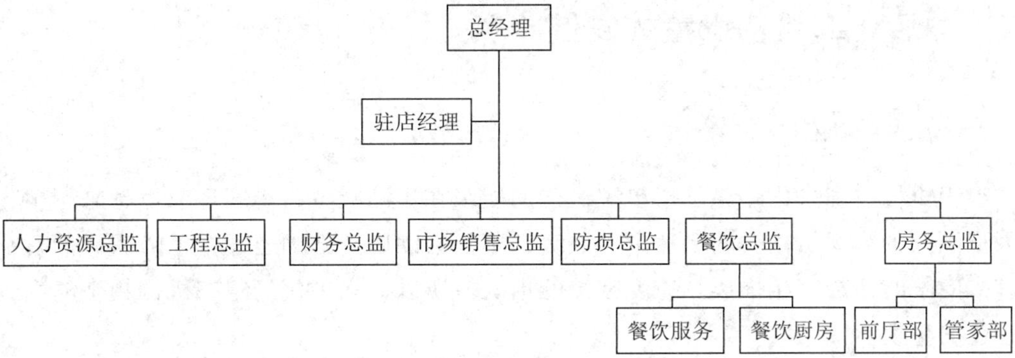

图 2-2 万豪酒店集团组织机构

（二）有限服务型酒店组织机构

有限服务型酒店是和全服务酒店相对应的酒店类型，其一般服务模式为“B&B”（住宿 + 早餐），最典型的有限服务酒店类型是经济型酒店。经济型酒店最早出现在 20 世纪 50 年代的美国，如今在欧美国家已是相当成熟的酒店形式。

我国经济型酒店最初的发展始于 1996 年，上海锦江集团旗下的“锦江之星”作为中国第一个经济型酒店品牌问世。经过 20 多年的发展，已经诞生了包括锦江之星、如家、7 天等一大批本土快捷酒店品牌。而国外许多品牌的经济型酒店也纷纷进入中国，如雅高集团旗下的宜必思、美国的“速 8”。因为这类酒店提供有限的服务，内部以客房为主要经营项目，餐饮、康乐、会议等配套设施很少或没有，只重视早餐和住宿的经营，这两种设施按需而设，做得很专业，无关的部门尽量不设或少设，或者是功能合并，以取得最佳的效果。其组织机构如图 2-3 所示。此外，一些小型的经济型酒店（客房数量在 100 间左右）的组织机构会更简单，由门店店长直接负责，不设置经理级别。

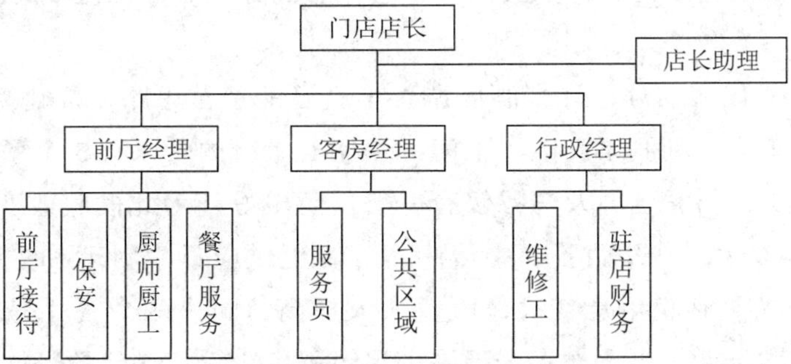

图 2-3 经济型酒店组织机构

二、酒店组织机构设置的发展趋势

（一）组织机构扁平化

组织机构的扁平化趋势是指组织机构的层级在逐渐减少，沟通环节也越来越少，以往大型酒店的组织机构有的多达十多层级，不仅为酒店内部沟通设置了障碍，而且在解决客人问题时造成互相推诿、速度减慢的情况。所以，扁平化的组织机构越来越受到服务企业的重视。

1. 层级扁平

许多酒店从总经理到普通员工，一般设定为五六个层级，如设立了副总经理就不再设总监级，设立了部门经理就不再设副经理，对客服务部门配备一名助理，设立了主管层，就不再设领班级，由资深员工承担领班的职责。

2. 机构合并

业内比较流行的做法有前厅与客房合并，成立房务部或称管家部，电脑部并入工程部或财务部，成为二级部门；许多国内酒店的党、团、工、群一起并入总经理办公室；规模较小的酒店人事、采购、财务、销售、党、团、工、群都合并为一个部门。再如，条件允许的话，酒店的消防报警、火警监控、音像监控、总机话务等都可归到一个“中心”，由 1~2 名员工当班就可承担这些岗位的职责。随着手机端处理相关业务越来越便捷，很多酒店的商务中心逐步被取消，有些酒店将商务中心与前台合并，只提供必要的打印、复印业务。

3. 岗位合并

目前，较多的做法有客房的清扫和服务员合二为一，工程部的值班与维修组成一组，安全部的内保与警卫组合并，规模小的酒店前厅总台承担了入住接待、结账收银、问讯、兑换外币、户籍登记、行李员，甚至总机、商务中心等工作职能。

4. 产品合并

随着市场的变化和细分，许多酒店调整了自己的经营思路，优化整合自己的产品，扬长避短，挖掘更大的利润增长点。上海的一家五星级酒店原有 3 个餐厅，西餐厅、中餐厅、日本料理，3 个餐厅每天均各仅有一餐生意较好，为此彻底改变经营思路，3 个餐厅合并为 1 个餐厅，早开西餐、中设中餐、晚上供应日本料理和中餐。经过这样的调整，一个餐厅从早到晚生意红火，收益大大提高。而另两个餐厅另辟他用，生财有道，扩宽了经济增长点。再比如，今天许多星级酒店纷纷把自己的餐饮、康乐等承包出去，让专业公司来经营，自己则发挥特长，做好、做精客房，着力打造自己的特色客房产品。

（二）组织机构设置的“倒金字塔”理念

在服务理念中，我们经常会提到“总经理”和“店小二”这两种说法，一个岗位职务两个称谓代表了现代酒店业的观念转变，前者含有计划经济的烙印，后者完全是市场经济的产物。以往“总经理至上”的观念随着服务理念、经营理念的变化也逐渐变成了“员工是企业的内部顾客”，只有服务好内部顾客，才能真正服务好外部顾客，“员工第一，顾客至上”的观点正在为更多的酒店所接受。

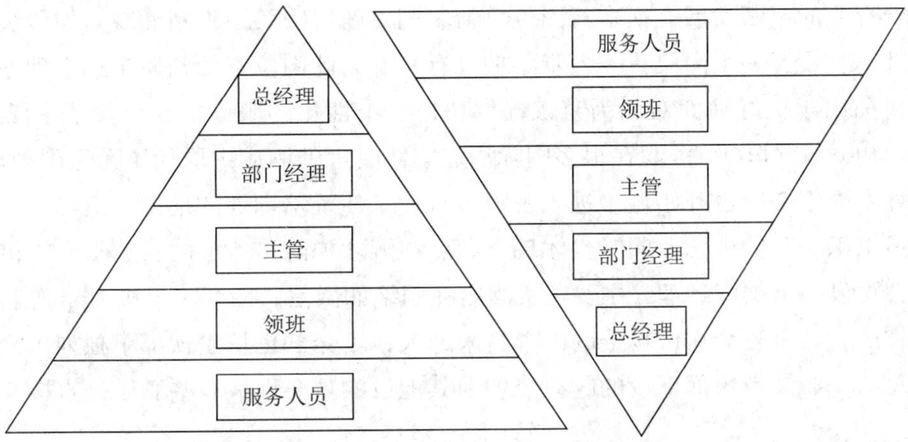

图 2–4　酒店金字塔式的组织机构　　图 2–5　酒店“倒金字塔式”的组织机构

图 2–4 是酒店金字塔式的组织机构，总经理、管理层在上，员工在最下层，是一种“控制型”的组织机构，主要体现了管理者对员工的控制管理；而图 2–5 是倒金字塔式的组织机构，总经理、管理层在最下面，员工是企业的主人在最上面，是一种“支持型”的组织机构，管理者更多的是对员工起到支持、服务作用。两个不同的组织机构图变化，体现了完全不同的理念，也是以人为本，“顾客第一，员工至上”理念的体现。

（三）组织机构智能化

酒店组织机构不是一成不变的，也没有固定模式，而是应该随着酒店市场的变化、科学技术的变化、酒店产品的变化、经营目标的变化、工作程序的变化、员工队伍的变化等进行调整和变化。建设智能化组织机构应是企业的追求。所谓智能化的组织机构是指在不断变化的企业内部与外部环境中，组织机构本身有着不断学习和适应各种环境变化的能力，组织机构有自我创新和更新的能力。在创建智能化的组织机构的过程中，由于需要不断地进行组织机构的调整和整合，所以要遵循一定的原则和方法。

首先，酒店组织机构的调整要以组织机构的稳定性过渡或稳定性存在为前提，稳定现时的经营服务与管理活动；设置的组织机构具有一定时期的稳定性，能将旧的机构平稳引导、过渡到新的机构；人员的岗位调整能顺利、平稳过渡到新的部门和岗位，不能适应的原有岗位人员能平稳地离职，不会因为个别人员的离职而给酒店经营效益带来负面影响，不会因为个别人的离职带走其他人员，导致员工对企业产生没有信心的思想变化。

（四）传统功能性组织机构与再造创新

随着行业的不断发展，很多新岗位、新名词、新层级关系不断涌现。如传统酒店前厅部经理下会设置一个岗位——大堂副理，有些酒店此岗位直接归属于总经理办公室管理，但目前出于更好地面对面为客人提供快速、个性化的服务，客户关系主任（Guest Relation Officer，GRO）一职在很多国际酒店集团管理的酒店中取代了大堂副理。“精英人才培养发展中心”也开始慢慢进入视野，取代了传统培训处的地位，更加突出“以人为本，员工第一”的理念，同时也体现了酒店在人才梯队培养上的长远眼光。市场销售总监下会再设一个推广经理，主要负责酒店在网络如微信、微博、手机 App 等新媒体上的产品推广。随着宴会在市场上的需求越来越大，宴会部也从餐饮部单独列出来，设置宴会部总监一职。销售部下设的收益经理因其地位的重要性，有些酒店已直接归总经理管理。

三、人力资源部组织机构

酒店是一个劳动密集型企业，在此工作的最大特点是时时处处与人打交道。因此，人力资源部门的工作就显得非常重要。有专家说：21 世纪将是人力资源管理开发的世纪。因为人力资源的管理方式和管理理念对企业的整体业绩有着直接的影响。管理个性千差万别的员工，本身就没有法定的永恒不变的规章和制度，更何况还要培育和建设一支特别能战斗、能顺利应对越来越高要求的顾客的优秀员工队伍。如今酒店人力资源部门面临着前所未有的挑战和压力，肩负着前所未有的重任和职责。

（一）组织机构

图 2–6 是一家拥有 400 间客房的中型酒店人力资源部的组织机构图，小型酒店（200 间客房以下）可不设人力资源部，职能归到总经理办公室或有关部门。

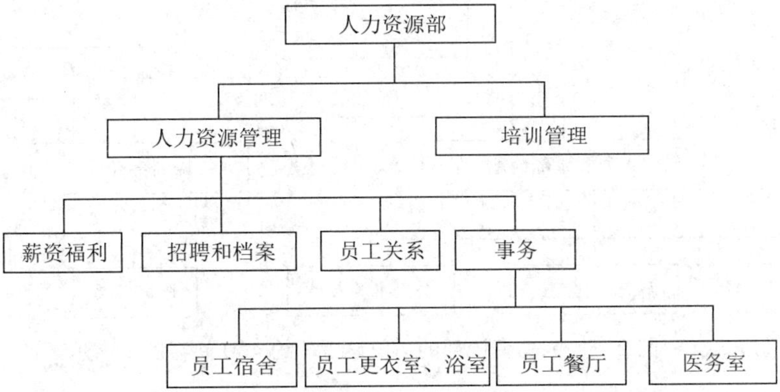

图 2-6　人力资源组织机构（约 400 间客房）

人力资源管理越来越得到酒店的重视，从其名称的变化上就能看出。如最初的酒店由行政办公室负责人员招聘管理，之后有了独立的人事部，再往后人才被视为重要的资源，就有了人力资源部。而一些酒店集团，在人力资源部的名称上也有一些新意，如雅高集团的人力资源部叫作人才与文化部，重视多元化文化发展，侧重人才发展。

（二）人力资源部门的主要职责

（1）认真贯彻国家的有关方针和政策，结合本酒店的实际制定企业的人力资源管理制度，包括用工制度、绩效管理、考核制度、工资制度、激励制度等。

（2）根据企业的发展科学合理地定编定岗、合理配置员工。

（3）正确处理内部劳动人事关系，营造良好的劳动工作环境，关心员工生活，保障员工的劳动安全。

（4）加强员工培训，帮助员工更新知识、不断提高技能技巧，努力挖掘员工潜力。

（5）合理分配劳动报酬，加强预算管理和成本核算，降低人工成本。

（6）根据酒店发展战略，制定中长期人力资源发展规划，帮助运转部门为高潜能员工制定职业生涯发展规划等。

（三）岗位设置

图 2-7 是一家拥有约 400 间客房的酒店的人力资源部岗位设置，小型酒店一般不设人力资源总监，只设人力资源部经理，下图设一名人事主管、一名培训主管，由总经理或副总经理分管。

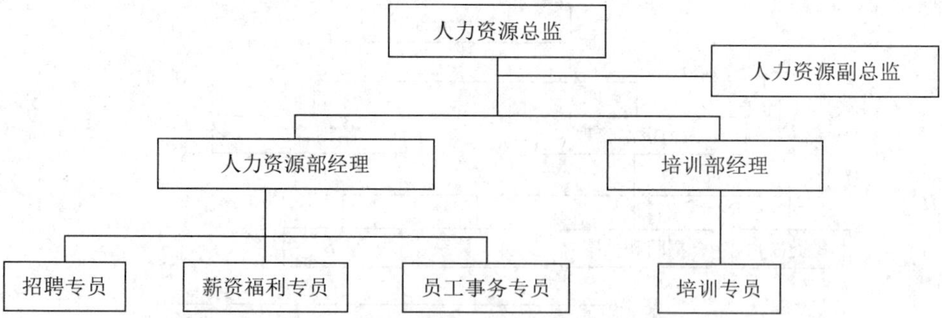

图 2-7　人力资源部的岗位设置（约 400 间客房）

在酒店的实际运营过程中，人力资源部的人员编制也是极为精简的。一般而言，总监级别 1 位（缺少总监级的一般设置一名副总监），经理级别两位，分别负责人事和培训，主管级别根据酒店实际情况决定是否配置，剩余是员工级别，有需要时会招聘实习生。部分岗位工作会合并或交由集团统一管理，如香格里拉酒店集团华东区域设置了武汉财务共享中心，员工薪资福利这部分工作可以共享完成；员工关系管理方面工作会由培训人员来兼任；员工事务方面工作也可能会由经理或主管级别来兼管。

（四）岗位职责

下面以人力资源部人力资源总监的岗位职责为例进行介绍：

【岗位名称】

人力资源部总监

【层级关系】

直接上级：总经理

直接下级：人力资源部经理、培训部经理

【资历要求】

大学以上学历，能讲、写流利英语。10 年以上高星级酒店部门高层管理经验，经过酒店专业人力资源管理培训。拥有一定工作经验、熟悉电脑系统操作，掌握地方人事政策，年龄在 40 岁以下。

【岗位概述】

负责酒店人力资源的全面管理工作，通过计划、发展、激励酒店员工，以保证有素质的人力资源队伍来支持酒店的运营。

【具体职责】

1. 根据酒店的实际运营，综合考虑人力资源市场的情况，制定酒店的人事政策，适应人力资源需求。

2. 根据酒店的基础设施、接待规模、经营项目、服务方式等经营管理之需要，协助部门经理合理制定酒店的组织构架和各部门的人员编制。

3. 制定酒店总体的人事福利、培训管理的规程，并组织实施。

4. 在制定酒店的政策与程序方面，根据国家的法律法规，向酒店执行委员会提供建议。

5. 制定切实可行、有竞争力的酒店工资福利制度，以保证员工队伍的稳定性和战斗力。

6. 结合本酒店实际情况，组织制定每年度的整体工作计划，根据本酒店人事培训及员工福利之需要，统筹制定每年的人力资源计划及当年培训计划及预算，监督计划的执行。

7. 监督人力资源部日常工作，确保人事、培训部各项规程的切实执行。

8. 负责定期组织人事人员对本店中基层管理人员进行考核、评估。

9. 审定员工奖惩事项，负责对有关员工劳动人事方面的投诉进行裁决。

10. 监督酒店人事、培训档案制度的执行情况，保证酒店的服务质量和人员素质的提高。

11. 负责外聘人员证件的办理及酒店中层人员的招聘考核工作。

12. 负责酒店员工交叉培训工作，以发挥其最大潜能为酒店做贡献。

13. 为保证酒店管理水平的一致性和连续性，联系并推荐管理培训项目。

14. 协助各部门总经理编写制定岗位责任制及部门运转手册。

课堂思考

1. 酒店组织机构设置有哪些趋势？

2. 酒店组织机构设置中的“倒金字塔”结构说明了什么理念的转变？

3. 酒店组织中“倒金字塔”的概念是什么？

4. 酒店人力资源部的主要职责是什么？

第二节　酒店的人力配置

一、酒店人力配置的含义

酒店人力资源配置（以下简称“人力配置”）是指将酒店人力资源投入到各个局部的工作岗位，使之与物质资源相结合，形成现实的经济活动。酒店人力资源的科学配置是酒店人力资源生产与开发之后的关键环节，也是酒店人力资源经济运动的核心。

资源配置问题是经济学理论分析与现实经济管理的重大问题，为经济学家和经济管理人员，尤其是宏观和微观经济决策者所高度关心。资源配置的有效性，除了自然资源、人力资源和资本资源的条件之外，关键就是对各种资源的配置。

案例

知人善任

A老板想开除三个人，这三个人的缺点是：甲太好说；乙太好静；丙强壮好动会打架。B老板是A老板的好朋友，B老板对A老板说：“既然你不想要，那么就给我吧。”B老板要来这三个人，指派这三个人分别担任以下职务：甲做公关；乙做财务；丙做保卫。

一年过去了，A老板问B老板：“你要去的那三个人工作得怎么样？”B老板说：“干得都很出色。”A老板觉得很奇怪，B老板说：“要用其所长，把合适的人放到合适的岗位上，他们自然就会干得很出色。”

资料来源：http：//it.sohu.com/14/44/article206154414.shtml

二、酒店员工配置工作的意义

（一）员工配置是开发、利用、管理人力资源的重要手段

人力资源管理一个很重要的职能是将合适的人放在合适的岗位上。现代酒店人力资源开发的难题是找到“合适的人”。那么，我们用什么样的办法为企业寻求人才呢？

一是依靠酒店的培训系统，将人才培养成我们需要的人；二是通过酒店的招募与甄选系统从酒店内部和外部招募到合适的人选；三是将内部员工进行合理的配置与再配置，将不合适的人调整到合适的岗位上，以发挥其最大的潜能。因此，员工配置工作的实质就是通过定编定岗最大限度地利用员工现有的能力，科学、合理、有针对性地管理好每个员工，并根据员工不同的个性最大量地开发其潜能，为企业创造最大的利润。

（二）员工配置是降低人工成本、提高劳动生产率的重要途径

今天，酒店行业进入微利经营阶段，人工成本的不断攀升已经打破了中国人工低廉的神话，向管理要效益就是通过专业化管理手段，降低各种成本，包括人工成本；合理地定编定岗、安排使用劳动力直接关系到酒店各个部门的成本控制。编制精简，人员精干，经营任务指标又能按期完成就意味着成本降低、效率提高。为此，员工配置工作越来越为酒店所重视。

（三）员工配置是岗位设置、招聘录用、制度建设、薪酬管理等工作的依据

科学合理地定编定岗、配置员工就不可能产生人浮于事、因人设岗的现象；每个岗位都有明确的工作任务、职责和条件，也不可能产生相互推诿、不负责任的现象。根据岗位的劳动强度、技术难度、责任大小、贡献程度等决定分配，体现多劳多得的分配原则，可以较好地激励员工，极大地调动员工的工作积极性。因此，员工配置工作是酒店基础工作开展的依据。

三、酒店员工配置的原则

（一）定岗定编原则

定岗定编是确定岗位和确定岗位编制的合称。定岗是指设计组织中的承担具体工作的岗位，定编就是设计从事某个岗位的人数。在酒店中，一般会在上一年度下半年根据酒店的营业情况、劳务外包情况、技术应用水平情况等因素来确定下一年度的岗位及岗位编制。酒店在进行员工配置时，应遵守酒店的定岗定编预算，不能随意突破预算数，也不能刻意低于预算数，不然会出现冗员或者岗位工作难以完成等现象。

（二）精干高效原则

酒店在进行员工配置时，应尽量本着“节约用人”的原则，以最精干的员工团队最高效率地完成岗位工作任务。在酒店中，常使用“3、4、5”的方法来实现高效的员工

配置，即由 3 个人完成 5 个人的工作任务，享有 4 个人的工资待遇。当然，这也对员工的能力提出了极高的要求。

（三）合理适用原则

由于酒店的各个岗位工作任务和素质要求都不一样，酒店在进行员工配置时，应尽可能地了解、掌握员工的能力及爱好，将最合适的人安排到合适的岗位上去。这就需要酒店要做好岗位需求分析，编制好岗位工作任务书，才能根据岗位需求匹配好最合适的员工。

四、酒店员工配置的内容

（一）人与事总量配置分析

人与事总量配置涉及人与事的数量是否对应，即有多少事要用多少人去做。但这种数量不是绝对的，而是随着社会的发展而变化。

（二）人与事结构配置分析

人与事的结构配置是指事总是多种多样的，应根据不同性质、特点的事，选拔有相应专长的人去完成。

（三）人与事质量配置分析

人与事质量配置是指人与事之间的质量关系，即根据事的难易、繁简程度及其对人员资格条件的要求，选拔具有相应能力水平的人去承担。

（四）人与工作负荷是否合理状况分析

人与事的关系还体现在事的数量是否与人的承受能力相适应，使人能够保持身心健康。如工作负荷过重，则应减轻其工作负担或增加人手来分担原岗位的工作；如工作负荷量不够，则应考虑合并岗位或增加该岗位工作的内容。无论是工作负荷过重，还是工作负荷过轻，都不利于人力资源的合理配置。

（五）人员使用效果分析

人与事的配置分析最终还要看对在岗位上的员工的使用情况，这是动态衡量人与事关系的重要内容。一般来说，人员使用效果经常用绩效的好坏与自身能力的强弱做比较

（见图 2–8）。

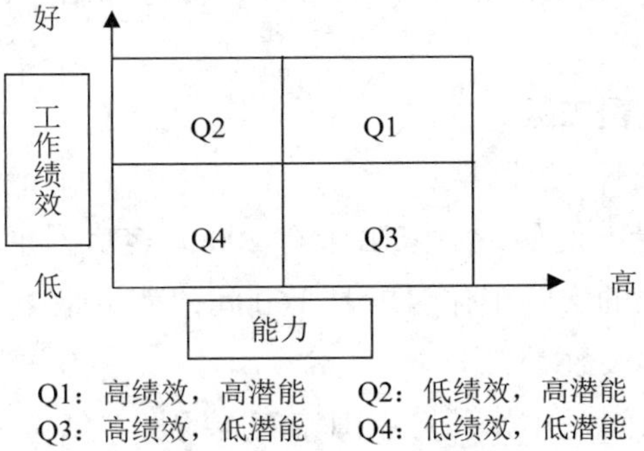

图 2–8　员工绩效高低与员工能力的关系

根据绩效的好坏以及能力的高低，可以将人员使用效果分为四个区间。针对上述情况，应该使用不同的策略。区间 Q1 的员工是价值最高的员工，要留住他们、重用他们；区间 Q2 的员工应在鼓励他们保持原有的工作热情的基础上，通过培训提高他们的能力，使其向区间 Q1 发展；区间 Q3 的员工，应找出影响绩效的因素，努力帮助他们在今后的工作中提高绩效；区间 Q4 的员工，应关注他们是否还有可能改善目前的状况，或通过培训或做好激励，或调整岗位，以使人与事相匹配。

总之，在内部配置、调剂仍难满足需要时，就要招聘。招聘工作的核心是实现所招人员与待聘用岗位的有效匹配。这种匹配要求将个人特征与工作岗位的特征有机地结合起来，从而获得理想的人力资源管理效果。

五、酒店员工的配置与储备

酒店员工的配置首先需要确定员工的数量。根据系统论的观点，合理地配置与储备员工对酒店的长远发展目标的实现具有重要作用。

（一）酒店员工配置的方法

酒店员工的配置一般需要遵循以下步骤：

1. 根据工作流程和职责要求列出各个工作岗位

比如要确定前厅的工作岗位，就要按照酒店为顾客从机场到前厅的工作流程和职责要求确定出各个岗位，这样酒店一般需要设置机场迎宾员、轿车驾驶员、前厅接待员、咨询员等岗位。

2. 检验岗位设置的合理性

比如，在 24:00 到 5:00 期间，总台的咨询、接待和结账这三个岗位可以由一个人担任。

3. 明确每一个岗位的员工数

这一点主要取决于以下三个因素：

（1）岗位实际工作量。例如，一家酒店有 200 间客房，平均每天的出租率为 80%，那么客房服务员这个岗位的实际工作量就是 160 间，而不是 200 间，这样在安排服务员时就应按照 160 间来安排人数。

（2）岗位实际工作时间。比如，发达国家酒店的员工每年工作 11 个月，每周工作 5 天，每天工作 8 小时。而我国大部分酒店员工每年工作 12 个月，每周工作 5 天，每天工作 8 小时，显然这两类国家酒店员工的工作时间是不同的，这就决定每一岗位所需员工数也就不一样。

（3）酒店人均营业收入。这是完成酒店正常利润目标所必需的。美国酒店员工工资成本一般占营业收入的 37%，而我国酒店员工的工资成本一般占营业收入的 20%~30%。如果高于这一营业收入的工资成本率，一般意味着酒店的员工数配置偏多。

（二）酒店员工储备的方法

影响酒店按正常方法配置员工的干扰因素主要有以下三个方面：

1. 员工的病假与事假

工作中，任何员工都不是一个完全孤立的个体，要受到周围各种因素的影响和制约，如家庭生活、疾病等，这就会在不同程度上影响到员工出勤情况和工作效果，同时员工的病假和事假又很难准确提前预料，从而使酒店在员工配置上显得非常被动。

2. 员工的即时流动

酒店业的员工流动率非常高，每年大约在 20%。员工在未确定流动之前，为了避免酒店对其采取不利措施，往往在将要离开时才会提出辞职，这往往使得酒店在人力资源的配置上措手不及。

3. 工作量的变化

酒店员工工作量的变化一般有三种类型：第一种是季节性变动。比如，我国境外旅游的旺季在 5 月、9 月和 10 月，淡季在 12 月、1 月、2 月和 3 月。第二种是每周的波动。实行每周 5 天工作制后，对大部分城市的商务酒店来说，商务客一般都在周一至周五到达，在周末往往出现门可罗雀的现象。第三种是每天的波动。这就突出地表现在餐厅与娱乐设施的经营上。早餐、午餐、晚餐等不同餐次的客流量是不一样的。

鉴于以上影响因素，酒店除正常地配置员工外，还需要一定的员工储备来应付各种干扰因素。主要方法有：

（1）适当安排员工的工作时间。包括两方面：一是适当安排上班时间，可以根据工作需要采取不规则的上班时间制；二是适当安排休假时间，可以安排员工在淡季或实习生见习期休假。

（2）综合能力的培训。对专业相近的员工进行交叉培训，以便使他们在忙闲不均时能相互替代。这种相互替代，既可以表现在正常工作时间内，又可以表现在业务时间内做超额工作。比如，在酒店的零点餐厅忙时，宴会厅员工就可以去帮忙；在宴会厅员工忙时，零点餐厅的员工也可以去帮忙。

（3）暂聘临时工或后备员工。如果有一支招之即来、挥之即去的临时工或后备员工队伍，酒店就可以很好地解决员工的流动性带来的缺员问题，同时又可以适当储备优秀员工。现在，很多酒店除了有一支临时工队伍以外，还与开设旅游类（酒店类）专业的院校建立了良好的关系，每年安排一定学生实习，不仅节约了成本，还弥补了员工的缺失，为酒店建立了一支后备员工队伍。

（4）部分岗位外包。现在社会上也有许多成熟规范的专业公司，如洗衣公司、保洁公司。一些较老的酒店面临大型机器设备的老化，更新成本较高，新酒店为节省成本可能考虑不购置大型机器设备，因而酒店大件布草的洗涤业务、公共区域的清洁保养业务、绿植养护业务等可以采取外包形式，酒店派专人负责验收管理，从而节省成本。有些酒店客房清扫人员也会采取部分外包的形式，从而较好地解决酒店淡旺季人员配置上的问题。如在2020年年初的新冠肺炎疫情中，酒店入住率急剧下降，资金流一旦出现问题，员工工资难以发放，此时外包形式在一定程度上就减轻了酒店的财务压力。

案　例

后疫情时期酒店业人力资源管理规划

2020年春节爆发的新型冠状病毒肺炎疫情对酒店行业造成了巨大创伤，整个行业市场处于缓滞状态。2020年4月21日，万豪国际酒店集团总裁兼CEO Arne Sorenson在接受彭博社采访时透露，受疫情影响，万豪旗下全球酒店有2000家关门，大多分布在疫情比较严重的城市和郊区。同时，全球酒店业务下滑了85%–90%，超过一半的员工受到影响，约10万员工停业。万豪国际酒店集团尚且如此，其他酒店所受影响可想而知，很多酒店采用了临时应急计划，包括关闭部分餐厅，减少当班员工，关闭部分客房楼层，有的甚至暂时关闭酒店。

受新冠肺炎疫情的影响，酒店的外部环境发生了巨大变化，这就对酒店的人力资源管理提出了新的挑战，也使酒店意识到人力资源管理战略的重要性，以及人力资源对整个酒店变革的支柱作用。后疫情时期，酒店生存的法则是如何采取合适的人力资源策略去应对危机事件带来的挑战并抓住新的发展机遇，如果酒店能够抓住后疫情时代的变化特点，以此为契机，改革和创新人力资源管理策略，抓住产业破局变革机会，这将为酒店经营管理的整体发展提供坚实的人力资源支撑。

（资料来源：中国知网《后疫情时期酒店业人力资源管理面临的挑战及应对策略》2020 年 8 月 1 日）

案例分析

后疫情时期，你觉得酒店应该怎样做好人力资源规划？

第三节　酒店人力资源规划

一、酒店人力资源规划的含义

酒店人力资源规划主要包括对现有人事档案的调查和分析、对酒店战略目标的确定、对酒店员工的供给与需求状况的了解、酒店人力资源的招聘、培训和调整计划以及酒店员工的职业管理等内容。

二、酒店人力资源规划的作用

酒店人力资源规划，对于酒店的健康发展及酒店人力资源管理各项工作的有效运行都具有极其重要的作用。

（一）酒店人力资源规划有助于酒店战略目标的实现

酒店战略目标的实现需要内部环境和外部环境的支持。而内部环境包括酒店战略目标实现所需要的人力、物力和财力。规划根据酒店发展战略目标的要求，对整个酒店的人才需求与供给均做了预测和安排，从而为酒店战略目标的实现提供了保障。酒店的高层领导者在制定战略目标和发展规划以及做出决策时，总要考虑酒店自身的各种资源条件，特别是酒店的人力资源状况。若有了科学的人力资源规划，就有利于领导了解酒店目前各种人才的情况，并在一定时期内有内部抽调、培训或对外招聘的可能性，从而有助于领导者进行决策。酒店人力资源规划是以酒店的战略目标、发展规划和整体布局为依据的，但反过来酒店的人力资源规划又有利于酒店整个战略目标和发展规划的制定，并可以促进战略目标和发展规划的顺利实现。

（二）酒店人力资源规划有助于酒店更好地使用和开发人才

酒店业的人才流失率已超过 20%，并且呈现出一种上升趋势，这严重影响了酒店的生存和发展，这时我们对酒店进行人力资源规划就显得尤为重要。酒店的健康发展需要有一个稳定的员工队伍，但酒店的发展又受到外部多种因素的影响和制约，这样，酒店就需要根据外部环境的变化适时做出调整，进行人力资源的规划，满足酒店发展的要求。此外，酒店内部的人力资源也处于不断的变化中，如晋升、辞职、退休等，这也要求对酒店人力资源进行规划。

（三）酒店人力资源规划有助于酒店降低人工成本

人力资源对于企业内部来讲是一把双刃剑，在为企业创造利润的同时也会增加企业的成本，这时就需要对人力资源进行规划，将员工的数量和质量控制在合理的范围内，从而节省人工成本的支出。规划可以了解酒店的员工结构和人岗匹配状况，使酒店人力资源结构趋于合理，降低人工成本。

（四）酒店人力资源规划能使酒店更好地适应内外环境的变化

通过对酒店现有人员人事档案的调查和分析，使酒店的高层管理者对酒店内部员工情况有了更加明确的认识，随着酒店外部环境的变化，适时地调整内部环境，尤其是人力资源的配置情况。规划能够使酒店的高层管理者迅速地把握人力资源的动态平衡，适应内外环境变化的需要。

（五）酒店人力资源规划有利于调动员工的工作积极性和创造性

酒店人力资源管理工作，要求在实现酒店目标的同时，做到以人为本，考虑员工个人在物质上和精神上的需要得到合理的满足，才能激发员工工作的积极性和创造性。只有在科学的人力资源规划条件下，员工对可满足自己的需要和满足的水平才是可知的。当酒店所提供的与员工自身所需求的大致相符时，他们才会努力追求，在工作上表现出主动性、积极性和创造性，否则，员工很难发挥自有潜力和积极性，甚至会离开该酒店而另谋高就，造成人才流失，削弱酒店的力量。因此，科学合理的酒店人力资源规划是调动员工工作积极性、主动性和创造性的重要方面。

（六）酒店人力资源规划是酒店人力资源管理等各项工作的基础

酒店人力资源规划与酒店员工的招聘有着直接的关系，如果预测的供给小于需求，那么就需要进行招聘，同时从数量上和质量上来满足这种需求；根据人力资源规划预测的结果和现有人员状况比较，制定相应的人员配置计划来实现酒店人员供求关系的平衡；通过比较现有员工和所需员工的质量，可以制订出酒店的培训需求计划；人力资源需求的预测结果还可以作为酒店制订薪酬计划的依据，结合自身的薪酬政策预测出酒店的薪酬总额，或者根据预测的薪酬总额对现有的薪酬结构和水平进行适当的调整。

三、酒店人力资源规划的内容

（一）对现有人事档案进行调查和分析

首先需要对酒店内部在岗在编人员，尤其是酒店的核心员工进行档案信息的调查和分析，对其进行整理和归类，了解岗位职责和工作说明书，分析其能力与岗位的匹配程度，制定出录用、培训、激励、调整等措施。这是做好酒店人力资源规划的基础工作。

（二）确定酒店战略目标

要根据市场的变化和经济的发展来制定符合酒店长远健康发展的战略目标，适应经济全球化的发展趋势。同时要对酒店内部和酒店外部人力资源的供给与需求进行预测和分析，依据酒店人力资源平衡的总体政策和指导原则确定酒店战略目标。

（三）制订酒店人力资源的供求平衡计划

因酒店发展的需要，必须增加员工的数量和类型；因人员退休或死亡等，必须增加员工的数量和类型；因人员流失，必须减少员工的数量和类型；因人员调整，必须增加员工的数量和类型。应根据以上情况，制定酒店人力资源的供求平衡计划。

（四）制订酒店人力资源的招聘计划

招聘的岗位、人数、类别和时间；招聘计划和招聘程序的制定；招聘方式的选择：内部招聘、外部招聘或校园招聘；成立招聘小组，确定招聘考官及主考官；面试类型的选择；招聘的成本预算。

（五）制订酒店人力资源的培训计划

对酒店高层管理人员的战略发展和团队建设培训；对酒店中层管理人员的逻辑推理和协调沟通培训；对酒店基层人员的服饰礼仪和言谈举止培训；采用“请进来”和“送出去”的学历培训；提高员工适应社会发展的素质培训；了解岗位职责和提高业务技能的新员工上岗培训；符合本国国情的跨文化人员的培训。

（六）加强对酒店员工的职业管理

根据胜任原则、特长原则、灵活原则和发展原则的要求，肯定员工个人的职业能力和职业兴趣，确定个人的发展目标，帮助员工制定最佳的职业发展道路。坚持职业管理的原则，规划员工的职业发展方向和职业发展空间，同时又要根据内外环境的变化，及时地修正职业发展方向，使个人和组织的目标能够始终保持一致。

四、酒店人力资源规划的程序

为了达到预定的战略目标，在进行酒店人力资源规划时需要按照一定的程序来进行。

酒店人力资源规划一般包括四个步骤：

（一）准备阶段

收集酒店人员信息并加以分析，用于预测酒店对人员的总体供给和需求。分析酒店内外环境变化，确定酒店经营战略和发展规划，了解相关的政治、经济、法律和法规。

（1）调查并分析酒店中现有员工以及现有工作任务的情况。对现有员工要分析他们的专业特长、工作能力、兴趣爱好；对现有岗位进行工作分析，采用人力资源管理信息系统，使这一工作任务更加具体和明确。

（2）分析未来劳动力的组成。这一工作通常是在对薪酬、职业和行业所做分析的基础上进行的，是进行酒店人力资源规划的重要依据。

（3）确定酒店现有的劳动生产率并对其未来发展趋势和发展方向进行预测。酒店可以利用人力资源管理信息系统统计员工的缺勤率来对工作绩效进行评估，进而确定酒店现有的劳动生产率。酒店现有的劳动生产率将直接影响着酒店对未来的人力资源需求。这样，通过确定现有的劳动生产率就可以预测未来的劳动生产率。

（4）对酒店的组织结构加以调整。随着酒店的不断发展，酒店原有的组织结构已经不能适应新的发展要求，这就需要对酒店原来的结构加以调查和研究，对其中不合理的部分予以调整，增设或精简一些机构。

（二）预测阶段

在充分掌握信息的基础上，选择有效的预测方法，对酒店在未来某一个时期的人员供给和需求做出预测。在整个酒店人力资源规划中，这是最为关键的一部分，也是难度最大的一部分，直接决定了规划的成功与否。只有准确地预测出需求与供给，才能采取有效的措施和方法进行平衡供求关系。

（三）实施阶段

在供求结果预测出来之后，就两者之间的结果进行比较，选择并实施平衡供求的措施，使酒店对人力资源的供求得到平衡。这也是酒店人力资源规划的最终目的。在制定相关的措施时，我们应该使酒店人力资源的总体规划和业务规划与酒店的其他规划相互协调、相互一致，只有这样我们所制定的各项措施才能得到有效的实施。比如，如果要制订人员招聘计划，那么相应地增加财务预算中的工资费用就是非常必要的。

（四）调整评估阶段

对酒店人力资源规划实施的效果进行调整评估是整个规划过程的最后一步，由于预测不可能完全准确，所以酒店人力资源规划也需要根据内外环境的变化，适时地调整评估措施。对预测的结果以及制定的措施进行评估，对预测的准确性和措施的有效性做出衡量，总结其中存在的问题及有益的经验，为以后的规划活动提供借鉴。

课堂思考

1. 酒店人力资源规划的作用是什么？
2. 酒店人力资源规划的步骤有哪些？

复习与思考

一、名词解释

组织机构

倒金字塔组织机构

酒店人力资源配置

酒店人力资源规划

二、简答题

1. 目前酒店组织机构设置的发展趋势有哪些？

2. 是不是所有的酒店组织机构设置都是相同的？为什么？

3. 酒店员工配置的方法有哪些？

4. 酒店人力资源规划的程序是什么？

三、单选题

1. 酒店组织机构设置出现了扁平化的发展趋势，以下哪种具体说法不正确？（　　）

A. 层级扁平　　B. 机构合并　　C. 岗位合并　　D. 产品多元化

2. 以下哪项不属于酒店人力资源部门的主要职责？（　　）

A. 认真贯彻国家的有关方针和政策，结合本酒店的实际制定企业的人力资源管理制度，包括用工制度、绩效管理、考核制度、工资制度、激励制度等

B. 根据企业的发展科学合理地制订企业下一年度的总体发展计划

C. 正确处理内部劳动人事关系，创造良好的劳动工作环境、关心员工生活、保证员工的劳动安全

D. 加强员工培训，帮助员工更新知识、不断提高技能技巧，努力挖掘员工潜力

3. 以下哪项不属于酒店员工配置的内容？（　　）

A. 人与事总量配置分析　　B. 人与事结构配置分析

C. 员工薪资福利分析制订　　D. 人员使用效果分析

4. 酒店人力资源规划的准备阶段是一项非常重要的工作，它不包括以下哪个方面的内容？（　　）

A. 调查并分析酒店中现有员工以及现有工作任务的情况

B. 分析未来劳动力的组成

C. 确定酒店现有的经济效益并对其未来发展趋势和发展方向进行预测

D. 对酒店的组织结构加以调整

四、案例分析题

国营老酒店的人事调整

某酒店是一家有着近30年历史的国营老酒店，也是当地最早的旅游涉外星级酒店。酒店的业务一直以接待当地政府活动为主，至今保留着事业单位的人事制度。酒店有162间客房，餐位600个，还有大小会议室8间，多功能厅一个，娱乐、桑拿、健身设施等；酒店有近20个职能部门，新老职工达800多人，其中近一半是年龄在45岁以上的老职工。随着市场经济的发展，原有政府指定的消费单位有了更多的选择；过去每年的政府拨款，经过2~3年的过渡期很快就要停拨；工作20多年的老员工早就习惯于年轻人干活，自己待在一旁的工作方式；酒店上一次的设施设备、客房更新换代距今已有7年，绝大部分的地毯、墙纸、客房家具等早就破损严重，不堪入目了；等等。这些问题让新到任的由主管部门聘用的职业经理感到千头万绪。然而人的问题是最重要的，人浮于事、相互推诿、工作松散的现象亟须扭转，为此总经理请来了酒店的人事部经理，要求他根据酒店的现状，草拟一个组织机构设置和员工队伍调整的建议和意见书。

案例分析

若你是酒店人事部经理，根据以上情况，请你草拟一份调整后的酒店组织机构图（不考虑个性因素）。

参考资料

李明宇，等．现代饭店人力资源管理实务（第3版）[M]．北京：清华大学出版社，2018.

刘桂芬．酒店人力资源管理［M］．广州：南方日报出版社，2002.

王文燕，等．星级酒店人力资源管理大全［M］．广州：广东经济出版社，2018.

赵伟丽，孙亮．酒店人力资源管理［M］．北京：北京大学出版社，2018.

第三章

酒店员工的招聘与配置

酒店为了满足发展需要，根据企业经营管理目标和人力资源规划，或者为了补充因人员流动所造成的职位空缺而拟订招聘计划，制定招聘和录用的标准和程序，通过面试、考核、选拔、录用和培训等方法，为酒店选择和确定符合岗位要求的人来为酒店供职，形成能够促进酒店经济效益、推动酒店经济发展的关键环节链。因此，招聘合格的员工对于酒店来说至关重要，员工配置既是人力资源的起点，又是管理的重点。把人力资源的劳动生产率提高，酒店的经济效益以及社会效益才会得到最大程度的体现。管理流程的规范、专业技术的运用以及信息化手段的辅助，已成为酒店提高招聘准确性和效率的必要条件。本章介绍了招聘的原则和流程，通过学习学会根据酒店的实际情况制订招聘计划，选择合适的招聘方法。

学习目标

知识目标

1 了解招聘的原则和流程。

2 了解录用步骤。

3 掌握面试流程。

技能目标

1 能够根据招聘的具体要求选择合适的招聘方法和员工来源。

2 学会初步根据酒店实际情况制订招聘计划。

3 可以初步运用合适的面试方法进行面试。

案 例

酒店行政助理招聘

某酒店因发展需要在2015年10月底从外部招聘新员工。其间先后招聘了两位行政助理（女性），结果都失败了。具体情况如下：

第一位行政助理A入职的第二天就没来上班，同时没有来电话告知，上午酒店打电话联系不到本人。经她弟弟解释，她不打算来酒店上班了，具体原因没有说明。下午，她本人终于接电话，不肯来酒店说想辞职。3天后又来酒店，中间反复两次，最终决定不上班了。她的工作职责是负责前台接待。入职当天晚上酒店举行了聚餐，她和同事谈得也挺愉快。她自述的辞职原因：工作内容和自己预期不一样，琐碎繁杂，觉得自己无法胜任前台工作。酒店人力资源总监对她的印象：内向，有想法，不甘于做琐碎、接待人的工作，对批评（即使是善意的）非常敏感。

第二位行政助理B工作10天后辞职。B的工作职责是负责前台接待、出纳、办公用品采购、酒店证照办理与变更手续等。自述辞职原因为：奶奶病故了，需要辞职在家照顾爷爷（但是当天身穿大红毛衣，化彩妆），透露家境很富裕。人力资源总监对其的印象：形象极好、思路清晰、沟通能力强，行政工作经验丰富。总经理印象：商务礼仪不好，经常是小孩姿态，撒娇的样子，需要进行商务礼仪的培训。

酒店招聘流程：

1. 酒店在网上发布招聘信息。

2. 总经理亲自筛选简历。筛选标准：本科应届毕业生或者年轻的，最好有照片，形象好，学校最好是名校。

3. 面试：如果总经理有时间就总经理直接面试。如果总经理没时间，人力资源总监进行初步面试，总经理最终面试。新员工的工作岗位、职责、薪资、入职时间都由总经理定。

4. 面试合格后录用，没有入职前培训，直接进入工作。

——资料来源：百度文库

案例分析

1. 招聘行政助理失败，作为酒店的总经理和人力资源总监觉得这不是偶然现象，在招聘行政助理方面肯定有重大问题。请思考流程和步骤是否有问题？人员选择上有没有问题？

2. 对于招聘中出现的问题有何对策？

第一节　酒店员工的招聘原则及流程

一、员工招聘的原则

杰克·韦尔奇说过："人才就是一切，有人才就是赢家。"组织真正的发展之源是人才；组织之间的竞争，说到底就是人力资源的竞争。酒店员工招聘是一项社会性较强的活动，对于酒店而言也是一项经济活动。应当在全面掌握酒店客观经济发展规律的基础之上，充分体现人力资源管理时间的要求，充分分析客观事实对于招聘的各方面影响，使招聘工作具有一定的科学性和实践性。员工招聘的实际工作必须遵循下列原则。

1. 公正平等、任人唯贤原则

公正平等、任人唯贤原则是指酒店要对所有的应聘者给予均等的机会，不因应聘者的性别、民族、宗教信仰和推荐人不同而给予不同的考虑，必须一视同仁。公开和择优是公平的基础。只有通过公平的竞争才能发现符合要求的优秀人才，起到一定的积极作用。在社会坚持平等就业的基础上，还要注意和照顾到特殊的应聘群体。努力为社会的各级人士提供平等竞争的机会，同时也利用广泛的渠道为酒店吸纳各方面的优秀人才。

2. 灵活应变、动态管理原则

酒店行业是一个相对而言员工流动性较大的行业，灵活应变、动态管理原则就是管理者要根据酒店的实际运营和人员管理情况来招聘人员和调配人员。例如，因酒店生意旺季或者员工辞职、升迁、开除等而造成的人员短缺或职位空缺，时间紧迫需要紧急招聘；饭店规模扩大，增加新的服务设施或者器械等需要增加新的员工；人力资源管理部门从酒店长远发展的角度预测人员的变动趋势，预测离、退休员工比例及岗位空缺的时间，估计员工流失率等情况，基于行业发展规律来有效管理现有员工以及灵活应对可能会有变化的情况发生，为酒店的人才发展高瞻远瞩。

3. 双向选择、人尽其才原则

在计划分配已经成为历史、人才市场机制日益完善的条件下，双向选择已经成为酒店招聘员工的一种良好的招聘方式。酒店可以根据自身的发展及实际岗位的需求来选择合适的人到合适的职位，应聘者也可以根据自身的条件和能力来选择满意的用人单位，双方互惠互利，都处于平等的选择位置。任何人员都有可用之长处，需避之短处，但是同时酒店也要创造条件让人员挖掘潜力和发挥自己的长处。人与事的不适应不是绝对的，适应是相对的，因此，人适其位，位得其人，能力与岗位匹配是人力资源管理人员在工作中必须要考虑的问题。这种双向选择的原则，一方面提升了酒店的形象，吸引了更多的应聘者；另一方面也能使应聘者获得满足其自身需求的岗位。

二、招聘流程

（一）制订招聘计划

人力资源管理者在对当地招聘市场信息、供需概况、劳动力分布情况充分了解后需要根据酒店实际运营情况制订科学有效的招聘计划，计划内容主要包括以下九个方面：

（1）确定酒店空缺岗位和缺编情况，包括招聘的岗位名称、人数、任职资格要求等内容。酒店岗位需求一般包括：人力资源计划中明确规定的人员需求信息，酒店在职人员离职产生的空缺，部门经理递交的招聘申请并经相关领导批准。

（2）招聘信息发布的时间和招聘渠道。

（3）招聘团队的小组人员确定。

（4）应聘者的考核和面试方案，包括考核或者面试的场所、大体时间安排等。

（5）确定招聘的截止时间。

（6）新员工的到岗时间。

（7）明确招聘预算，包括资料费、广告费、人才交流会费等。

（8）编写招聘工作时间安排表，尽可能详细，以便于他人或者其他相关部门的配合。

（9）草拟招聘广告或招聘简章的样稿，确定制作内容和制作要求。

（二）选择招聘渠道

由于酒店招聘对象的来源不同，招聘渠道一般包括内部招聘、外部招聘、网络招聘、猎头、公司、校园招聘等。

1. 内部招聘

酒店内部招聘渠道：员工晋升、工作调换、工作轮换、内部人员的重新聘用；内部招聘方法一般有推荐法、档案法、公告法；内部招聘的优点很多，有利于酒店提倡员工机会平等，有利于员工选择最合适的工作，便利迅速效率高，有利于酒店更好地了解候选人，同时也使得候选人更多地了解酒店，对于员工而言是有效的激励手段，有利于降低培训成本。通常内部招聘会在两个范围内进行，一是在酒店内部，二是在全国范围或者集团范围的酒店网络。内部招聘的缺点主要是难以保证补充充足的人员和“近亲繁殖”。

2. 外部招聘

外部招聘渠道：求职者自荐、广告招聘、就业服务机构协助、校园招聘、网络招聘等；外部招聘的优点也很明显，人才来源广泛，避免酒店的“近亲繁殖”，避免酒店内部的恶性竞争等。外部招聘的缺点主要是应聘者需要较长的时间了解酒店和熟悉工作，部门对于新鲜血液需要较长的时间去了解，招聘成本较高。

3. 网络招聘

招聘网站是酒店网络招聘的重要平台，是企业和求职者使用网络招聘的重要载体。用社交网站平台发布招聘信息，社交平台包括微信平台、微博等，传播范围广，发布受众面大，有一定的影响力，将招聘信息链接附在其中发布，容易被人发现也容易被人接受；可利用网络聊天工具进行招聘。目前在用的有 QQ 群以及微信群等，通过 QQ 群和微信群发布一些岗位的招聘信息，对一些年轻的求职者来说，比较容易接受；还可通过直播招聘。随着新媒体的发展，直播招聘也已走上舞台，企业可以通过网络直播的形式，直接与应聘者互动，同时达到宣传企业的目的。网络已经成为大学生学习和生活中不可或缺的重要工具。网络招聘因其传播范围广、查询方便、速度快、信息量大、成本低而深得大学生喜爱。

4. 猎头公司推荐

猎头公司是一种帮助公司企业招聘高级候选人的人才推荐机构。这类招聘目的性强，主要关注的是受教育程度高、实践经验丰富、业绩表现出色的专业人才和管理人才，适合招聘高端员工和高级技术人才。猎头公司在推荐人才的过程中，还可以提供人才评价、调查、辅助沟通的顾问咨询服务。

5. 校园招聘

校园招聘是一种特殊的外部招聘途径。狭义是指招聘组织（企业等）直接从学校招聘各类各层次应届毕业生。广义是指招聘组织（企业等）通过各种方式招聘各类各层次应届毕业生。校园宣讲会是企业在校园招聘伊始针对高校组织的专门的讲座，通过企业高层、人力资源负责人以及在本公司工作的该校校友的现身说法来传达公司基本概况，介绍企业文化、经营理念，发布职位空缺、招聘条件和招聘流程等，通过情绪的感召与互动引导学生全面地了解企业。在宣讲会前一般会通过在学校网站发布消息、在校园张贴海报等形式宣传企业形象及其产品，达到一定的营销目的。校园招聘以其集中、快捷、高效、针对性强等优点越来越受到企业雇主的青睐，并以此作为招聘年轻后备人才的首选渠道。

6. 酒店定制型合作

如果酒店对某个岗位或某个部门长期固定需要量较大，可以与专业学校进行定制型、订单型合作，签订协议，由学校负责招生，并按酒店需要进行重点技能及理论的培训，完成学校学习和相关专业培训后，再进入酒店工作。

酒店无论怎么招聘，招聘什么类型的人才，都需要根据招聘对象确定合适的渠道。目前大多数酒店是多种渠道同时采用，多管齐下，这样能增加招聘人员的可选择性，提高招聘的效率和质量，降低酒店的成本。

（三）发布招聘信息

发布招聘信息对于招聘工作来说是非常重要的一项任务，尤其是外部招聘，招聘信息的发布直接影响招聘的效果和应聘人员的质量。招聘信息的发布一般包括的主要渠道有广播与电视、杂志、报纸、网络（包括人力资源网、专业网站、酒店官网、校园网站）、人才交流会等。

（四）收集应聘者信息或资料

酒店通过招聘渠道发布招聘信息后，就要求尽快将应聘者的信息或简历、资料等回收，以便于安排接下来的面试工作。收集应聘者资料的同时要注意可以做简历的初步筛选，以便于有效地开展应聘者选拔的工作，对于如何回复应聘者也要尽快妥善做好相关工作。

（五）应聘者面试

面试是酒店招聘员工的一种常见方法，效果利弊均有，面试的种类也是多样化的，通常有非结构化面试、结构化面试、情景模拟面试、压力面试、行为面试等。面试官主要通过面对面的交流或观察获取信息来判断该候选人是否符合相关要求，这对于面试官的经验也有一定的要求，因为会直接影响面试的效果。酒店面试官一般会采用以下几种常见的面试提问方法：（1）封闭式提问，这是面试中最常见的提问方式，也是经常使用的。你在面试中听过多少这样的问题："你是否能在压力下工作？"只有"是"或"否"两种可能答案；（2）开放式提问，这种方式逻辑上是与第一种方式相对的。应聘者不能以"是"或"否"来回答，而要进行解释。这些问题通常这样开头："我想知道……""你可以把……说来听听吗？"（3）反问，反问可以帮助面试官冷静地控制谈话，无论应聘者如何健谈。例如，应聘者开始抖出各种各样的经验时，可以用反问来打断他，进入其他话题；（4）对以往成绩提问，这是基于以往行动可以预测未来行为的前提下，任何特定的某个人在新工作的行为，至少可以预计与过去一样好或一样差。这些提问本质上是开放式，但着重于询问以往行为的具体例子。通常这样问："说说在……时你的情况。""给我一个……的例子。"

为了确保招聘的有效性，对于某些特定岗位，酒店还会采取笔试或现场操作的方式进一步筛选。例如，对于烹饪技术岗位，酒店往往会通过请专家现场品菜等方式，考验厨师的实际操作技能和业务规范；对于财务等专业岗位，则会通过对于应聘者财务专业知识的考察来确定是否录用。

（六）背景调查

背景调查是指通过咨询、了解、查验应聘者的身份信息、教育状况、工作经历、成果荣誉、个人品质、个人特点等，以进一步核查应聘者背景资料和证明材料的真实性和有效性，有助于酒店识别新人，降低招聘风险。一般酒店会采取人力资源部电话问询、专业网站核实、上门调研、要求提供推荐信或通过第三方专业机构等方式进行背景调查。背景调查要特别注意：一是限定调查范围；二是保障好被调查者的隐私，确保其知情权；三是优先选取求职者的前上司或同事进行调查。

（七）录用新员工

选拔录用新人必须遵循科学性、有效性、简明性、可行性的原则。在选拔录用中尤其要避免那种凭个人的主观感觉就草率聘用的做法。

（八）评估招聘效果

招聘工作结束以后，酒店人力资源管理者要对招聘整个活动尽快进行一个效果评估，主要可以通过这样几方面来进行考量：招聘的成本、应聘者录用率、应聘者人数、应聘者质量等。通过该评估，可以帮助管理人员发现在招聘过程中存在的问题，优化和提高招聘渠道、招聘方法、招聘流程、招聘效果，以更好地提高今后的招聘工作质量和反馈效应。

课堂思考

一般酒店处于何种阶段或时刻会选择内部招聘或外部招聘？

第二节　酒店员工的选择和配置

为酒店选择和配置合适的人员，是发挥酒店结构功能、实现酒店发展目标的内在保证。管理者通过对工作岗位要求和人员素质的分析，为每一个岗位配置合适的人员，以完成酒店发展目标所需要开展的各项工作。人力资源部会根据员工的能力和岗位工作要求，把合适的员工安排到合适的岗位，实现人得其事，岗得其人，人尽其才，才尽其用，效率优化。

曾经有一个动物拉车的故事是这么说的：梭子鱼、虾和天鹅不知道什么时候成了好朋友，一天，它们同时发现路上一辆车，车上有许多好吃的东西。它们想把车子从路上拖下来，三个家伙一齐负起沉重的担子，它们铆足了劲，身上青筋暴露，使出了平生的力气，可是，无论它们怎样拖、拉、推，小车还是在老地方，一步也动不了。原来，天鹅使劲往天上提，虾子一步步向后倒拖，梭子鱼又朝着池塘拉去，究竟谁对谁错？反正，它们都使劲了。其实道理很简单：梭子鱼、虾和天鹅，它们都有为目标奉献的精神，但是它们各自都按自己的习惯去拉车，没有将它们的才能用到一处，形成合力，那么，最后埋怨谁都是无济于事的。同理，人在酒店中的作用也是一样的，只有将人员进行最适当的配置，完成各项岗位职务，酒店才能得到进步、发展。

一、员工配置对于酒店的意义

（一）员工配置是酒店组织有效活动的保证

对于一个酒店来说，目标的确定为酒店的活动明确了方向；酒店组织结构的建立提供了实现目标的条件。人员的选拔和配置过程就要求人力资源管理者最大限度地利用好员工的能力，科学地对员工进行管理，但是，由于人员配置不当而导致酒店组织结构不仅不能成为实现酒店目标的保证，还会影响酒店本身的生存发展。因此，人员配置对于酒店来说无疑是关键问题。

（二）员工配置是酒店人力资源的有效开发手段

当代社会，人力的成本是酒店成本中占比较为重要的部分，通过员工的有效配置与合理安排，内部与外部的合理配置与再配置以及其他人才挖掘渠道的拓宽，都有利于酒店对于人才的培养和储存，编制精简后的人员越来越受到酒店的重视。在管理过程中，通过适当选拔、配置人员，实现人员与工作任务的协调匹配，从而使人力资源得到高度开发。

（三）人员配置是做好领导与控制工作的关键

在酒店中，人员配置是以计划和组织工作为前提，是计划工作和组织工作的落实，又为领导和控制工作奠定了坚实的基础。一个酒店，如果人员配置不当或不完善，如主管人员的德才与职务要求不相符，其主管人员无法发挥出色的才能如领导及管理才能，就不可能创造出良好的环境，使其全体成员的积极性、主动性和创造性得到高度发挥；同时，下属工作人员配备不合理，势必会给控制工作带来更大困难，使控制范围扩大、难度加深，从而加重上层主管的监督和纠偏工作。因此，就管理方面而言，人员配置也是酒店其他管理职能能否顺利实现的关键。

二、员工的选择和配置的工作内容

（一）按照需求配置

可参照组织机构图、人员需求量、人员流动率、规模档次、经营状况等因素来确定酒店的人员需求量。明确有多少事情需要多少人来完成，但是这种人员配置情况不是绝对的，会随着酒店行业或者社会经济的发展而变化。

（二）选配合适的人员

根据岗位设计和岗位分析的内容选择符合相应条件的人员，可能来自酒店内部或外部社会。遵循把合适的人安排在合适的岗位这一原则，使用一系列科学的测试、评估和选聘方法。如果是为新开业酒店选配人员，只要根据酒店方对人员的需求量在社会上公开招聘。若是对现有酒店机构中的人员配置进行重新调整，需要将需求量与内部现有人力资源状况进行分析和对比后找出预计缺额，再确定需要从外部选聘的人员类别和人员数量。

（三）人员配置的适用性分析

人员的选择和配置形成以后，酒店也要从使用效果上和员工的适应性方面对员工进行分析，能力的高与低、业绩的好与坏等都会影响到酒店的人员管理质量以及客户的满意度，所以通过有效的分析也可以更好地了解员工，及时调整岗位，以实现人岗有效地匹配。

三、员工的选择和配置注意事项

（一）酒店的档次及规模

现代社会，酒店的档次高低越来越齐全，规模也是从小众到大范围的均有，尤其是一线城市，更是各种品牌、档次、规模俱全，但是在酒店管理人员进行员工的人员配置时就必须考虑到自身的条件达到了什么样的级别或者属于什么类型，再根据实际情况来确定配置。如果酒店规模小，配置岗位的数量多，不仅会造成人力成本的浪费，也可能会影响工作效率甚至酒店效益；如果酒店规模大、档次高，在配置的同时也要考虑清楚配置多又全是否会影响员工整体能力的发挥和整体工作效率的提高。

（二）人选的确认及多种用工形式的采用

员工的选择和配置是由人力资源部和用人部门共同完成的，最终的录用决策应当由二者共同决定。员工在试用期过后，基本上可以得出其具备的相关能力和技术的指标，所以要注意因人而异，分工不同，各司其职。不管是哪一类的用工形式，长期正式员工、实习生、劳务工、小时工等，最好由用人部门经过具体的情况分析后再进行合理的人员配置、招聘和录用，既能够在人力成本上节约，也能够最大限度地发挥员工的效应，有利于提高劳动效率和酒店效益。

（三）工作程序的安排

用人部门在员工选择过程中除要注重前期的能力、素质外，也要注重后期的潜力挖掘和培养，服务创新对于酒店的长远发展有着深远的意义，在工作过程中，要善于发现、总结、完善工作程序，不能因为要按照工作流程进行而生搬硬套，不去思考客人的真正需求在哪里，服务的创新不仅可以来自管理人员，更可以从一线服务人员那里给予思考，能够按需供给，才能使客人感到备受关注和更具特色的个性化服务，这是管理者在做该项工作时必须考虑的问题。

第三节　酒店员工面试

一、面试的目的

在酒店行业中，面试从来都是招聘工作中最重要的一个步骤。那么，为什么招聘时需要进行面试呢？因为与候选人面谈，是面试官收集和判别该候选人行为事例的最佳机会。面试的目的在于收集与候选人各项工作能力有关的信息，以全面地认识和了解候选人的素质，简而言之，就是能够招对人，招到合适的人。酒店实施有效的招聘面试，还会让酒店降低招聘费用，降低员工流失率，从而进一步减少培训成本，提高酒店的生产效率，减少人力资源和用人部门经理的工作量。

广义的面试包含很多类型。按照实施空间分类，包括电话面试、视频面试、面对面面试等，越来越多的国际品牌酒店在总部以外招聘时，普遍通过视频面试提高招聘效率和节约成本。按面试方法分类，包括结构化面试、非结构化面试、情景面试、无领导小组讨论、文件筐测试、专题演讲、研讨会、角色扮演等，按照参加面试人员分类，包括一对一面试、多对一面试、一对多面试或小组面试等。面试可以是一次性或多次实施。

二、面试的程序

所谓面试又称为面试测评或专家面试。面试是一种招聘者与求职者之间面对面相互交流信息的有目的的会谈。它使招聘方和受聘方都能得到充分的信息，以在招聘中做出正确的决定。面试是一个双方彼此考量和认知的过程。基本流程包含以下四个方面：

（一）面试前的准备

（1）确定面试官和面试形式。一般用人部门的面试官通常为经理或者经理级别以上职务的人担任。

（2）阅读应聘者的求职简历或职位申请表，阅读岗位职责与员工职位要求。

其目的在于收集应聘者资料中的有效信息，包括应聘日期、自我推荐的求职信、个人情况、年龄和性别、籍贯、户口及人事关系状况、婚姻及家庭子女状况、工作意愿、教育背景、最高学历 / 全日制学历、学位和职称 / 专业资格、就读学校、工作履历、职位和职责、服务年限、离职原因、外语和计算机技能、薪资福利状况和期望、联系电话和地址、邮政编码等。

（3）制定包括了面试要点的议程并计划面试问题。

面试官需要通过提问来考察应聘者，主要方面包括：相应工作经验、工作动机及兴趣、表达沟通能力、分析、评估问题能力、判断与解决问题能力、计划组织和领导能力、工作主动性、诚实性、承受压力能力、发展潜质、工作期望值等。

（4）如果合适，与已经面试过候选人的同事先进行沟通。

（5）确保有足够的面试时间，而且避免有干扰。

（6）选择和布置面试场地并确定座位安排。最好能给面试者提供一个相对安静且放松的环境。

（二）面试中

（1）不要让他们长时间等待。

（2）热情欢迎——微笑并握手。

（3）自我介绍——提供茶水或咖啡。

（4）避免两人之间有障碍物。

（5）解释面试的形式或者面试过程中将会采取的测试方法。

（6）解释自己会进行记录。

（7）用中性问题建立融洽的气氛，问题领域可以包括兴趣爱好、家庭环境、工作经历、教育背景、未来规划等。

在人才招聘选拔中，总离不开面试这一环节，一次设计完善、准备充分的深度面试，是确保人才甄选优质与高效的关键。而在实际操作过程中，面试最大的难题就是怎样通过与应聘者的问答，科学准确地考察其真实的能力水平。所以，要想在面试过程中提高人才甄选成功率，问对问题就成为关键。

（三）结束面试

（1）给候选人提问的机会，以便于对方确定一些问题和答案。

（2）让他们知道下一步将要进行什么，进一步来吸引面试者。

（3）感谢他们前来面试。

（4）留下一个好的印象，面试官代表的是酒店的形象，也是面试者第一次正面接触该酒店从业人员，所以面试官的言行举止是尤为重要的。

（四）面试后的工作

（1）筛选出合适人选名单，尽快安排复试或后续工作。

（2）复试。

（3）回绝不合格者，以电话、短信或者邮件的形式通知到面试者，表示酒店对其的尊重。

（4）如果面试合格，提供职位，尽快告知面试者相关职位的信息，以便于面试者做决定。

（5）如果面试不合格，同样礼貌拒绝或者保留其作为其他职位的候选人。

三、面试的注意事项

作为专业的酒店面试官，在面试时应注意：

（1）准时面试，不要迟到。

（2）将电话切断。

（3）注意自己的衣着。

（4）眼睛应正面注视对方的眼睛。

（5）已经清楚的内容不需要再问，避免重复问题。

（6）当候选人回答你的问题时，应点头示意——表示你在听他（她）的回答。

（7）注意观察候选人的仪表气质。

（8）注意候选人的肢体语言等非语言行为。

（9）面试官的专业程度还体现在对每一位候选人的重视上。

面试过程中，面试官面带微笑并注视候选人，而非咄咄逼人，或心不在焉；仔细倾听应聘者的言论，适时回应，并做好笔记；有问必答，对不清楚或不知道的，应礼貌而坦诚地告知不知道：制造和谐的气氛，保持亲切的态度，让应聘者感到舒服、自然；用鼓励的眼光与候选人沟通、交流；当应聘者答非所问时，可以说："对不起，可能是我没有讲清楚，我的问题是……"当应聘者的说话声音太轻时，可以礼貌、微笑地提醒："对不起，我听不太清楚，请你声音大一点……"

四、影响面试效果的因素

（1）面试者缺乏相关知识。对于面试者而言，应具备实施面试所需的心理素质、语言交流能力、技巧水平和业务知识，否则将严重影响面试的效果。面试者的性格特点、行为风格也会对面试结果产生影响。

（2）面试者的知觉偏差。面试者对被面试者的第一印象往往是其做出判断的重要标准；同样，被面试者某些不当的行为可能会被面试者放大，产生负面效应；同一面试者对于不同面试对象的认知，会对面试结果产生对比效应；当面试者对被面试者的某些特征形成好或坏的印象后，往往会以此印象推论此人其他方面的特征，造成认知上以偏概全的偏误，产生晕轮效应。

（3）招聘的压力会对面试结果产生直接的影响。酒店业普遍存在因人员供不应求而降低面试标准的情况，往往会对酒店后续的人力资源管理造成负面循环影响。

五、面试技术

面试是面试者与被面试者之间通过口头或行为语言，以双向沟通的形式来了解彼此的方式，特别是面试者对被面试者的知识、素质、技能、能力、特征、动机等方面进行识别的人员考核技术（见图 3–1）。面试者对于面试技巧的选择和使用将影响到对于面试者显性和隐形特征的了解程度。

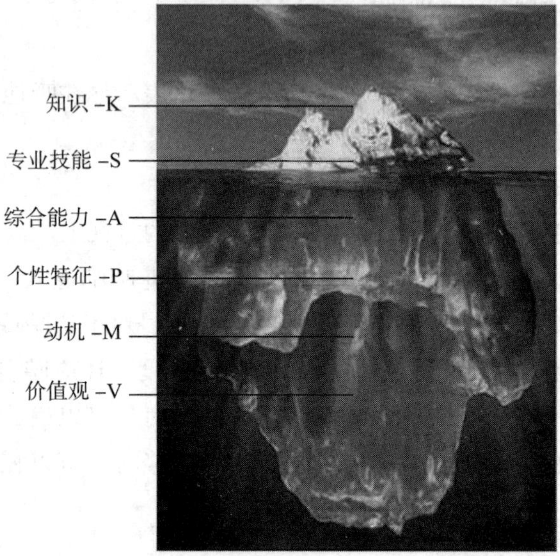

图 3–1　素质冰山模型

（1）情景面试。给定一个情景，看应试者在特定的情景中是如何反应的，要求应试者进行操作或给出解决方案。目的是给应试者设置一系列工作中可能遇到的事件，并询问“在这种情况下你会怎么做”，以此来鉴别应试者与工作相关的行为意向。可以考查应试者的思维灵活性与敏捷性、语言表达能力、沟通技能、处理冲突的能力、组织协调能力、人际关系处理能力等。

（2）行为事件面试法：在询问特定条件下被面试者所采取的关键行为，来对其能力、经验等进行客观全面的判断。一般分为四个步骤 STAR：① Situation 情境。首先询问被面试者取得优秀成绩的前提和背景——获知所取得的业绩有多少是与其个人有关，多少是和市场状况、行业特点有关。② Task 任务。其次询问被面试者为完成业绩，承担了哪些任务、每项任务的具体内容是什么——进一步了解他的工作经历和经验，确定是否适合应聘职位。③ Action 行动。询问被面试者为完成这些任务所采取的行动（Action），即了解他是如何完成工作的——进一步了解其工作方式、思维方式和行为方式。④ Result 结果。最后，面试官关注结果（Result），每项任务在采取了行动之后的结果及产生结果的原因。

（3）文件筐测验。又叫公文处理测验，通常用于管理人员或者财务、人力资源、行政等岗位的人员招聘。一般要求将被面试者设定为某一特定的岗位人员，在规定的时间内，通过给定的背景条件，处理相应的函电、公告、报告、会议、纠纷等事项，并要求其给出相应的处理理由和解释，以考验被面试者实际处理问题的能力。

六、面试结果的评估分析

面试结果的评估主要通过面试官对面试笔记的分析。面试官根据面试笔记，将收集来的信息归纳在各项能力之下，分析信息的内容和观察到的实际情况，判断应聘者面试与申请职位的相关程度、行为的影响程度、行为发生的时间，最后在每项能力下做出评价或评分。面试官根据各自的面试情况再对照招聘职位的要求，商讨各项能力的评价，得出一致的评估结果，做出最终的录用决定。

课堂思考

面试流程中你觉得哪个环节比较重要？为什么？

案例

2月23日，浙江省某房地产商钱显先生因业务需要，前往深圳市进行商务活动。当天他和助手一行人乘坐飞机抵达了深圳市，并入住当地一家商务型的五星级酒店。这家酒店在深圳是比较有名的一家商务型的五星级酒店。酒店内设施齐全，其中的第63层楼的商务房客更是具备了各种先进的商务通用电器，如电脑、传真机等。所以钱先生在听完前台小姐的热情介绍之后，就选择入住了该酒店的第63层的6309号房。

酒店齐全的设施和周到的服务让钱显先生等一行人感到十分称心，当晚他们住得很开心。

其实钱先生此次到深圳的目的是要参加一个重大的房地产商业竞标活动。经过了之前的几轮竞争筛选，钱先生的公司和另外两家浙江的房地产公司成为最受瞩目的和最有希望夺标的公司。

2月24日，钱先生的公司和另外两家公司的代表一同在主办竞标活动的深圳某公司参加会议。会议要求他们三家公司在会后尽快把竞标书传真过去。另外，从对会议的分析上，可以看出，钱先生的公司比其他两家公司的中标概率要大一些。

回到下榻的酒店，钱先生立刻叫助手把公司的竞标书用酒店提供的传真机传给了主办单位。但是在传真后，由于助手的疏忽，把原稿留在了客房。过了不久，收拾客房的服务员在整理房间时无意中发现了桌面上的竞标书，同时他也十分清楚三家公司间的投标竞争关系。于是服务员就偷偷地把竞标书以高价卖给了其中的一家竞争对手。就是这样，钱先生公司所定的投标价格这一商业秘密被泄露出去了。

结果在一星期后的投标会上，由于作为机密的投标价格已被对方竞争公司所掌握，钱先生的公司投标落败。全体公司成员都感到十分沮丧，辛辛苦苦做出来的投标计划现在已全部泡汤了！大家都认为之所以造成今天这样的结局，酒店方面也必须负起一定的责任。于是钱先生连同两个助手决定返回酒店，讨回公道……

资料来源：迈点网

案例分析

酒店在招聘员工或者面试人员的时候要注意哪些有关人员品质方面的事项？

员工录用的时候关于保护客人隐私方面的事项应如何重点说明？

员工被录用后，工作期间的表现该如何有效评估？是否包括诚信及信誉评价？

第四节　酒店员工的录用

一、员工录用的目的

酒店在发展过程中，除了自然减员的情况以外，也有可能因为业务扩大而录用新员工。

人力资源管理人员将竞争机制引入酒店人员管理过程中，录用新进员工有利于员工合理流动，有利于提高员工的素质和服务意识以及竞争意识，为酒店提高整体服务质量提供了重要保证。

酒店根据各工作岗位的实际需求，对于有志成为酒店工作人员的人，经过审核考查，凡体检合格、通过培训和试用的人员均有机会被正式录用。

二、员工录用的步骤

1. 人力资源部在新员工进入前

（1）填写《求职申请表》，并由人力资源部进行初次面试。

（2）通过人力资源部初试后由用人部门负责人进行第二次面试。

（3）由人力资源部进行背景调查，合格后通知其入职时间，并告知需带的物品和入职体检事宜。

2. 人力资源部办理入职录用手续

（1）发放录用通知书。

对于经过各方面考核，确认适合酒店某些招聘岗位要求的应聘者，可决定录用。要注意：做出录用决策的一般是用人部门。用人部门确定录用人选后，由人力资源部门统一发放录用通知书。对酒店而言，如何处理与落选者的关系同样重要。为了建立良好的公众关系，常用的拒绝求职者的方法有：向落选者当面解释说明，或是以书面形式和邮件形式解释其落选理由等，从而减少被拒绝的求职者对酒店产生负面情绪的可能。

（2）按照《新员工入职手续清单》逐项办理入职手续。

（3）向新员工阐述所发物品的价值及赔偿金。

（4）签订劳动合同。

员工进入酒店前，要与酒店签订劳动合同，它是员工与酒店双方产生劳动关系的契约保障。劳动合同应包括以下主要内容：酒店的基本信息、员工的基本信息、合同期限、工作内容、工作地点、工作时间和休息休假、劳动报酬、社会保险、劳动保护等。酒店可以与员工约定试用期，按照《劳动合同法》，试用期限不得超过 6 个月，酒店可以与员工约定员工在试用期间的报酬与福利、员工的绩效目标与责任、应享受权利、转正条件、试用期酒店解聘员工的条件与承担责任、员工辞职条件与义务等。

（5）更新员工通信录。

3. 由用人部门办理部分

（1）人力资源部带新员工到部门后，由部门安排参观本部门，并介绍本部门人员及其他部门相关人员。

（2）由直接领导向新员工介绍其岗位职责与工作说明。

（3）部门应在例会上向大家介绍新员工并表示欢迎。

4. 入职培训

（1）由人力资源部组织新员工的培训，培训内容包括：了解酒店的历史、概况、现状、未来、组织结构、各项规章制度、仪容仪表等。

（2）举行由酒店管理层进行的企业发展历程、企业文化、各部门职能与关系等方面的培训。

5. 试用期跟进

新员工入职后试用期内，由人力资源部对其进行跟进。形式：面谈。包括与部门经理和新员工双方面谈。跟进内容：主要了解新员工直接经理对其工作的评价；新员工对工作、直接经理、酒店、部门等各方面的看法、意见及建议。

6. 转正评估

新员工试用期到期以后，由人力资源部安排进行转正评估。员工对自己在试用期内的工作进行自评，由直接经理对其进行评估。直接经理的评估结果将对该员工的转正起到决定性的作用。

三、员工录用——当代与传统做法的比较

在整个酒店实施招聘的过程中，传统的人事管理与现代人力资源管理的工作职责分工是有不同之处的。过去，酒店员工的招聘与决策、录用等都是由人力资源部负责，用人部门的职责仅仅是接受人力资源部的人员安排，大多数处于较为被动的地位。在现代化的酒店中，用人部门往往起到了决定性的作用，整个招聘的过程用人部门全程参与，并在此过程中实施部门的决策权力，大多数处于主动的地位。由此可见，随着社会、经济、文化等飞速发展，招聘工作的开展也在与时俱进，越来越人性化和具有实用性，对于酒店行业的发展也起到了一定的推动作用。

第五节　员工招聘的发展趋势

一、基于战略的员工招聘

传统的人员招聘一般多处于战术管理层面，是基于酒店短期的人力资源规划而进行的。由于一两年的规划只能解决眼前的用工问题，而无法有效预测未来发展的趋势，因此，人员的管理缺乏长远性和系统性。这就要求酒店人事部门将现在的人员招聘上升到战略管理的层面，能与长期的人力资源规划相结合。现在已经有越来越多的酒店关注五至十年的发展。

二、招聘的专业化倾向

在酒店人力资源管理工作越来越趋于专业化、职业化的今天，招聘工作也朝着“专”而“精”的方向发展。这种专业化表现在招聘团队、流程管理、甄选技术等方面。

三、招聘管理的网络化

在互联网上开展网络招聘、猎头服务、人事代理、招聘外包等成了当代的主流，信息技术的高速发展为人力资源管理提供了积极的辅助。e 化招聘管理模块包括招聘业务管理、在线测评功能和网络招聘功能。

网络化招聘业务管理具体包括职位空缺、员工需求申请、制定职位说明书、发布招聘计划、招聘活动安排、招聘录用决策和自动发送录用通知和感谢信等。这项工作减少了人力资源专员的事务性工作，提高了工作效率，也降低了招聘成本。在线测评功能将招聘中的纸笔测试转化成人机对话模式，包括知识考试、心理测验和申请评估等。网络招聘功能可以发布招聘信息和采集大量的应聘者信息。同时，随着社交网络、移动互联网、云计算等技术的高速发展，大数据时代也随之而来，利用大数据的技术可以有效地处理海量信息、制定科学的招聘决策、发现潜在的招聘机会，进而成为酒店获取和留住人才的关键因素。如何有效地利用这一新型的招聘媒介和方式实现酒店招聘流程的有效增值，是未来人才招聘的一个大趋势。

四、招聘管理的技术化

不管是酒店行业还是普通的企业，智能科技技术的应用普及化将会是招聘管理的一个总的发展趋势，甚至会对招聘管理产生系统性的变革。从大家熟知的互联网招聘的各类网站，到各类移动端的招聘 App、社群、公众号，互联网技术的招聘受益良多。而近几年人工智能、大数据、区块链等各类技术与人力资源领域的融合也是从招聘开始的。尤其是人工智能，能够驱动招聘中简历收集、筛选、面试流程的变革与重构。而在其他行业，与人工智能、大数据的融合早就开始了。当前很多行业包括酒店业正在探索的 AI 人工智能、IOT 物联网、区块链等前沿基础技术体系，在未来会成为驱动招聘变革的主要力量。随着求职者的个性化需求和不同场景招聘应聘的需求倍增，招聘者面临越来越多的挑战。酒店希望招到什么样的员工，就能招到什么，并能马上招到人。这样价格上纵然总价很高，但也会具有很强的性价比。如何聪明地理解应聘者与酒店的需求，设计一套相匹配的业务模式，并组织一条能平衡成本与效率的流程，最终满足对目标人群的需求，也是技术化招聘过程中必须要考虑的问题。

复习与思考

一、名词解释

面试 招聘渠道 内部招聘 情景面试

二、简答题

1. 招聘的原则和流程。

2. 员工面试的流程。

3. 员工录用的步骤。

三、单选题

1. 招聘渠道一般包括内部招聘和（　　）招聘。

A. 社会　B. 校园　C. 外部　D. 广告

2. 结束面试时，一般需要做以下工作（　　），让他们知道下一步将要进行什么，感谢他们前来面试，留下一个好的印象。

A. 给候选人提问的机会　B. 让他们知道自己的岗位

C. 感谢他们投简历　D. 留下名片

3. 人力资源部给新员工办理入职录用手续时，应当按照（　　）逐项办理入职手续。

A.《制服发放表》　B.《培训手册》

C.《劳动合同》　D.《新员工入职手续清单》

四、多选题

1. 员工招聘的实际工作必须遵循下列原则（　　）。

A. 公正平等、任人唯贤原则

B. 灵活应变、动态管理原则

C. 人岗匹配、位得其人原则

D. 双向选择、人尽其才原则

2. 内部招聘方法一般有（　　）。

A. 推荐法　B. 档案法　C. 公告法　D. 竞聘法

3. 选拔录用新人必须遵循科学性、(　　)的原则。

A. 有效性　　B. 简明性　　C. 可行性　　D. 规范性

五、案例分析题

一位酒店人力资源部经理突破招聘困境的思索

酒店作为劳动密集型行业，人才绝对是第一生产力，不需要厂房，不需要生产设备，更不需要原材料。一切产出都来自人的智慧，因此，人才直接影响着公司的产品是否有竞争力，销售模式是否足够好，服务是否足够好。

5月是人才招聘的淡季，招聘工作也因此陷入困境，“选用预留”，“选”是第一位的，首先要保证足够量的人才进入。第一个困难就是简历不够，可以说是非常少，所有在酒店行业的人力资源总监都有同样的感受。酒店在三大人才网站都发布了招聘信息，前程无忧和中华人才网的效果相对好一些，智联稍差。要保证建立：第一，选对渠道，让更多的目标人群看到招聘信息；第二，就是招聘信息中的公司介绍和职位介绍足够专业并有吸引力；第三，增加主动搜索的力度；第四，开拓其他渠道，如若邻等一些新兴的社交网站；第五，增加内部推荐。这五项做好了，可以有效地突破招聘困境。

第一项，选对渠道，现在只是凭经验得出了结论，没有做过数据统计和研究。以后是否可以在这一方面做一些研究？比如，设计一种表格，对每日收到的简历做统计。最终可以得出：销售类、技术类、职能类的岗位在哪一个招聘网站收到的简历多，效果好？不过目前三大网站的竞争激烈，大多数求职者会同时注册，对比出的结果也许不一定会有太大差异。

第二项，酒店的吸引力。目前酒店知名度已渐渐提高，职位介绍的相关宣传内容也要认真研究，以期有更好的效果。

第三项，主动搜索简历一直在做，不过这部分人的求职动机就会稍差。

第四项和第五项是我一直在尝试的，不过对于内部推荐来说，需要形成一种文化，目前还没有形成这种文化，除了靠推荐奖励以外，还需要想出更好的方法来推进。

有了足够的简历之后，就是面试了，面试过程中如何与用人部门达成一致的认识，提高用人部门面试官的招聘面试水平，这是另外一个课题，做这一行时间久了，就会发现处处是学问。

资料来源：百度文库

请结合以上案例，思考如下问题：

1. 为什么中国人口这么多，酒店招聘却这么难？

2. 酒店对招聘投入如此之大，为什么难以达到想要的效果？

3. 从案例中可以看出，有效的招聘，必须做到哪几点？

参考资料

蔡捷，陈海旺．酒店人力资源管理［M］．北京：中国经济出版社，1994.

贺湘辉，徐明．酒店人力资源管理实务［M］．沈阳：辽宁科学技术出版社，2005.

罗旭华．酒店人力资源管理［M］．北京：机械工业出版社，2012.

赵辉，陈敬芝．酒店人力资源管理实务［M］．长春：东北师范大学出版社，2014.

张新南．饭店人力资源管理实务［M］．北京：高等教育出版社，2006.

李作学．人力资源管理案例［M］．北京：人民邮电出版社，2012.

第四章 酒店员工培训与开发

激烈的市场竞争对企业各方面的人力资源提出了越来越高的要求，同时也为优秀人才的脱颖而出创造了良好的社会条件。随着个人选择工作机会和途径的增多，人员流动已成为各行业普遍存在的一种社会现象。对企业而言，成熟员工流失成本比新招聘人员成本要高出许多，如何创建一种吸引人才、培养人才、用好人才的人力资源管理机制，是每个酒店企业必须要研究的课题。

培训与发展是一个有计划的学习过程。培训集中于现在的工作，而开发则是员工对未来工作的准备。酒店的培训和开发实践能够通过提高员工的专业技能和减少流动率来提升企业的竞争优势。

本章重点说明了培训的概念和内涵，阐述了酒店培训管理体系，介绍了培训需求分析、培训实施和培训评估的内容、步骤和方法，讲述了员工职业发展规划的作用和实施途径。重点使学生全面了解酒店培训与开发的基础理论和运用实践过程，为走出校门，进入酒店实战进行前期铺垫。

学习目标

知识目标

1. 了解酒店培训与开发的概念。
2. 了解酒店培训管理体系的构成。
3. 了解酒店培训计划的内容。
4. 了解酒店培训实施和评估的过程。

技能目标

1. 认识酒店培训与开发的重要性。
2. 清楚酒店培训的内容、分类。
3. 掌握培训需求分析的方法。
4. 掌握培训计划制订的要领。
5. 掌握培训工作评估的步骤和方法。
6. 掌握培训的基本方法。
7. 清楚员工职业生涯发展的意义和途径。

案 例

从优秀的质量到优秀的培训

丽思·卡尔顿酒店集团是一家富有传奇色彩的公司，自创始以来，就一直保持着酒店行业的领袖和旗手地位，被誉为全球“服务业质量标杆”。

丽思·卡尔顿的成功，缘于酒店初期创始人设定了一套独特的“打造传奇客户体验”的领导概念金牌黄金标准，这作为永恒的遗产流传给后人，成为丽思·卡尔顿酒店不断进行国际化发展的基础。丽思·卡尔顿酒店的“金牌黄金标准”内容包括：

座右铭：我们以绅士淑女的态度为绅士淑女们忠诚服务。

服务信条：1. 我们的最高使命是令 Ritz–Carlton 成为一个宾客获得真诚关怀和舒适款待的地方。2. 我们承诺为客户提供最完善的个人服务及设施，让客人始终享受温馨、舒适而又优美的环境。3. Ritz–Carlton 体验可以让宾客身心舒畅、幸福快乐，甚至可以满足客人内心的需求与愿望。

优质服务三步骤：1. 热情和真诚的问候。称呼客人的名字。2. 预见和满足每一位客人的需求。3. 告别。向客人热情地说再见，并称呼客人的名字。

丽思·卡尔顿酒店通过建立全球培训中心，有效丰富酒店员工的知识结构、创新思维，提高员工的鉴别力和灵活性，激励员工的工作热情，提高凝聚力和忠诚度，使每一位员工都充满激情地践行卓越的质量标准。全球培训中心的培训内容包括黄金标准服务信条、应对棘手问题、了解客户表达的要求和未言明的愿望之间的区别、员工职业资格培训、领导力培训、客户管理流程等。丽思·卡尔顿公司每年投资于员工培训的费用超过薪酬总额的 10%，公司尤其注重领导力培训和员工入职培训，客户导向的多样化培训甚至包括和导盲犬等动物的交流。管理和培训哲学使得公司保持着较低的员工流动率，公司不断尝试以多种风格演绎其金字招牌：优雅高贵的服务。

一位名叫帕姆·比奇（Palm Beach）的客人说他在丽思·卡尔顿酒店的体验相当完美！因为酒店的迎宾员都非常人性化，他们可以记住他和他家人的姓名！每次他的车在酒店门口一停，迎宾员就会走过来为他们开门，并逐一称呼他们的姓名问候。

圣托马斯女士则向朋友介绍她在丽思·卡尔顿酒店的体验，从到达酒店前一周就开始了。当时她接到酒店销售经理肯妮娅的电话，想确认他们的旅行计划，并询问他们是否要庆祝什么特别的日子。圣托马斯女士回答是为了他们结婚 5 周年纪念。肯妮娅又问是否有什么特殊的需要，圣托马斯说她怀孕了，希望能多加几个枕头来支撑背部。肯妮娅请她从硬枕、羽绒枕、聚乙烯胶枕等类型中选择，圣托马斯女士感叹真不知道枕头有这么多种类！肯妮娅还给了她一个和身体尺寸相同的枕头选项。没有怀过孕的人可能很难想象身体枕头是多么舒服。圣托马斯巴不得能早一刻找到交通工具到酒店去体验，人还在家就开始向往了。

肯妮娅不仅确保为客人准备好身体枕头，还将热情欢迎的感情通过电话传到了客人的心坎里。当圣托马斯女士和她先生到达酒店的第一个晚上，回到房间时，惊讶地发现了诱人的巧克力草莓蛋糕，餐桌上摆放着冰桶，里面冰镇着一瓶香槟酒，还有酒店总经理亲笔书写的贺卡，他们的床上温馨地撒满玫瑰花瓣。他们从冰桶里拿起“香槟酒”，发现它其实是一瓶发酵的苹果汁蒸馏制成的苹果酒，显然，酒店考虑到圣托马斯女士有身孕，对结婚周年礼物做了小小的调整，他们因这一细节所显示出的缜密而人性化的服务态度而深深感动。

——资料来源：〈美〉约瑟夫·米歇尔著，金牌标准［M］. 徐臻真译. 北京：中信出版社

案例分析

请结合上述案例，分析如下问题：

1. 丽思·卡尔顿酒店成功的秘诀是什么？
2. 通过这个案例，你怎样理解“卓越的酒店源自卓越的员工”？

第一节 酒店培训

旅游服务业是一种关于人的产业。它是一部分人（员工）向另一部分人（顾客）提供服务的产业，因此，员工对酒店服务质量具有举足轻重的影响。在酒店业竞争日趋激烈、宾客要求越来越高的情况下，仅仅使宾客满意已经远远不够，而是要着力打造令顾客满意加惊喜的服务体验，千方百计地争取回头客，树立市场独树一帜的服务品牌。“卓越的酒店源于卓越的员工，而非绚丽的水晶吊灯和昂贵的地毯。”这已成为人们的共识，也使越来越多的企业认识到培训的作用。招聘到合适的员工、培养出优秀的员工是酒店具有最高收益的投资行为。培训不仅仅是企业费用的支出，更是酒店对人力资源的投资，培训和开发员工，可以带来更高水平的服务绩效，还是企业吸引和留住高质量人力资源的重要手段。

一、酒店培训的基本概念

（一）什么是培训

培训是通过正式的、有组织的或有指导的方式，将知识、技能、标准、信息、信念传授给员工，使其达到理想工作水平的过程。培训是人力资源开发的一种手段，是为提高人们实际工作能力而实施的有组织、有计划的介入行为。培训的目的是提升员工的专业素质和岗位技能，确保员工以积极的态度面对工作，并使他们的绩效和满意度达到最

高水平。

培训必须紧密结合酒店的经营、管理和服务要求来进行，不能脱离实际需求，为培训而培训。要使企业使命与员工培训工作衔接起来，使培训工作在酒店中全方位展开，并不断完善和健全。

（二）培训的意义

培训是投资。培训投资的回报具有长效性，主要表现为通过培训，使员工的服务技能和专业知识、服务意识增强，管理人员的管理水平提高，酒店服务、经营水平持续稳定地提升，进入投入产出的良性循环。同时，培训是实现员工职业发展的有效手段，通过培训，可以更好地发展员工，员工可以从企业发展和自身努力中获得个人职业生涯的发展，增强企业凝聚力，这是一个双赢的结果。

1. 培训可以提高员工的专业素质

打造卓越的宾客服务体验，必须由一支高素质的员工队伍来实现。员工加入酒店，要使其从社会人转变成一名酒店的专业人员，培训是在短时间内提高员工思想水平和行为能力的主要措施和途径。酒店培训着重于对受训者进行知识、技能和工作态度的传授，包括实际操作方面的模拟活动。通过培训，使受训者认同企业的愿景，了解岗位工作的要求，掌握从事岗位工作所必需的知识和技能，形成良好的工作习惯。

2. 培训是酒店高品质服务的保证

持续、稳定的高品质服务意味着每一位宾客在任何时候进入酒店、在任何岗位、碰到的任何一位服务员都能够提供令其满意的服务。这就要求每一位员工都必须熟练掌握岗位要求的基本工作技能。培训可以帮助员工依据标准不断获取新的技术和技能，使他们能够在工作中运用所学知识、才干和对客服务的技能向宾客提供高效卓越的服务，从而让每一位入住酒店的宾客都拥有愉悦的经历。

3. 培训可以为酒店创造效益

培训是通过培训师的引导，挖掘员工的潜能，使他们的工作绩效和满意度达到最高水平。通过培训，可以提升员工士气，降低员工的流失率；可以提高劳动生产率和管理运营水平，增加宾客的满意度，增强酒店的市场竞争力，形成更好的企业形象和经济效益。

4. 培训为员工职业发展创造条件

培训是酒店人力资源开发的中心环节。通过培训和开发，提升员工的专业技能和专业素养，扩大员工的视野和知识面，从而使员工拥有更多的晋升和发展的机会。持续不断地培训和开发员工，使员工在为企业创造价值的同时，不断实现个人的价值，获得个人与企业的共同发展。

总之，培训是发展人才的有效方式，是提高员工队伍素质的有效途径，是凝聚员工的有效手段。培训是养育企业文化的最佳土壤、推广企业文化的最佳渠道，也是最有价值和张力的企业文化。

二、培训的内容

酒店培训涉及面广，内容繁多，但总体而言，酒店企业员工培训可以归纳为三个方面：知识、技能、工作态度。

（一）知识培训

知识是个人能力形成的基础。培训不仅要教会员工怎样做，更要告诉他们为什么这样做，要培养员工持续改善工作和创新的能力。员工应掌握的最基本的知识包括：

（1）酒店知识：包括酒店的设备设施、服务项目、各服务点营业时间等。

（2）部门知识：包括部门规章制度、服务内容等。

（3）岗位知识：包括产品知识和相关服务知识。

（4）其他知识。包括沟通技巧、宾客心理等。

（二）技能培训

酒店服务技能，主要指本岗位的各项工作任务及其工作细则。包括工作流程、工作标准以及每项工作的操作步骤。酒店技能培训旨在使员工能够依据标准获取技术和技能的方法。

（三）态度培训

“态度决定一切。”员工态度直接关系到企业员工的整体士气和绩效。通过态度培训，可以激励员工以饱满的热情投入工作，培养员工的主人翁意识和团队合作精神，关爱酒店、关爱同事、关爱宾客。

态度培训包括职业道德、宾客关系、仪容仪表、礼貌礼仪等素质培训。企业文化培训是酒店培训的重要内容，贯穿于酒店的整个经营管理活动过程。企业文化包括清晰、明确的使命宣言，愿景目标，价值观，经营思想，通用核心规范等，是传达酒店品牌的价值观、经营服务哲学及关爱员工的精髓，也是吸引人才、凝聚员工、激励员工的驱动力。通过企业文化培训，打造员工的归属感、使命感和自豪感，激励员工发自内心地从个人及专业层面全情投入追求企业的共同目标、成就可令宾客满意的卓越服务，同时在与企业的一同奋进中实现个人的价值。

高级员工和管理层员工除了掌握以上内容之外，还应掌握管理知识和更高的专业知识，包括领导意识、沟通技能、经营管理知识和技能。

三、培训的分类

（一）酒店培训的类型

酒店企业培训的形式主要有三种：职前培训、在职培训和职外培训。

职前培训，主要针对新员工开展，分为一般性职前培训和专业性职前培训。一般性职前培训通常由酒店培训部或人力资源部负责组织和实施，培训师为酒店培训部老师，也可以相关部门经理或培训员担任。培训内容主要为酒店介绍、企业文化、仪容仪表、消防知识、酒店基本知识等；专业性职前培训内容主要为岗位工作职责、岗位技能和岗位知识等，由部门培训员组织实施。

在职培训指在工作现场的培训，培训对象包括所有在岗工作的员工，培训内容主要为岗位技能培训、岗位知识培训、产品知识培训、职业素质培训（如沟通技巧）、行政管理培训、晋升培训以及各种专项培训。

所谓职外培训就是在工作场所之外的培训。职外培训的形式通常有进修、实习和考察、参加培训讲座和专项培训班等。

酒店应根据实际培训需求和培训内容，选择合适的培训方式，即内外部培训相结合，在岗培训和业余培训相结合，充分运用社会资源，走出去，请进来，多渠道、多形式地开展培训工作。

（二）不同层次人员的培训重点及形式

不同层次的员工培训内容和培训方式不同。酒店要根据各级人员的特点和培训需求，有针对性地组织培训（见表 4–1）。

表 4–1　酒店不同层次人员培训重点内容及形式

受训者	培训内容	培训渠道	培训类型	培训手段	培训方式
员工	入职培训、服务理念、经营哲学、仪容仪表、礼貌礼仪、外语、消防安全、卫生知识、岗位技能、岗位应知应会、推销技能、对客沟通技巧、解决问题能力、团队合作等	自培	在岗培训 业余培训	长期培训	讲授模拟训练一对一

续表

受训者	培训内容	培训渠道	培训类型	培训手段	培训方式
基层管理人员	晋升培训、领导艺术、沟通技能、用工分配、培训员培训、时间管理、员工激励、团队建设等	自培	业余半脱产	项目培训	讲座研讨模拟训练
中层管理人员	领导艺术、人力资源、财务知识、营销知识、劳资关系处理等	外派内请	半脱产	项目培训	研讨讲座模拟练习
高层管理人员	战略决策、政策、经营环境研究等	外派	脱产	资讯报告	讲座、论坛、讨论

第二节 酒店培训管理体系

适当规模的员工培训机构、合格的培训师队伍、合理的培训经费预算、齐备的培训设施以及完善的培训组织和管理，是开展培训工作必须具备的条件。培训必须自上而下地建立系统。培训管理系统包括组织系统、支持系统、基础系统和培训制度。

一、培训组织体系

建立健全培训组织是酒店开展培训工作的保证。培训组织系统包括设立规模适当的员工培训机构、建立三级培训体系、组建酒店内部培训师队伍、从组织上保证酒店能够全方位地开展培训。

（一）酒店培训机构

不同的酒店培训组织机构设置不尽相同。有的酒店设立有独立的培训部门、培训部经理或培训总监，有的规模较小的酒店，没有培训部，培训的功能放在人力资源部或行政部。通常情况下，培训部总监（经理）在业务上接受总经理或运作总经理的直接领导，要参加酒店的运转会议，参与酒店的接待活动，确保培训紧紧围绕酒店的经营和服务需求展开。酒店培训部的主要工作职责如下所示：

（1）根据酒店的经营服务方针制订各个时期的培训计划，并在各部门配合下组织实施：新员工的入职培训计划；员工升职培训计划；在职部门经理、主管培训计划；员工再教育培训计划；提高员工素质的培训计划（包括仪容仪表、礼仪礼貌、语言、业务知识、专业技术、企业目标、经营服务理念、职业道德教育等）。

（2）管理、统筹、辅导、配合、检查各部门培训。

（3）组织管理外派培训。包括建立制度、制订计划、提供资讯等，并负责对外派培训者进行考核检查。

（4）建设培训网络和管理培训员队伍，对培训员进行定期培训。

（5）与外部培训机构保持良好的联系，选择高质量的培训机构为酒店提供培训。

（6）建立图书资料室，检索、搜集有关的图书、资料及教材，编写、翻译、复印给有关部门参考使用。

（7）根据酒店需要，开发培训课题，编制培训教材和教案。

（8）摄制、购买培训教学视频、录音带等，供本部门及其他部门培训使用。

（9）对培训部各种设备、设施进行管理。

（二）酒店三级培训体系

所谓三级培训体系，就是指在总经理的领导下，由培训部和各部门组成的层级不同的覆盖全酒店的培训网络。总经理是总训导师，部门经理是部门培训师，基层管理人员是班组培训员（见图 4–1）。

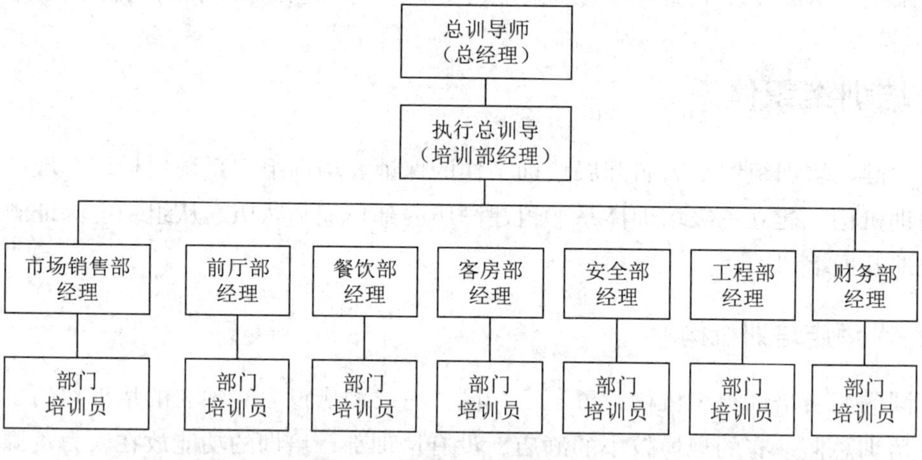

图 4–1　酒店培训员网络图

总训导师即总经理提出培训要求，领导、支持酒店的培训工作，负责审批培训计划和培训预算，签发重要的培训证书。

培训部经理作为执行训导师，具体制定酒店的培训政策、培训计划及其实施，主持公共性的培训活动，督导培训计划的落实等。

部门经理为部门培训第一责任人，负责组织本部门员工培训，领导、督促、管理各点或班组培训员对员工实施业务技能和业务知识培训，对部门培训员进行管理。

部门培训员由各经营点或服务点的经理、主管或领班担任，主要负责各点或班组员工的业务知识、技能培训、语言培训和新员工培训，具体制定本部门和班组的培训计划及其实施，组织和讲授有关课程，确保部门、班组培训计划的落实和培训质量的控制。

酒店内部培训网络体系的作用在于，各个层级都有不同的培训导师，培训部结合酒店发展战略制定培训战略，传达给部门培训员，通过部门培训员制订部门培训计划，并由部门培训员加以实施。酒店层层有培训，层层的培训内容不同又有一定的相关性。在管理者又是训导师的总原则指引下，由总训导师（总经理）领导培训部及业务部门的培训师（员），形成一个各司其职、分级管理的垂直培训的内部专业培训网络。

此外，培训部在建设内部培训师队伍的同时，还应积极寻求外部培训资源的支持，与有关主管部门、专业院校及培训机构沟通合作，聘请外部讲师担任单项培训课程培训。

二、培训支撑体系

培训不仅仅是培训部门的工作，也是酒店企业每个管理的责任，酒店要自上而下地建立系统，使培训在酒店全方位地展开。培训必须获得酒店高层领导的支持、业务部门的支持和员工的支持，除此之外，开展培训工作还需要有管理培训预算、培训制度、培训基础系统、培训设施设备等内外部资源等支撑。

（一）培训制度

建立培训制度，是做好培训工作的基础，培训要有章可循。酒店培训制度包括人力资源开发计划、新员工岗前培训制度、员工岗位培训制度、外语培训制度、实习生培训制度、管理人员培训制度、培训员管理制度、培训预算管理制度、员工业余培训申请制度、外派培训管理制度、培训考核制度、培训档案管理制度等。要坚持先培训后上岗，培训不合格不能上岗，坚持培训与使用、奖惩、晋级、考核相结合，确保常年性、经常性地开展培训活动。

（二）培训预算

人力资源是企业所有资源中增值潜力最大、最有投资价值的资源，而员工培训是企业所有投资中风险最小、收益最大的战略性投资。

酒店培训费用开支可在年度财政预算时以年工资总额或年销售额为基准，划拨一定的比例作为酒店培训预算，比较合理的范围为员工工资总额的3%~8%或营业额的0.5%~3%，酒店规模档次或成熟度越高，培训预算占年度财政总预算的比例也就越高。培训费用的用途主要为新员工入职培训、全体员工不同等级的外语培训、岗位技能培训、培训培训者、管理专题培训、其他各项培训活动和培训设备购置等。

酒店培训部于每年第四季度编制次年的年度培训预算。培训预算须依据年度培训计划制订，根据年度培训计划逐项做出每项培训活动的费用预算。

培训成本包括：

（1）劳动力成本：培训师费用、交通及食宿费、培训咨询费、策划费、学员工资与福利、培训管理人员工资及福利等。

（2）资料成本：讲义、练习册、一次性使用的培训课题横幅、接纸板用纸、白板笔、培训宣传资料、游戏用道具或一次性用品及运输费，讲义等印刷费，学员台卡、培训用纸、笔、证书费等。

（3）其他费用：场租费，培训期间茶歇、饮料、住宿费，餐费，学员交通费，环境美化费等。

培训预算获得批准后，预算范围内的培训费开支由培训部经理按照培训计划项目分项实施使用，年终对培训预算情况进行审计，预算超支和结余都必须有说明。加强培训预算，能够确保酒店培训计划落到实处，是强化培训管理的一种有效手段。

相关链接 搜索

培训——企业持续竞争力的“发动机”

一种现象值得注意：当今名列世界500强的绝大部分企业都对其员工的内部培训给予了前所未有的重视，企业为培训人才所花费的费用已达到了企业总销售额的10%，为培训所花费的人力成本也已占到了企业总人力投入的10%。

例如，美国惠普公司几万名员工，每周至少要有20小时用于学习业务知识，因为这些企业的管理者懂得，培训师是企业保持持续竞争力的发动机。惠普公司允许员工脱产攻读更高学位，学费100%报销，同时还主办时间管理、公众演讲等多种专业进修课程。博格说：“我们通过拓宽员工的基本技能，使他们更有服务价值。有些人具有很高的技术水平，但需要提高公众演讲能力。他们在这里学到这些。也许有些人来到我们公司时并无大学文凭，但他们可以去读大学，这样就更有竞争力了。”

——资料来源：《工人日报》

（三）培训的基础系统

培训基础系统包括新员工入职培训体系、外语培训体系、新产品培训体系、升职培训体系等。所有的培训要建立培训工作流程和标准、有培训计划和培训大纲、培训教材。

（四）培训设施设备

酒店要设立专门的培训教室，配备必要的培训设备。培训教室是培训授课的场所，是培训得以有效实施的硬件保障之一。一般而言，酒店应配备固定的培训教室。教室的要求如下：

教室面积：不宜过小，保证学员座位宽敞舒适，便于记笔记和翻阅培训资料。

教室环境：安静、卫生，保证学员的听课效率；教室墙上张贴企业文化宣传画及与培训相关的图片和口号等。

教室设施设备：灯光充足，保证学员看 PPT 和记笔记；空调有效，保证舒适的培训环境；配有培训需要的课桌椅、投影仪、电脑等设施设备。

培训的设施设备包括白板、投影仪、电脑、电视、摄像机等。这些设施设备可以是员工专用，也可以是宾客使用的实施设备。

三、酒店在线培训

在线培训是一种基于网络的学习形式。是通过通信技术、计算机技术、人工智能技术和多媒体技术等构成的电子环境，将传统现场授课学习的内容转移到互联网上。在线培训在移动化、及时化、碎片化、游戏化和社交化等方面独具特色，因而更易于被互联网环境下成长起来的新生代员工所接受，是未来培训的主要形式之一。酒店业是最早开始线上培训的行业之一，众多国际连锁酒店集团都拥有自己的线上培训平台，而随着我国酒店业规模化、集团化和连锁化发展进程加快，越来越多的本土酒店集团和旅游企业也在加速构建自己的线上培训体系和培训平台。

（一）在线培训的优势

在线培训可以充分整合各种内部资源，同时满足不同部门、不同岗位、不同地区员工对培训的不同需求，使员工在短时间内提升技能，为企业创造价值。比之于传统的面授培训，在线培训的优势主要有：

1. 提升培训覆盖率、到达率和传播速度

在线培训利用 App、PC 端的主动信息推送功能将课程直接推送给所有员工，员工无论何时何地都可以自主进行学习，极大地提高了培训到达率和传播速度。在线培训不受地理区域限制，能够有效地将培训覆盖到每一个地区的每一位员工，是集团化、连锁化企业开展全员培训的有效途径。

2. 培训移动化，学习更加便捷高效

在线培训不受时间、地方等限制，有着前所未有的学习便捷性。只要有网络，员工可以随时随地选择 PC、平板电脑和智能手机，利用工作间隙、上下班途中、用餐和各种休闲时间学习，工作学习两不误，解决工作与培训的时间冲突。

3. 有效降低培训成本

在线培训通过网络就可以组织起整个酒店乃至集团所有员工的培训，不需要场地费、讲师费、交通费、差旅住宿费等各项杂费，培训成本远低于面授培训。培训课程上线后，可以重复使用，并不断累积新课程。对员工而言，网上课程资源更丰富，员工可以根据自己的需求选择培训课程，反复观看。

4. 便于培训管理，建立规范的培训体系

在线培训依托于在线培训平台。新员工入职后，由人力资源部为其申请账号，用账号登录培训平台网址进行学习。不同级别和岗位的员工拥有不同的课程权限，培训课程不同。在线培训平台除了实现在线培训之外，还具有在线考试、大数据分析、培训管理等功能。通过在线培训平台，形成从培训计划制度、学习安排、学习进度查询、在线考核等完整的学习流程，酒店可以建立更为完整的培训体系。人力资源部通过后台管理可以快速跟踪员工的变化和培训情况，统计培训成绩，分析培训结果，实现科学的培训管理。

（二）在线培训的主要形式

在线培训的主要培训形式有视频点播模式和在线直播互动模式两种。前一种是异步学习，后一种为同步学习。

视频点播模式是最早的在线培训方式，也是 e-learning 时代呈现给人们线上培训的总体印象。其优点是学员可以自主选择时间和课程，缺点是只能被动观看，缺乏参与感。点播课程可以是 PPT 课件、PDF 文本，也可以是录制的视频等。

在线直播互动模式是以互联网为媒介，用多媒体及其他数字化、智能化手段进行讲师与受训者之间模拟面对面的实时互动培训活动。在线直播具有及时性和一致性，能够一对几十至数百甚至数千人同步进行，讲师和受训者之间，受训者与受训者之间可以便捷交流。

随着互联网在线学习技术的日臻成熟，人工智能、大数据等技术的融入，在线培训课程的表现形式越来越丰富和生动。

课堂思考

1. 请说说你对酒店培训的认识。
2. 酒店培训员的主要职责是什么？
3. 在线培训的优势有哪些？

第三节　酒店培训需求分析与培训计划制订

一个完整的培训方案，包括培训需求评估、培训实施评估和培训效果评估三个阶段。在培训需求评估阶段，培训组织者首先要确定培训什么，培训后要达到什么效果；培训实施阶段，组织者重点要研究怎样使参加者的学习效果达到最大化；而在培训评估阶段，重点检验受训者是否将培训所学运用到工作上，整体培训方案是否有效。

一、培训需求分析

开展有效的培训活动的第一个环节，是要确定培训需求。酒店为什么培训？我们要培训员工什么？这是实施培训活动首先要回答的问题。企业组织的所有培训内容都应以能够帮助受训者学到有效的工作绩效所需要的知识、技能和能力为前提。如果培训内容与工作无关，受训人将不会得到工作所需要的技能和知识，培训注定会失败。因此，酒店必须系统地评估培训需求，然后依据需求确定培训目标。只有切合培训需求的培训，培训效果才能达到最佳，员工需求就是培训方向。

（一）培训需求分析的目的

培训需求分析是指在规划与设计具体培训活动之前，由培训管理部门采用各种方法和技术，对组织及成员的目标、知识、技能、态度等方面进行系统的鉴别和分析，以确定是否需要培训以及培训内容的一项重要活动。培训需求分析的目的在于：

（1）通过了解员工现有的全面信息，确定员工的知识技能需求。

（2）明确培训目标，确定培训内容。

（3）使培训做到量体裁衣，避免做无用功。

（4）提供衡量培训效果的依据。

（5）获得其他有益于酒店发展的信息。

培训需求分析是一个复杂的系统，其直接目标就是确定培训目标，最终目标就是确定员工以及企业的表现或者绩效是否已经达标。它涉及人员、工作、组织及其组织所在的环境，其中，组织、工作和个人组成了培训需求预测系统的主体部分。

（二）培训需求分析内容

酒店开展培训活动，长远的目标是满足企业战略发展的需要；短期目标是需要完成公司年度计划的经济任务和工作任务；就服务而言，是为了使员工掌握岗位要求的技能和知识，符合岗位工作标准；对于员工个人而言，则是为了满足员工职业生涯发展的需要。培训需求分析主要围绕组织层面、工作层面和人员层面三个方面展开。

1. 组织层面的培训需求分析

培训需求的组织分析主要是通过对组织的目标、资源、特质、环境等因素进行的分析，准确地找出组织存在的问题与问题产生的根源，以确定培训是否是解决这类问题的最有效的方法。明确、清晰的组织目标对培训规划设计和执行起着决定性的作用。酒店未来的战略是什么？战略对人才的要求是什么？培训目标必须与组织目标相一致。

2. 工作层面的培训需求分析

所谓工作层面的培训需求分析，是指通过工作说明书或者具体分析某一项工作需要哪些知识和技能，包括完成岗位工作需要掌握的所有的工作标准和工作程序，以了解员工有效地完成该项工作必须具备的条件，从中找出差距，确定培训需求。

3. 人员层面的培训需求分析

人员需求分析是从培训对象的角度来分析培训的需求，通过人员分析确定哪些人需要培训及需要何种培训。人员分析一般是对照工作绩效标准，分析员工目前的绩效水平，找出员工现状和标准之间的差距，以确定培训对象及其培训内容以及培训后应达到的效果。当员工在一些领域有不足时，如员工行为不恰当，或者员工的知识或技能水平低于工作要求等，就出现了纠正性培训需求。例如，一些员工可能需要改进沟通技能，有的员工可能需要进行产品知识的培训等。

（三）培训需求分析方法

培训需求分析的方法主要有：问卷调查法、直接观察法、员工会议、宾客意见分析、绩效分析等。

1. 问卷调查法

由培训部通过向管理人员或员工发出简明扼要的培训意见征询表，请大家填写对酒店有关培训问题的意见和建议，分析发现员工的培训需求（见表 4–2）。

表 4–2　酒店培训问卷调查表

1. 您的年龄：
□ 20 岁以下　□ 21~25 岁　□ 26~30 岁　□ 31~35 岁
□ 36~40 岁　□ 41 岁以上
2. 您的学历：
□高中、中专及以下　□大专　□大学本科　□研究生及以上
3. 您在本酒店工作的时间：
□ 1 年以下　□ 1~3 年　□ 3~5 年　□ 5~8 年
□ 8 年以上
4. 您在本酒店的岗位是：
□实习生　□员工　□领班　□主管
□部门经理及以上
5. 您认为目前酒店的培训：
□对工作和个人发展非常有帮助，非常愿意参加
□对工作有些帮助，愿意参加
□无所谓，可参加可不参加
□培训对工作帮助不大，被动参加
□培训浪费时间，枯燥无味
6. 您所在部门对待培训的态度：
□部门非常重视，培训氛围很浓，每天都有培训
□部门比较积极，培训氛围较好，每周都有培训
□部门不太重视，偶然有培训
□部门不重视，基本没有培训
7. 综合饭店全年培训工作开展情况，您认为目前饭店组织的培训：
培训课程设置：□非常好　□较好　□一般　□需改进　□不好
课程开展形式：□非常好　□较好　□一般　□需改进　□不好
培训组织管理：□非常好　□较好　□一般　□需改进　□不好
培训实际效果：□非常好　□较好　□一般　□需改进　□不好
8. 您平均每月累计接受的培训时间为：
□ 4 小时以上　□ 3~4 小时　□ 2~3 小时　□ 1~2 小时
□ 1 小时以下
9. 根据您的职业规划，您希望在以下哪些方面得到培训的机会？
□酒店行业动态及发展趋势　□岗位技能
□岗位专业知识　□管理知识
□产品知识　□外语
□其他＿＿＿＿＿＿＿＿

续表

10. 您希望饭店能为您提供哪些培训项目？

培训项目（课程）	培训时间	培训地点	培训方式

感谢您的支持和配合！

2. 直接观察法

指管理人员服务现场，直接观察员工的工作表现，发现问题，及时指导，并可以利用班前会等形式进行总结和培训。

3. 管理层 / 员工会议

管理层 / 班组员工召开培训专题讨论会，通过召开酒店或部门管理层会议，分析确定酒店或部门目前存在的问题及产生问题的原因，制定培训方案。

4. 宾客意见分析

通过分析宾客书面意见、网上宾客点评意见以及客户关系主任和管理人员每天口头征求宾客意见，宾客满意度调查等，发现服务工作中需要注意和改进的问题，有针对性地对员工实施培训。要通过培训提升服务品质。

5. 绩效分析

通过对员工进行工作绩效评估，判别员工的绩效不足，并确定这些不足中哪些能够通过培训被有效纠正，制订员工个性化培训方案。

分析培训需求可以将上述方法综合加以运用。尤其强调要重视管理人员在工作过程中，通过直接观察员工的工作表现分析培训需求，随时在服务现场及时给予员工帮助和指导。

二、培训计划制订

在对酒店进行全面、客观、细致的培训需求分析的基础上，制订培训与预算计划。培训计划包括培训内容、培训目的、培训对象、培训时间、培训地点、培训师 、培训方法和培训经费等项目。

培训计划对于开展有效的培训及获得培训资金和管理层支持起着决定性作用。培训计划通常由酒店培训部经理或人力资源总监负责制定。

（一）编制培训计划应考虑的因素

（1）促进企业发展战略和经营管理目标的实现。

（2）目标明确。依据酒店发展战略和目标及服务要求，确立培训目标。培训目标要能促进企业和部门经营目标的实现。

（3）体现差异化。在细化培训需求的基础上，针对不同层级、不同岗位、不同员工制订不同的培训计划。

（4）培训计划要能够促进员工提升技能和专业能力，最终实现职业发展。

（5）注重实效。培训的内容具有针对性和实效性，且使受训者感到需要并有兴趣。

（6）培训资料准备完全，培训场地设备完善。

（二）培训计划的类型

培训计划从不同的角度出发可以有不同的分类。

1. 按照时间

（1）长期培训计划（年度培训计划）。

（2）中期培训计划（半年度或季度培训计划）。

（3）短期培训计划（月计划、周计划）。

饭店应根据周、月、年建立员工培训日历。

2. 按照内容

（1）员工入职培训计划。

（2）员工岗位培训计划。

（3）专项培训计划（如销售经理培训、企业文化培训计划）。

（4）主管与管理层培训计划。

3. 按照制度顺序角度

（1）酒店培训计划。

（2）部门培训计划。

（3）班组培训计划。

（4）员工个人培训计划。

（三）培训计划制订步骤及内容

培训计划的制订方法因酒店而异，但有效的培训计划必须建立在充分的培训需求调查的基础上。

培训计划制订应由整体到部分，由点到面。即由酒店总体计划、部门计划、班组计划、员工计划，而在时间上，通常是由近至远，分为周计划、月计划和年度计划。

酒店年度培训计划，应包括培训目标、培训对象、培训内容、培训形式、培训时间、培训师和培训费用等要素。月度或周培训计划，除上述要素外，还应列明培训部门、参加人数、培训地点、培训课题等。

（1）培训目标。每个培训项目都要有明确目标。培训目标以描述受训者应该做些什么作为培训结果。培训目标为培训方案的实施者提供了方向，也帮助其设置测评标准，用于判断培训方案的有效性。培训目标要简洁，具有可操作性，能够衡量培训成功与否。

（2）培训对象。参加培训的员工，预计参加培训员工的人数。

（3）培训课题。培训的主题课程。

（4）培训部门。实施培训的酒店部门。

（5）培训形式。是在岗培训还是脱产培训，是讲座还是情景模拟演练。

（6）培训师。是酒店内部培训员还是外请培训师，落实到人。

（7）培训时间。要明确具体的培训时间，培训时机选择要合理，应尽量不与日常的工作相冲突，同时要兼顾员工的时间，尽量避开员工休息时间。

（8）培训地点。即在何处培训。

（9）培训费用。即培训所需要的资金保证。

培训计划的表现形式多种多样，有的用培训建议书的形式，有的用计划报告的形式，有的用表格的形式。以表格形式表现培训计划，简洁直观，在酒店运用十分广泛。

酒店年度员工培训计划表范本如表4–3所示。

表4–3　酒店年度员工培训计划表范本

月份	培训课题	培训对象	预计人数	培训形式	培训师	培训费用
1						
2						
3						

续表

月份	培训课题	培训对象	预计人数	培训形式	培训师	培训费用
4						
5						
6						
7						
8						
9						
10						
合计						

酒店餐饮部月度培训计划范例如表 4-4 所示。

表 4-4　酒店餐饮部月度培训计划范例

培训课题	培训日期	培训对象	培训人数	培训地点	培训形式	培训师	培训目标	培训费用
新菜单培训	12 月 6 日 10:00~10:30	餐厅服务员	10 人	中餐厅	讲解与演练	餐厅主管	掌握新菜单之菜肴名称、特色及推荐要领	
冬令滋补菜肴培训	12 月 13 日 10:00~10:30	餐厅服务员	12 人	中餐厅	讲解与演练	餐厅主管	了解和掌握冬令滋补菜肴的名称、特点、效用及促销技巧	
处理投诉	12 月 20 日	餐厅服务员	12 人	培训教室	讲解与情景演练	餐厅主管	掌握处理投诉的技巧和程序	
消防安全	12 月 26 日	餐厅服务员	12 人	培训教室	讲解与演练	安全部主管	掌握消防报警和初期火灾处理的程序和要领	

课堂思考

1. 什么是培训需求分析？

2. 一份完整的培训计划应包含哪些要素？

第四节　酒店培训实施和培训评估

一、培训课程设计

依据不同的分类标准，酒店的培训课程体系可有多种分类。根据培训内容可分为员工知识培训、员工技能培训与员工态度培训；根据培训的地点可分为在职培训（在工作场所进行的培训）与职外培训（在工作场所以外的半脱产、脱产培训）；根据培训的性质可分为基层员工培训和管理层员工培训；根据入职时间可分为岗前培训（新员工入职培训）和岗位培训；根据培训的形式可分为集团培训和一对一培训。本书根据酒店培训内容以及培训对象将员工培训体系分为：新员工入职培训、员工技能培训、员工素质培训、主管技能培训和管理层培训。

（一）新员工入职培训

顾名思义，入职培训的对象是新员工群体，其目的是传递企业文化、经营管理思想和服务理念，强化酒店岗位职责，以帮助新员工熟悉和了解酒店，尽快适应新的工作环境和工作岗位。新员工进店，无论是首次加入酒店业的员工，还是资深员工，都要经过酒店的入职培训。入职培训由酒店入职培训和部门入职培训两部分组成。

1. 酒店入职培训

酒店入职培训说明与所有员工相关的酒店的各项政策和规定。特别要解释和讨论酒店的发展历史、愿景目标和使命，以及员工在实习酒店目标过程中的作用，以激发员工对酒店的自豪感，增强对未来工作的神圣感和期望。

酒店新员工入职培训通常由人力资源部或培训部主持，培训时间通常为 3~5 天，有的酒店会达到 10 天左右，新建的酒店筹备开业期间，大规模的新员工入职培训可能会持续 2~4 周。酒店入职培训的内容主要有：酒店的基础知识；本酒店介绍（酒店的历史、管理架构、管理层人员、酒店产品、服务设施）；酒店核心价值观介绍（酒店的愿景、任务、使命、经营哲学和服务理念）；服务意识；仪容仪表；礼貌礼仪；酒店员工的职业规范；电话礼仪；员工手册（劳动条例、员工福利、员工守则、奖惩条例、安全守则）；消防安全知识；卫生知识；酒店英语；参观酒店。

相关链接　搜索

丽思·卡尔顿酒店信条卡

信条：

- 我们的最高使命是令丽思·卡尔顿成为一个让宾客获得真诚关怀和舒适款待的地方。
- 我们承诺为客人提供最完善的个人服务及设施，让客人始终享受温馨、舒适而又优美的环境。
- 丽思·卡尔顿体验除了可让宾客身心舒畅、幸福快乐之外，还可以满足客人内心的需求与愿望。

座右铭：

"我们以绅士淑女的态度为绅士淑女们忠诚服务。"

——资料来源：（美）约瑟夫·米歇尔. 金牌标准［M］. 徐瑧真 译. 北京：中信出版社，2009.

2. 部门入职培训

部门入职培训也称为专业性职前培训，以技能培训为主，包括工作说明书中所列出的工作职责、工作设备和工作环境。同时进行服务意识与服务态度的培训。

部门入职培训在新员工的实际工作部门、在实际工作中进行，通常由部门主管担任其培训员。新员工入职培训的方法很多，可以是集体脱产培训，也可以把新员工集中起来进行一对一的培训、自我培训、在线入职培训、职业指导、入职培训后续跟踪等。

新员工的部门入职培训可以利用工作任务清单、工作标准和工作程序。工作任务清单是帮助计划员工进行系统、周密的入职培训的一项十分有效的工具。新员工不可能一天就学会所有的工作方法，培训者根据岗位工作任务清单，将任务清单中的每项工作进行分级排序，依据上岗前必需遵守的循序渐进的原则，制订新员工培训计划。培训计划应包括该岗位员工正确工作所必须具备的所有岗位技能和岗位知识，以及讲述每一培训主题所需要花费的培训时长和培训的顺序，培训员也应明确（见表 4–5）。

表 4-5　客房部新员工岗前培训计划

新员工姓名		部门		管家部
入职日期		职位		
初始任务和学习要点	日期	签名		备注
		员工	培训员	
1. 部门经理介绍部门整体概况 2. 新员工自我介绍 3. 员工通道、员工更衣室、员工餐厅的介绍 4. 打卡及签到 5. 各部门及常用的电话号码 6. 酒店各营业岗点的分布、营业时间 7. 客房部员工工作规范 8. 酒店人员的仪表仪容 9. 礼节、礼貌	第 1 天		领班	
1. 撤床程序 2. 铺床程序 3. 客房清扫程序	第 2 天		领班	
1. 工作单 / 钥匙管理程序 2. 如何检查房态 3. 敲门程序 4. 如何检查走客房 5. 撤床程序 6. 铺床程序 7. 客房清扫程序	第 3 天		领班	
1. 电话接听技巧 2. 客房的房型及朝向 3. 主要工作范围及岗位职责 4. 撤床程序 5. 铺床程序 6. 客房清扫 2 间	第 4 天		领班	
1. 如何清洁空调风口 2. 撤出餐车餐盘程序 3. 如何处理打碎的玻璃 4. 陌生人要求将东西放入房间处理程序 5. 客房清扫 4 间	第 5 天		领班	
休息	第 6~7 天			
1. 检查第一周培训的情况 2. 清扫客房 4 间	第 8 天		领班	

续表

初始任务和学习要点	日期	签名		备注
		员工	培训员	
1. 查房程序 2. 处理“DND”的程序 3. 客衣收发的程序 4. 客房异常处理程序 5. 客房清扫 6 间	第 9 天		领班	
1. 欢迎茶服务程序 2. 加床 / 婴儿床服务 3. 地毯污迹的日常清洁程序 4. 工作间客用借用物 5. 客房清扫 6 间	第 10 天		领班	
1. 遗留物品处理程序 2. 如何处理 C/O 房间锁着的保险箱 3. 客人要求“开门”的处理程序 4. 遗失和报损程序 5. 客房清扫 8 间	第 11 天		领班	
1. 擦鞋服务程序 2. 客人伤病处理程序 3. 托婴服务 4. 夜床服务 5. 清扫客房 8 间	第 12 天		领班	
休息	第 13~14 天		领班	
清扫客房 8 间	第 15 天		领班	
从第 16 天起，每日增加清扫房间量 1 间，确保 1 个月内达到清扫 18 间	第 16~30 天			

（二）员工技能培训

员工技能培训包括各岗位要求员工掌握的工作任务、工作流程、工作细则、工作标准及工作程序。员工的工作岗位由一定数量和质量要求的工作任务构成。员工技能培训是一项长期的、需要长年持续不断进行的任务。当酒店增加了新的服务项目、设施设备时，显然需要培训；当员工的工作行为不恰当，或他们的知识、技能水平低于工作要求时，也需要进行纠错培训。员工的技能需求随着科技的发展而不断发展，者要求员工的技能培训不能停留在同一个水平上，而要不断地发展和进步。员工技能培训的内容有：工作任务；工作流程；工作标准；工作程序。

西餐厅服务员工作任务清单如表 4–6 所示。

表 4–6　西餐厅服务员工作任务清单

1. 参加班前会	31. 香槟酒的服务
2. 餐前准备工作	32. 头盘的服务
3. 西餐正餐摆台	33. 撤盘的服务
4. 沙拉台摆放	34. 恺撒沙拉的准备和制作
5. 工作台餐具摆放	35. 三文鱼的服务
6. 折餐巾	36. 主食的服务
7. 准备面包和黄油	37. 分切牛扒服务
8. 糖罐和奶缸准备	38. 奶酪的服务
9. 准备服务托盘	39. 甜食的服务
10. 托盘	40. 甜食车的准备和服务
11. 备茶	41. 现在制作甜食
12. 英国芥末的调制	42. 咖啡服务
13. 咖啡机使用	43. 热茶服务
14. 甜酒准备	44. 冰茶服务
15. 菜单和酒水单	45. 热朱古力服务
16. 接听预订电话	46. 餐后酒的准备和服务
17. 订单服务	47. 为儿童提供服务
18. 接待等候的客人	48. 香烟服务
19. 引领客人入座	49. 雪茄烟服务
20. 冰水的准备和服务	50. 餐中更换台布
21. 开胃酒的服务	51. 更换烟缸
22. 饮料的服务	52. 准备外卖
23. 零杯葡萄酒的服务	53. 结账服务
24. 更换餐具	54. 安抚不满客人
25. 黄油的服务	55. 送客人离开餐厅
26. 面包的服务	56. 换桌布
27. 撤换酒杯	57. 营业结束的收尾工作
28. 冰桶的准备	58. 领、送棉织品
29. 白葡萄酒或玫瑰酒的服务	59. 餐具盘点
30. 红葡萄酒的服务	60. 餐厅卫生清洁

预订宾客的工作程序如表 4–7 所示。

表 4–7　预订宾客的工作程序

序号	操作程序	操作步骤	操作标准及说明
1	确认预订	1. 问候宾客，礼貌地询问是否有预订； 2. 询问宾客姓名，查出预订单； 3. 复述宾客的预订房间、数量、离店时间； 4. 与宾客核实有无变更。	面带微笑，“早上好！请问您有预订吗？”

续表

序号	操作程序	操作步骤	操作标准及说明
2	登记验证	1. 请宾客出示有效证件。 2. 仔细检验宾客证件： 证件照片和宾客本人是否相符； 证件印章和证件期限是否有效； 夫妻关系，是否有婚姻证明（双方均系境外人除外）； 辨别证件的真伪。	有效证件为： 身份证； 护照； 军官证。 在酒店规定可以使用的证件还有： ________ ________ ________
3	填写入住登记表	1. 请宾客填写“入住登记表”； 2. 在宾客填写登记表时，在电脑中选出宾客要求的房型，并将房号在《房间状况表》上注明“OC”，表明该房已出售； 3. 查看是否有为宾客代收的留言和邮件并转交给宾客； 4. 审核宾客是否已按登记表上的列项填写清楚、完整； 5. 向宾客介绍所分配的房价情况、酒店设施及酒店的有关规定。	
4	确认付款方式及收取押金	1. 询问付款方式，并予以确认； 2. 在登记表上写清房价、结账方式并签上自己的姓名； 3. 如需宾客交预付款，应根据本酒店相关信用规定缴付作为其他消费的押金； 4. 在酒店规定宾客其他消费的押金为： ________ ________	预付款余额在宾客退房时给予退还。
5	制作、发放房卡和钥匙	1. 制作房卡和钥匙； 2. 将房卡交给宾客； 告知宾客房卡和钥匙的作用以及使用时的注意事项。	制作准确、无差错 双手递交房卡到客人
6	介绍贵重物品寄存服务	主动向客人介绍贵重物品保管服务。	
7	道别	1. 询问宾客有何其他要求； 2. 告知客人电梯和客房方向； 3. 如客人有行李，将钥匙交予行李员，请其引领宾客到房间； 4. 祝宾客入住愉快。	使用恰当语言与宾客礼貌道别。
8	完成入住登记	1. 通知客房部进度信息； 2. 按照登记表上填写的内容，准确地将信息输入电脑； 3. 将登记表最上联放在指定位置以便于公安部门报户口使用； 4. 将登记表的其余两联与宾客的原始预订资料装订在一起交前厅收银处签收。	完整记录宾客资料，建立客史档案。如宾客有任何特殊要求，在下次入住时即可提前得到照顾。

（三）主管技能培训

主管层包括主管和领班。酒店企业主管或领班是酒店经营、服务活动一线的执行者与管理者，他们是酒店的核心业务骨干，同时负责直接指导、监督和控制员工工作。主管和管理层员工的职业发展是员工逐渐精通自己所从事工作的过程。

主管既要具备娴熟的业务技能，同时也需要掌握管理技能。对主管层的培训内容比较广泛，包括管理技能、个人生活技能、专业技能、语言技能以及教育和文化水平的提高等。对主管课程的设计应依据主管的培训需求和主管应掌握的基本技能而确定，通常包括：管理的基本原理及应用；职业化；职业道德；主持会议；相关法规及制度；领导力的养成；人际关系技能；酒店应用文及报告的协作；沟通技能；时间管理技能；员工排班；员工激励技能；团队建设；员工指导与考评；经营日报表的内容与分析。

（四）管理层培训

酒店企业管理层培训可分为高级管理人员和中层管理人员培训。高级管理人员指对酒店董事会成员、酒店总经理、副总经理以及总经理助理等的培训。中层管理人员培训指对酒店的各部门经理或部门总监、部门副经理或经理助理的培训。

高级管理人员是酒店重要决策的制定者，他们的能力和素质决定了企业发展和经营的成败。对高层的培训应广泛采用讨论会的形式，培训中要充分利用他们的经历和经验，案例分析或模拟测验也应与工作实践相关。

中层管理人员是酒店的中间环节，既是酒店的执行层，也是酒店的管理层。他们的工作关系着本部门的工作业绩，也直接影响酒店的管理和发展。

酒店企业管理层的发展要聚焦于创作利润和员工激励。管理层培训的主题围绕着领导力的提升，能够不断激发认可员工的潜力。酒店管理层人员的培训集中在三个方面：专业管理理论和相关知识、部门运作；管理、组织、控制、指挥能力的培养；对员工的培训与发展。

用于管理层培训的有效形式有：在职培训、外部短期课程、特别课程、工作任务小组、职业指导、岗位轮换、大学在校课程、高级管理人员的公司管理硕士课程。

二、培训方法

培训方法的选择也将直接影响培训的质量，正确地选择并且有效使用各种适合学员培训需求的方法非常重要。常用的培训方法包括讲授法、案例分析法、教授扮演法、小组互动法、一对一培训法、模拟培训法、操作示范法、集思广益法、参观考察和多媒体教学等。这里重点介绍以下几种培训方法：

1. 讲授法

这是一种传统模式的培训方法，也是使用频率最高、运用范围最广的基本方法。这种方法是培训师以口头陈述为主，将大量的知识与技能传播给受训者。课堂讲授法适合于理念性的知识培训，其长处是一次性可以传播给众多的听课者，时间集中，可以比较全面系统地灌输相关知识。但对演讲技巧依赖度高，否则很容易显得枯燥而难以吸引受训者。培训师在使用这种方法进行培训时尽可能使课程内容形象化、立体化，通过问问题的方式引导大家参与，激发学员的学习兴趣。

2. 案例分析法

案例分析法又称个案研究法，是将实际工作中发生的案例在培训时让大家进行剖析、研究与分享，所要解决的问题或复杂或简单，答案不一，大家在共同讨论的基础上提出自己的见解。案例分析法由哈佛大学商学院最先用于培训高级经理和管理精英的教育实践，后来被广泛借鉴和运用。该种培训方法突出的特点是注意启发式教育，挖掘受训者分析问题、判断和解决问题的能力，注重学员在实践中对所学知识和技能的运用。

3. 小组讨论法

小组讨论法是将受训者分成4~10人的小组，共同参与讨论的学习方式。该培训方法是一种参与式的学习方法，在相互尊重、平等交流的环境中，大家通过讨论互动，往往会收到很好的学习效果。这种方法需要建立小组的规范与默契，组员的互动关系会影响培训效果，时间的掌握与内容的深浅，各小组差异较大。培训师要规定时间和要达到的目的，规定结束要点，鼓励各小组学员记录讨论结果，之后与大家分享。

4. 集思广益法

集思广益法也称为头脑风暴法或讨论法，是一种经常采用的有效的培训方法。小组成员在讲师的组织和引导下就某一个议题开展讨论，各抒己见，最终对讨论题形成结论。集思广益法是一种激发创作力的集体训练方法，适用于任何人，参与者在没有压力和束缚下进行随意发言和建议，着重创意思考而非逻辑分析，可以最大限度地调动每一个学员的积极性，并使受训者快速收集许多信息，开拓思维。

5. 角色扮演法

角色扮演是让受训者模拟实际情景，亲自扮演某种角色来进行培训的一种方法。这种培训方法独具趣味性和吸引力，容易使受训者集中注意力，在愉快的环境中学习新技术。通过让学员扮演工作情景中服务者和被服务者的不同角色，模拟服务操作过程，具有真实感和临场感，可以促使员工更好地牢记工作中的细节，掌握正确的工作方法。角色扮演法在培训中一般刚开始可能会出现较为尴尬的现象，培训师需要事先准备好脚本，学员体验后要有时间发表心得，其他学员或培训师提供建议。

6. 一对一培训

一对一培训由培训师单独对一位员工进行培训，这种培训方法适合于教授复杂技能。最好在一个安静、宽松、没有干扰的环境中进行。一对一培训能为学员创造一个宽松的学习环境，为培训师提供良好的评估环境，使培训师能够更容易判断学员是否掌握了技能，但这种比集体培训所花费的时间要多，如果所培训岗位的学员有限，这是一种有效的方法。

7. 跟班培训

跟班培训也是一对一培训的一种形式，由学员与在职培训师结对培训。这种师父带徒弟的方法尤其适用于对新员工进行岗前专业性技能和知识培训或是在职员工进行轮岗工作时。师父与徒弟结对学习的过程，就是学员观察培训师的技能、行为和态度的过程。由于学员的工作经历与教育水平各不同、工作难度不同，跟班培训时间长度也应不同。这种培训方式，对培训师的工作技能要求较高，带班人一定要有娴熟的技能和知识，才能培训出合格的人才。

8. 示范操作法

示范操作法是为了使受训者了解和掌握工作的程序以及正确的操作方法，在工作现场进行操作示范来教授课程的一种有效方法。示范操作法适用于员工技能培训，培训师要对示范操作的步骤非常熟悉。该方法的基本程序是先讲授程序与规范操作步骤，然后进行现场示范操作。示范操作既可在现场培训，也可借助于录像和多媒体设施进行，由学员观摩规范的操作视频学习。示范操作时，培训师要清楚耐心地分析讲解每一步程序要领，重复强调重点，示范动作要规范且符合程序，操作步骤清晰得当。在示范操作后，要马上让学员动手操作，反复演练。

9. 多媒体教学法

多媒体教学通过采取多样化媒体，如电视、录像机、幻灯机、投影仪、收录机、电影放映等视听教学设施刺激学员，使学员在视觉、听觉、触觉上形成多方位的感受，从而使其产生培训体验。多媒体教学法是在充分了解五官认知的前提下，通过视听器材重点刺激学员的视觉与听觉，让两者紧密结合起来，以加深理解、记忆的一种现代培训方式。

多媒体教学法适用于几乎所有的员工培训。培训师要按课程主题选择合适的视听教材，播放前要清楚地说明培训的目的，观看结束后召集学员进行讨论或做问题解答。

由于视听培训师利用视觉、听觉、嗅觉、味觉和触觉来体会培训，所以比单纯的讲授或讨论更能给人深刻的印象。但多媒体教学方法的运用需要一定的设施设备与技术条件的支持，教案制作成本较高，视听设备和教材的购置费用也较高。

培训方式的多样化有助于培养员工参加培训的兴趣，提高现场培训的质量。不同的培训方法有不同的特点，酒店应根据培训的目的、培训的内容和培训对象等特点，选择最合适的培训方法或将各种培训方法优化组合。

三、培训评估

培训评估是以培训目标为依据，运用科学的理论、方法和程序，收集培训的相关数据，对培训项目质量及所达到目标水平进行衡量与评价的过程。

酒店企业的总体目标是帮助员工增长知识、培训技能、提升态度从而更好地完成企业目标。培训评估是检验培训效果最有效的手段：一方面可以了解培训投入所获得的收益，证明培训的价值，为获得高层管理者的支持提供数据支持；另一方面可以了解培训过程中的不足，不断改进培训质量。完整的培训评估包括对培训项目、培训过程和培训效果进行评估。

（一）培训评估对象

培训评估工作应是针对双方的，既针对培训者，也针对被培训者。让被培训者对培训的质量、内容、方式、培训师态度等进行评估，可以规范培训相关人员行为的重要途径，更可以帮助酒店了解培训是否符合实际需求，对参训人员是否有帮助；通过培训师对被培训人员的学习态度、接受程度和培训后行为等进行评估，可以帮助酒店了解不同员工的接受能力，以及是否有实际效果，以便有针对性地调整培训计划和改进培训工作。

培训评估的直接对象是参加培训的员工，但实际上，还包括参加培训员工的上下级和同事，甚至包括来自宾客的反馈意见。经常被评估的群体有参加培训的员工、培训师、主管和经理、同事、宾客、供应商、上级管理层等。

最主要的培训评估人是培训师，培训师最了解培训课程、培训目的和培训衡量标准，也最了解受训者。除此之外，还可以由培训部或人力资源部其他人员或部门经理担任。聘请外部顾问甚至客人对酒店进行暗访，也是对培训最终效果评估的一种很好的途径，尤其适用于服务技能、服务意识等培训活动。

（二）培训评估内容

培训评估的方法很多，由国际著名学者威斯康星大学教授唐纳德·L. 柯克帕特里可（Donald.L.Kirkpatrick）提出的柯氏四级培训评估模式，是最著名、世界上应用最广泛的评估工具。该模型从反应、学习、行为、结果这四个层次对培训进行评估，简捷有效。

1. 反应级评估

是对培训课程、培训师和培训组织的基本反应，表明受训者对培训进度和培训内容的接受情况。反应级评估通常是在培训刚结束时，请学员填写调查问卷、对学员进行面对面访谈，或组织学员座谈，通过收集学员的意见反馈，了解学员对培训活动的整体主观感受，以及包括对培训项目、培训设施、培训课程、培训师等的满意度。

2. 学习级评估

主要针对培训内容和培训课程的整体情况以及学员对于培训内容、技巧、概念的吸收与掌握程度，以了解学员是否真正理解和吸收培训内容。学习级评估一般在培训刚结束或培训后半个月左右时间进行，评估的方式有测试、问卷、课堂回顾法、模拟操作练习、讨论及角色扮演等。

3. 行为级评估

主要考察学员在接受培训后的行为习惯是否有所改进，他们在工作中是否运用了在培训中学到的知识技能，接受培训后工作绩效是否有所提高。行为级评估通常结合企业绩效考核、质量检查及宾客意见评估等，在培训后 3 个月至半年以后进行。

4. 结果级评估

主要衡量和评估培训对企业整体经济效益的提高产生的贡献。结果级评估重点关注学员培训后实际绩效改进对企业经营的影响，评估内容主要有营业收入、利润、质量、成本控制、投资回报率等量化指标以及服务、工作环境、行为习惯等定性指标。

（三）培训评估的方法

1. 问卷调查法

这是在培训项目评估时最常见的方法，一般用于培训刚结束时，以获得关于学员感受的主观信息，还可用于对投资回报率进行分析的可参考性文件。问卷调查法的优点在于可以在学员脑中的信息保持新鲜的情况下提供快速反应，调查问卷法容易实施，但问卷调查法的缺点是其数据很主观，建立在学员测试时的意见和情感分析之上，个人意见的偏差可能会夸大评定分数，同时，在培训项目结束时获得的评定分数高并不能保证学员就能将该项目传授的知识用到工作上（见表 4–8）。

表 4–8 培训课程评估表

一、本课程最有用的部分是：

____

二、本课程最无用的部分是：

____

____

三、在所选择的位置上画圈

	效果很差					效果很好				
（1）培训导师	1	2	3	4	5	6	7	8	9	10
（2）投影效果	1	2	3	4	5	6	7	8	9	10
（3）讲义效果	1	2	3	4	5	6	7	8	9	10
（4）环境布置	1	2	3	4	5	6	7	8	9	10

续表

（5）学员参与	1	2	3	4	5	6	7	8	9	10
（6）授课效果	1	2	3	4	5	6	7	8	9	10
（7）课程内容	1	2	3	4	5	6	7	8	9	10

四、通过本课程学习你感受最深的是什么？

____

五、你想在今后的工作中如何改进自己？

____

六、请写出你的建议：

____

2. 面谈法

面谈法的优点在于能够收集到一些不能通过问卷调查等其他方法收集到的数据，或者不愿意在问卷中描述的感受。

3. 测试法

利用测试的方法对接受培训前后的学习效果进行衡量，是培训评估中常用的方法之一，通过测试，可以了解学员对培训内容懂得和掌握了多少。

4. 观察法

在工作中仔细观察学员的变化情况，是评估工作收集数据的方法之一，可以由酒店人力资源部或者部门管理人员组成专家队伍，对某一位或几位学员进行观察，以观察员工是否将培训内容运用于工作之中，其个人和组织是否养成了良好的工作习惯。

5. 业绩报告

通过对酒店年度经营收入、宾客满意度、员工满意度、员工工作效率提升率、宾客投诉率、成本变化率等各种量化指标进行有效统计，可以对整个培训评估的结果提出更加令人信服的依据。

课堂思考

1. 怎样制订培训计划？
2. 培训的主要方法有哪些？
3. 培训评估有哪四个层级？

案 例

培训员工当总经理

美国第六汽车旅馆集团设立了一个员工发展课程。该课程的目的是要使每位员工都符合做总经理的条件。课程包括三个阶段：交叉培训、值班经理培训和总经理培训。

交叉培训。旅馆的每位员工，无论来自客房、洗衣房、工程维修或前厅，都要对自己做总经理的潜力有认识。每位员工都有一本印刷手册，上面用拼图描述了各经营部门的功能及其对旅馆成功经营的重要性。如果员工对所有其他目标的工作感兴趣，并愿意接受交叉培训，可考虑成为值班经理课程的候选人。

值班经理培训。全面接受交叉培训并表现出具有总经理潜力和兴趣的员工入选学习本课程。首先，员工得到一本培训手册，了解值班经理的岗位职责。经过一段时间自学，由来自本地其他第六汽车旅馆的总经理对入选员工进行测试，通过测试的员工获得值班经理职业资格认证。在总经理的安排下，这些有资格的员工可以当一天或几天的临时值班经理，担任临时值班经理期间的报酬随之提高。

总经理培训。如果员工顺利完成了交叉培训和值班经理培训，即可被正式任命为总经理。在就职前，未来的总经理要在第六汽车旅馆的区域培训部和其他即将担任总经理的被任命者接受为期 5 周的全方位总经理培训。

6 年后，第六汽车旅馆从员工提拔上来的总经理已管理着 300 多家旅馆。“培训员工做总经理”的课程还在继续……

——资料来源：Laurette Dube et al.《美国杰出住宿业：美国住宿业最佳实践要诀》华盛顿：美国酒店协会基金会，1999.

案例分析

从美国第六旅馆集团“培训员工做总经理”的实践中，你获得哪些启示？

第五节　员工职业发展规划

一个企业的成长与发展，高素质的管理和精英骨干人才对其成功十分关键。招聘到合适的员工、培养出优秀的员工是酒店具有最高收益的投资行为。

酒店服务有两个利润来源点：一线员工和宾客。只有一线员工满意的服务才能令宾客满意。现代人力资源管理的一个重要理念就是企业不仅要最大限度地调动员工的积极性，提高人力资源利用的效益，而且应该为每一位员工提供不断成长以及挖掘个人最大潜能和建立成功职业的机会。随着员工流动率的加大，企业越来越注重员工职业生涯的培育，期望通过员工职业生涯规划来倡导职业化意识，寻求职业化发展，实现企业和员工共同发展的目标，同时也可以战略性地为企业培养储备专门的后备人才。

一、员工职业生涯开发的意义

职业生涯规划管理指企业对影响员工职业生涯的人的因素和环境因素进行分析，指导员工形成与企业发展战略相一致的个人职业发展目标，并为这一目标的实现提供帮助和机会，从而促进企业和员工共同发展的人力资源管理模式。实施员工职业生涯规划管理的核心就是留住人才，吸引人才，培养人才，各尽其才。

大量研究表明，员工队伍的稳定会直接影响到顾客的满意度，员工队伍越稳定，顾客的满意度就越高，酒店经营效益也就越好。成熟员工的流失成本比新招聘人员成本高出很多，而企业的核心员工更是人才市场上主要的争夺对象，他们一旦跳槽对企业造成的损失更是难以估量。实施员工职业生涯发展规划管理，通过企业和个人的努力，使员工自我价值得到实现，获得工作成就感，有助于提高员工的满意度和忠诚度，降低流动率，进而提升酒店的核心竞争力。进行员工职业生涯的开发，其意义还在于：

1. 有利于员工的个人发展

酒店希望努力招聘和挑选最合格的候选人，但即使是招聘时合格度最高的员工，都需要通过不断的培训才能使他们持续达到最理性的工作水平。培训的过程是员工逐渐精通自己所从事工作的过程。而通过员工职业发展规划和培训，可以使员工不断提高个人素质，获得持续成功所必需的知识和技能。良好的职业发展规划能不断提高员工的专业能力和市场价值，员工的技能有了进步，企业也能在员工的努力下高速发展，最终实现企业与员工的双赢。

2. 有利于企业留住人才

员工普遍对于自己的发展趋势和潜力的关注会超过对目前薪酬的关注程度，员工在确认自身工作技能、兴趣和价值观的同时，更加注重自己的职业发展。企业重视对员工提供职业生涯规划指导，提供给他们成功发展的机会，让他们感觉到自己的不断成长，实际是一种最好的感情管理方法，员工必将更好地服务于企业，为实现企业的经营目标而努力工作。进行员工职业生涯规划有利于保留一定潜力的主力军，留住现有优秀人才，吸引外来优秀人才加入，从而保证企业的可持续性发展。

3. 有利于为企业发展提供战略人才储备

良好的职业发展规划还可以保证企业关键岗位的空缺以内部晋升的方式得到及时补充。根据“马特来法则”（即二八法则），企业核心员工占企业总人数的20%~30%。他们集中了企业80%~90%的技术和管理，创造了企业80%以上的财富和利润，他们是企业的核心和代表，是企业的灵魂和骨干。开展职业生涯规划，有利于企业根据发展需求，有针对性地培养人才，把培训、管理等资源与手段聚焦在所需的岗位人才上，实现资源的合理配置，帮助人才尽快成长，使企业获得长足的人力资本。

二、员工职业发展规划的原则

在未来市场竞争的较量中，如何将企业现有人才转变为提升核心竞争优势的源泉并予以开发？关键需要解决两个层面的问题：一是企业战略方向的引导并被员工认可；二是人才的合理使用并被“激活”。对此，构建一套战略性员工职业生涯的发展与培训体系，是建设科学的经营管理体制的核心和基础。

1. 个人生涯目标与企业目标相一致原则

开展员工职业发展规划的前提是酒店有明确的发展目标、愿景和发展战略，员工清楚并认同企业的发展方向和目标，并愿意与企业整合发展。员工的职业目标规划必须服从于企业的目标，离开企业的需要和目标，个人也就失去了发展的平台。个人职业规划目标只有与企业目标相一致时才能真正实现自己个人职业生涯发展，实现个人与企业的齐发展，共成长，同获益。

2. 运用适中的节奏规划员工的职业发展

职业规划节奏过快，如立即将新入职的员工提升到最高的岗位，或在短时间内进行快速的多次提升，这样的员工在短时间内可能并不具备新的技能，往往会出现对新岗位不胜任的情况。而如果员工入职后很长时间才将其晋升，也不能有效激励员工。适中的节奏表现为对新入职的员工有计划地安排其走上上一级的岗位，合理安排每次晋升的时间。这样做有利于不断激励员工的积极性，提高岗位的认知价值，同时能使员工有充分的时间学习下一个岗位的技能。

3. 因人而异，对不同阶段的员工采取不同的职业发展策略

员工职业生涯可分为三个阶段，早期阶段、中期阶段和后期阶段。

员工职业生涯早期阶段。这一阶段，员工刚刚入职，会判断当前的工作是否适合自己。对于新员工，职业发展的重点在于给予职业发展的指导。酒店将对每一位新员工进行入职培训和岗前专业技能培训，向他们宣传企业文化，让他们了解企业的基本情况，熟悉和掌握岗位工作内容、工作标准和工作程序，引导和帮助他们尽快融入企业，适应工作环境，胜任岗位工作的要求。对不适合岗位的员工给予工作轮换。

员工职业生涯中期阶段。员工职业生涯中期阶段是员工职业生涯发展的最重要的时期，也是有可能出现的职业中期危机阶段。处于这一阶段的员工已经定下明确的职业计划，职业发展的重点是给予晋升，赋予更多的责任或给予特殊任职。企业应该给员工提供良好的教育培训机会，帮助员工创造职业生涯的辉煌，以便有效地预防员工职业生涯中期的危机。

员工职业生涯后期阶段。这一阶段也是员工职业生涯的稳定阶段，处于该阶段的员工主要精力在于保有职位。职业发展空间和激励效果有限，可以考虑福利等其他方式的激励。

4. 在岗位发生空缺时，优选考虑内部晋升

优秀考虑内部晋升，能够激励员工，鼓舞士气。尤其在公司晋升机会较少的情况下，有利于提高员工对企业的贡献。员工为下一个岗位做准备时，能提高员工的技能。内部晋升可以优化人员配置，对企业文化有高度的认同感。

三、员工职业生涯规划管理内容及步骤

良好的职业发展规划能管理员工的职业发展道路，不断激励员工，提高员工的贡献率。为员工挖掘潜能、制定职业生涯发展方向、确定发展途径是酒店人力资源部和各业务职能部门的重要工作之一。有效的职业规划管理方案应包括以下几方面内容：

（一）依据企业人力资源战略规划确定员工职业规划方案

职业生涯规划管理的第一步是人力资源规划，将职业生涯规划与人力资源规划连接起来。酒店要预测人力资源的要求，依据人力资源对未来几年所预测的人员配备需要，详细指出关键的职务所应配备的人员的目标。

（二）确定发展岗位目标要求

职业生涯规划的第二步是确定每个目标岗位所需要的相关人员的资格要求。对工作任务进行分析是确定岗位资格要求的重要依据。

（三）评估员工职业发展潜力

职业生涯规划管理很重要的一点是要发现和识别具有能够晋升到更高一层管理职位或承担更加复杂工作岗位任务的人员。每个员工各自的成长背景、年龄、学历、经历不同，他们在企业中各自可以承担什么样的工作任务，扮演哪一种角色，企业必须

审慎、周全地为员工考虑。酒店要在对员工工作绩效、能力态度和受训情况进行测定、分析、全面评估的基础上，对其自身的兴趣、爱好、特长、教育背景、就业经历及不足等各方面进行综合分析与权衡，根据员工自己的职业期望，确定其最佳的职业奋斗目标。

（四）确定职业生涯路径

不同员工的兴趣爱好、价值取向不尽相同，有的追求获得以职务升迁为标志的职业成就，有的喜欢做自己感兴趣的事，有的专注于钻研某一项技术。酒店应根据员工的个人条件和愿望，结合酒店发展需要为每一个具有潜力的候选人找到一条合适的职业生涯途径，使不同志向、不同能力、不同需求的人都可以在企业实现个人职业生涯的发展，鼓励每位员工都是自己的人事经理，自我管理，自我增值。通常员工在酒店内的职业发展途径有以下几个方面：

1. 管理发展

根据员工个人的工作表现、能力表现确定其管理发展的方面。一般从最基础的领班开始，逐步培养发展至中级直至高层管理人员。酒店管理晋升轨迹通常依次为：领班、主管、经理助理/副经理、经理、总监助理/副总监、总监、总经理助理、副总经理、总经理。

2. 职业技术发展

大部分员工以职业技术发展为主，沿着服务技能、专业技能等专业方向发展，如从初级服务员到中级服务员再到高级技师，从助理会计到会计再到高级会计等。

3. 专业技术与行政管理双向发展

有些业务骨干因其专业技术精湛，在某一领域内可以统领其他人员，可再赋予管理职能，让其担任相关的管理工。如酒店财务岗位、工程部的技术人员岗位等。

4. 星级服务员发展

有些员工虽然不宜向行政管理发展，但对服务工作非常热爱，在服务工作中表现突出，贡献显著。酒店可以通过设立星级服务员制度，培养卓越员工成为星级服务员。不同星级服务员可以享受不同行政管理级别的薪酬，如一星级服务员为领班级，五星级服务员在薪酬待遇上与部门经理相同。

5. 技术多元化发展

有些员工在服务专业技术上表现出特有的天赋，这样的员工可以培养成为万能工，最为常见的为工程部维修工，集管道工、油漆工、木工、电工等技术为一身，前厅部、客房部等也都可以尝试，使员工成为技术上的多面手。

6. 酒店管理实习生

一些酒店集团依据企业发展战略目标，从打造未来人才梯队出发，专为大学生“量材定制”了酒店管理实习生培养计划。通过招募有志从事酒店工作、德才兼备的优秀大学毕业生，对他们进行 3 年左右的系统培训，使他们成为部门经理级管理人员。酒店管理实习生培养计划，是企业吸引、培养、留住高素质人才的一个行之有效的措施，酒店管理实习生们，也是企业未来具有发展潜力的主力军。实施酒店管理实习生培养计划，有助于改善酒店的人力资源结构，提升企业的核心竞争力，实现企业的可持续发展。

酒店前厅部员工职业发展路径如表 4–9 所示。

表 4–9 酒店前厅部员工职业发展路径

岗位	发展途径	发展职位				
		员工层	领班层	主管层	经理层	总监层
客户预订员	部门内部本班组发展		客户预订领班	客户预订主管	收益经理	
	部门内部跨班组发展	总台接待员				
	跨部门发展		销售协调员			
行李 / 迎宾员	部门内部本班组发展		资深礼宾员	礼宾主管	前厅部经理	
	部门内部跨班组发展	总台接待员				
	跨部门发展		销售协调员			
总台接待员	部门内部本班组发展		总台领班	总台主管	前厅部经理	房务总监
	部门内部跨班组发展		GRO			
	跨部门发展		销售协调员			
宾客服务中心	部门内部本班组发展		总机领班	总机主管		
	部门内部跨班组发展		客房预订员领班			
司机	跨部门发展		采购员			
			送外卖			
GRO	部门内部跨班组发展		GRO	大堂经理	前厅部经理	
	跨部门发展		销售协调员			

（五）建立酒店员工职业生涯规划图

酒店员工职业生涯规划图，包括所有加入职业生涯规划计划的候选人，注明各候选人的可使用性及准备接任的各种岗位，清晰地说明每一个管理岗位或关键工作岗位按层级次序可能有的候选人。

（六）设计指导方案，实施生涯规划目标培训

职业生涯发展的基本条件是员工的知识和技能的提高，因此，员工职业发展规划确定后，应尽快为他们提供适应未来岗位工作所必需的培训。酒店要在对各类员工的职业生涯发展进行评估和设计的基础上，建立与员工职业生涯管理相配套的培训体系，以帮助员工实现自己的生涯发展目标，使员工职业生涯发展规划真正有效地实施。

除进行相关的发展课程培训外，工作岗位轮换是一种非常有效的培训形式。可让候选人在多个部门或岗位之间轮流工作，使他们接触多种工作环境，从而有机会对酒店或部门有一个全面的了解，同时，在担任新的工作任务期间面临新的挑战，可以促使他们发展新的技能。

（七）评估员工职业生涯发展

在企业内部设立员工职业生涯资源中心，在指导员工确定生涯发展方向后，应对员工进行持续的职业发展跟踪与评估。每项培训课程或阶段性任务结束后，都要对员工进行评估，评价是否达到了目标。评估人员应经常与员工沟通，将评估信息反馈给员工。

企业文化的核心理念是企业员工具有共同的价值观和行为方式。企业通过员工职业生涯规划管理，能够构建一种善于学习、不断进取的高效和谐的工作环境和吸引人、识人、育人、留人、用人的健康的企业文化，培养和造就大批能将企业发展目标和个人目标较好结合、对企业忠诚、勇于创新的各类人才，为企业在激烈的市场竞争中处于不败之地、实现基业长青奠定坚实的基础。

某酒店个人发展蓝图评估如表 4–10 所示。

表 4–10　某酒店个人发展蓝图评估

员工姓名 / 现任职务 ____

面谈日期 ____

个人发展目标

1 年目标 ____

____

2 年目标 ____

____

3 年以上目标 ____

____

续表

个人意见

长处 ____

____

个人发展所需 ____

____

其他发展考虑的因素 ____

____

签名：____________

上级意见

1 年内可以考虑职务 ____________　需要培训 ________________________

2 年内可以考虑职务 ____________　需要培训 ________________________

其他意见 ____

签名：____________

上级的领导意见

____

____

课堂思考

1. 员工职业生涯发展规划的意义。
2. 员工职业生涯发展规划有哪些步骤？

复习与思考

一、名词解释

培训需求分析　新员工入职培训　四级培训评估　员工职业发展规划　在线培训

二、简答题

1. 什么是培训？酒店员工培训的主要内容有哪些？
2. 请简述酒店培训员制度的作用及培训员的主要职责。

3. 完整的培训计划应包括哪些要素？

三、单选题

1. 酒店企业员工培训三大内容指（　　）。

A. 知识、技能、态度培训　　B. 知识、技能、外语培训

C. 知识、态度、礼仪培训　　D. 礼仪、技能、外语培训

2. 员工培训的根本特点是（　　）。

A. 在职业性　　B. 成人性　　C. 特殊性　　D. 知识系统性

四、多选题

1. 培训计划包括以下几方面的内容？（　　）

A. 培训目标　　B. 培训活动的安排

C. 培训活动的内容　　D. 培训的视觉地点

E. 培训的方法

2. 培训需求分析主要包括几个方面？（　　）

A. 组织层面　　B. 工作层面　　C. 个人层面　　D. 部门层面

3. 酒店培训部不承担哪些具体培训工作？（　　）

A. 员工入职培训　　B. 外语培训　　C. 摆台训练　　D. 客房铺床

4. 员工职业发展规划的原则是（　　）。

A. 实事求是，准确地认识与评价员工

B. 个人职业生涯规划的目标要与个人的爱好、特长相一致

C. 切实可行，个人的职业目标要同自己的能力、特长、岗位、工作特点相适应

D. 为了企业的目标，每个员工的生涯规划应该保持一致

5. 在线培训具有几个方面的特征？（　　）

A. 移动化　　B. 碎片化　　C. 游戏化　　D. 社交化

五、运用能力训练

1. 在酒店日常培训工作中，如何进行培训需求分析？

2. 从员工职业发展规划的角度，谈谈酒店如何发展人，留住人。

六、案例分析题

周先生与朋友在餐厅用餐，用餐已经一个小时，二人酒已喝得差不多了，但所点

的“清炒蝴蝶片”还迟迟没有上桌。周先生问服务员小张为什么还没有上这道菜，小张说他们没有点，周先生说他们明明点了，小张解释说他们只是询问了“清炒蝴蝶片”是什么菜，没有点。周先生一听大为恼火，向大堂投诉。事后餐厅经理发现，小张在点单时，很少向客人重复点单内容。

请根据案例回答以下问题：

1. 客人为什么会投诉？你认为问题出在哪里？

2. 针对这位客人的投诉，若你是部门的培训员，请制订一个餐厅员工的培训计划。

参考资料

张新南．饭店人力资源管理［M］．北京：高等教育出版社，2011.

姜玲．酒店培训管理实务［M］．广州：广东经济出版社，2006.

劳伦斯·S. 克雷曼（Lawrence S Kleiman）著．人力资源管理［M］．北京：机械工业出版社，1999.

第五章 酒店员工绩效管理和员工激励

酒店员工的绩效考核管理是酒店人力资源管理的重要环节，员工绩效管理对酒店开展人力资源管理工作、实施人力资源管理战略的制度、决策起着重要作用。

本章重点介绍了酒店绩效考核的特性，员工绩效考核的内容、原则和体系以及员工绩效考核的方法。

企业的竞争是人才的竞争，在现代酒店管理中，酒店应利用各种有效的激励方法激励员工，通过激励可以使每个员工自发地、最大限度地发挥他们自己的聪明才智与潜在能力，提高员工对酒店的凝聚力，增强员工的群体意识，齐心协力，为提高整个酒店的经济效益，实现酒店目标而努力工作。

本章介绍了激励的概念和重要性，并提出了一些激励的方式和方法。

学习目标

知识目标

1. 了解员工绩效管理的目的。
2. 了解员工绩效管理的常用方法。
3. 了解员工激励的重要性。
4. 了解员工激励的方法。

技能目标

1. 熟悉员工绩效管理的分类。
2. 熟悉绩效考核的常用方法。
3. 熟悉成功激励的基本要素。
4. 熟悉员工激励的方式和方法。

案例

以人为本的绩效管理模式

某饭店是一家当地建得最早和最知名的涉外旅游饭店，饭店大楼曾是本市的一个标志性建筑，第一批员工几乎是百里挑一。饭店有20多年的历史，有一套人事管理考核制度，但谈不上绩效管理。长期以来推动饭店员工的还是计划经济时代的工作热情和奉献精神。随着市场经济的发展和多家国际品牌酒店的进入，该饭店的效益不如以前，不少骨干纷纷跳槽，经常出现饭店高层、中层、员工三者之间目标不统一、方向不一致的情况。在此情况下，新调整的饭店高层启动了人力资源管理变革，决定在饭店内推行一套"以人为本的绩效管理模式"。

人力资源部门借鉴了国际品牌的有关做法，闭门造车，根据目标管理原理，360度考核方式，形成了"以人为本的绩效管理模式"。饭店高层管理人员会议通过了该模式，开始在饭店内全面试行。但是，一个季度下来，这种模式不理想。主要问题是员工，甚至部门管理人员对考核指标体系也有异议，对部门的考核和个人的考核不衔接，考核方式繁杂等颇为不满。

——资料来源：张新南.饭店人力资源管理［M］.北京：高等教育出版社，2006.

案例分析

1. 该酒店在推行"以人为本的绩效管理模式"时，为什么会出现上述问题？
2. 人力资源部在开发这一模式的过程中，应注意哪些环节？

第一节　酒店员工绩效管理

一、员工绩效管理内涵

（一）绩效管理

绩效，是个体或群体能力在一定环境中表现的程度和效果，即个体或群体在实现预定目标过程中所采取的行为及做出的成绩和贡献。从管理学的角度看，是组织期望的结果，是组织为实现其目标而展现在不同层面上的有效输出。它包括个人绩效和组织绩效两个方面。工作绩效是人们在具体工作中所取得的成绩。

绩效管理是人力资源管理制度的重要组成部分，也是酒店生产经营、正常运行的重要支持系统。为实现酒店的战略目标，应采用公平、公正、科学的方法，通过对员工、班组、部门的行为表现、劳动态度、工作业绩，以及综合素质的监测、督导、考核、分析和评价等一系列活动，充分调动员工的积极性、创造性，不断改善员工的工作行为，提高员工、班组和部门的素质，挖掘、活化员工和团队的潜力。

（二）绩效考核

绩效考核又称绩效考评、绩效评价等，是人力资源管理的核心工作。它是对员工工作行为与工作结果全面地、系统地、科学地进行考察、分析、考核与传递的过程。通过对组织、个人的工作绩效的管理和考核，提高个人的工作能力和工作绩效，从而提高组织整体的工作效能，最终实现组织战略目标。

酒店运用科学的考核标准和方法，对员工进行定期不定期的评价，全面了解员工情况，发现其不足并提出改进措施，改善员工组织行为，促进企业目标实现。将绩效考核与酒店战略目标紧密联系起来，使酒店各级管理人员对酒店经营战略目标达成共识，充分调动管理人员的积极性和责任感，通过提高部门整体业绩，促进酒店管理水平和整体业绩的提升。

（三）绩效考核的特性

绩效考核具有多因性、多维性和动态性。多因性是指员工的绩效高低受多方面因素影响，主要有两方面：技能（技能指员工个人的天赋、智力、教育水平等），激励（激励指员工工作的积极性、员工的需要结构，包括文化环境、客观环境等）。多维性是指需要从多个不同的方面和维度对员工的绩效进行考评分析，不仅要考虑工作行为，还要考虑工作结果，如在实际中我们不仅要考虑员工完成销售产品的情况，还要考虑其出勤、服从合作态度及与其他岗位的沟通协调能力等方面，综合性地得到最终评价。动态性是指绩效是多因性的，并且这些因素处于不断变化中，因此绩效也会不断发生变化，这涉及绩效考评的时效性问题。

（四）绩效考核的分类

按性质分有定性考核和定量考核，按主体分有上级考核、自我考核、同级考核、顾客考核、自我考核、下级考核等，按形式分有口头考核与书面考核、直接考核与间接考核、个别考核与集体考核，按内容分有品质基础性考核、行为基础性考核、能力基础性考核、效果基础性考核、综合性考核等（见表 5–1、表 5–2、表 5–3）。

表 5-1　工作成绩与态度考核

<table>
<tr><td colspan="7">工作完成情况</td></tr>
<tr><td>职务工作</td><td colspan="2">期望目标</td><td colspan="2">自我评价</td><td colspan="2">上司评价</td></tr>
<tr><td></td><td colspan="2"></td><td colspan="2"></td><td colspan="2"></td></tr>
<tr><td colspan="7">指导与改进</td></tr>
<tr><td colspan="3">需要改进的方面</td><td colspan="4">如何改进</td></tr>
<tr><td colspan="3"></td><td colspan="4"></td></tr>
<tr><td colspan="7">考核评价</td></tr>
<tr><td>考核内容</td><td>考核要求</td><td>考核要点</td><td>一次</td><td>二次</td><td>三次</td><td>综合</td></tr>
<tr><td rowspan="3">工作成绩</td><td>工作数量</td><td></td><td></td><td></td><td></td><td></td></tr>
<tr><td>工作质量</td><td></td><td></td><td></td><td></td><td></td></tr>
<tr><td></td><td></td><td></td><td></td><td></td><td></td></tr>
<tr><td rowspan="5">工作态度</td><td>纪律性</td><td></td><td></td><td></td><td></td><td></td></tr>
<tr><td>协作性</td><td></td><td></td><td></td><td></td><td></td></tr>
<tr><td>积极性</td><td></td><td></td><td></td><td></td><td></td></tr>
<tr><td>责任心</td><td></td><td></td><td></td><td></td><td></td></tr>
<tr><td></td><td></td><td></td><td></td><td></td><td></td></tr>
</table>

表 5-2　工作能力考核

<table>
<tr><td colspan="8">综合成绩</td></tr>
<tr><td>一次</td><td></td><td>二次</td><td></td><td>三次</td><td></td><td>综合</td><td></td></tr>
<tr><td colspan="8">具体事实</td></tr>
<tr><td colspan="8"></td></tr>
<tr><td colspan="8">分析成绩</td></tr>
<tr><td>考核内容</td><td colspan="2">考核要素</td><td colspan="2">考核要点</td><td>一次</td><td>二次</td><td>三次</td></tr>
<tr><td rowspan="2">知识性能力</td><td colspan="2">知识</td><td colspan="2"></td><td></td><td></td><td></td></tr>
<tr><td colspan="2">技能</td><td colspan="2"></td><td></td><td></td><td></td></tr>
<tr><td rowspan="4">经验性能力</td><td colspan="2">判断力</td><td colspan="2"></td><td></td><td></td><td></td></tr>
<tr><td colspan="2">计划力</td><td colspan="2"></td><td></td><td></td><td></td></tr>
<tr><td colspan="2">指导力</td><td colspan="2"></td><td></td><td></td><td></td></tr>
<tr><td colspan="2"></td><td colspan="2"></td><td></td><td></td><td></td></tr>
<tr><td colspan="8">能力开发</td></tr>
<tr><td colspan="3">脱产培训</td><td colspan="2">岗位培训</td><td colspan="3">自我开发</td></tr>
<tr><td colspan="8">综合意见</td></tr>
<tr><td colspan="8"></td></tr>
</table>

表 5-3 不同层次、类型考核侧重点对比

<table>
<tr><th colspan="2" rowspan="3">学院指导</th><th colspan="3">高层管理</th><th colspan="4">中层监督指导</th><th colspan="3">底层操作</th></tr>
<tr><th rowspan="2">管理</th><th rowspan="2">专业</th><th rowspan="2">技术</th><th rowspan="2">事务</th><th colspan="3">现场</th><th rowspan="2">事务</th><th rowspan="2">操作</th><th rowspan="2"></th></tr>
<tr><th>管理</th><th>专业</th><th>技术</th></tr>
<tr><td colspan="2">工作业绩</td><td></td><td></td><td></td><td></td><td></td><td></td><td></td><td></td><td></td><td></td></tr>
<tr><td rowspan="3">工作态度</td><td>协作性</td><td></td><td></td><td></td><td></td><td></td><td></td><td></td><td></td><td></td><td></td></tr>
<tr><td>积极性</td><td></td><td></td><td></td><td></td><td></td><td></td><td></td><td></td><td></td><td></td></tr>
<tr><td>责任性</td><td></td><td></td><td></td><td></td><td></td><td></td><td></td><td></td><td></td><td></td></tr>
<tr><td rowspan="7">工作能力</td><td>知识</td><td></td><td></td><td></td><td></td><td></td><td></td><td></td><td></td><td></td><td></td></tr>
<tr><td>控制</td><td></td><td></td><td></td><td></td><td></td><td></td><td></td><td></td><td></td><td></td></tr>
<tr><td>判断力</td><td></td><td></td><td></td><td></td><td></td><td></td><td></td><td></td><td></td><td></td></tr>
<tr><td>计划力</td><td></td><td></td><td></td><td></td><td></td><td></td><td></td><td></td><td></td><td></td></tr>
<tr><td>体力</td><td></td><td></td><td></td><td></td><td></td><td></td><td></td><td></td><td></td><td></td></tr>
<tr><td>指导力</td><td></td><td></td><td></td><td></td><td></td><td></td><td></td><td></td><td></td><td></td></tr>
<tr><td>协调力</td><td></td><td></td><td></td><td></td><td></td><td></td><td></td><td></td><td></td><td></td></tr>
</table>

二、员工绩效考核的内容

酒店对员工绩效考核的内容，体现了酒店对员工的基本要求。考核内容是否科学、合理，直接影响员工绩效考核的质量。员工考核的对象、目的和范围复杂多样，因此考核内容也较为复杂。但就其基本方面而言，主要包括员工的工作态度、工作能力、工作绩效。

（一）员工的工作态度

态度是个体对某一对象所持有的评价和行为倾向。态度的对象是多方面的，其中有客观事物、人、事件、团体、制度及代表具体事物的观念等。工作态度是对工作所持有的评价与行为倾向，包括工作的认真度、责任度、努力程度等。由于这些因素较为抽象，因此通常只能通过主观性评价来考评。工作态度第一，能力第二；工作态度决定一切，工作态度评价就是一切的评价；工作可以平凡，工作态度不能平庸。工作态度评价总结影响我们的行为，一个工作态度非常积极的员工，无论他从事什么工作，都会把工作当成一项神圣的天职，并怀着浓厚的兴趣把它做好。

（二）员工的工作能力

工作能力是指对一个人担任一个职位的一组标准化的要求，用以判断是否称职。这包括其知识、技能及行为是否能够配合其工作。简单来说，工作能力就是一个人是否有适合的能力担任一个职位。

能力通常是指一个人能够发挥的力量。人的能力包括本能、潜能、才能、技能，它直接影响着一个人做事的质量和效率。对于提高工作能力，心理学有两种解释：一是个人现在所能为者，二是个人将来可能为者。个人行为所表现出来的实际能力，心理学称之为“成就”，而通过学习和训练或在行为中表现出来的能力，心理学则称之为“潜能”。员工的工作能力包括必备的知识、专业技能、一般能力等。

（三）员工的工作绩效

工作绩效是关于对员工寄予的种种期望以及旨在促使员工提高工作绩效的连续目标导向计划的一种具体描述（见表 5–4、表 5–5、表 5–6）。

表 5–4　酒店前台员工绩效考核管理体系

职位级别	级别代码	级别标准	考核	考核内容	项目
高级员工	A	95~100	一季度	1. 礼貌礼节 2. 业务知识 3. 服从管理 4. 出勤考核 5. 工作量考核 6. 工作能力 7. 安全考核	优秀
一级员工	B	86~94	一季度		良好
二级员工	C	80~85	一季度		好
普通员工	D	70~79	一季度		一般
较差员工	E	60~69	一季度		较差
试用期员工	F	0~59	一季度		不合格

表 5–5　员工等级评估法

员工姓名＿＿＿＿＿＿　　职位＿＿＿＿＿＿

评估时间段：从＿＿＿＿＿＿到＿＿＿＿＿＿

	很差（1）	达到最低标准（2）	一般（3）	一般以上（4）	杰出的（5）
1. 工作质量及完成情况					
2. 工作量					
3. 工作知识、技能、方法和程序					
4. 首创性和智谋					
5. 配合、态度和协作					

续表

	很差（1）	达到最低标准（2）	一般（3）	一般以上（4）	杰出的（5）
6. 快速学习的适应性和能力					
7. 在演讲和写作中清楚表达自己的能力					
8. 计划、组织与工作分配					
9. 选拔和发展下属					
10. 下属士气和忠诚度					

这名员工可以采取哪些措施来改进工作？　　总分

评估标准：

10 ~ 15 很差

16 ~ 25 达到最低标准

26 ~ 35 一般

36 ~ 45 一般以上

46 ~ 50 杰出的

督导管理者签名__________

职务__________

员工姓名__________

批准者__________

职务__________

表 5-6　餐厅员工行为定位评分法

职位：餐厅服务员　　工作范围：技术能力

9　——服务员始终使用各种必备的技巧并以优秀的方式服务

8

——服务员能够使用大多数必备的技巧并基本能以良好的方式服务

7

6

——服务员使用某些必备的技巧并能完成大部分服务程序

5

4

——服务员有困难使用必备的技巧并难以完成大多数的工作任务

3

2　——服务员不能使用大多数必备的技巧并因为缺乏能力而可能造成工作失误

1

三、员工绩效考核体系

人力资源管理系统的基础是绩效考核系统，酒店大多数员工的绩效考核是企业绩效考核系统的一个重要组成部分。建立一整套完整的员工绩效考核体系是至关重要的。

绩效考核体系是由一组既独立又相互关联并能较完整地表达评价要求的考核指标组成的评价系统，绩效考核体系的建立，有利于评价员工工作状况，是进行员工考核工作的基础，也是保证考核结果准确、合理的重要因素。

（一）年度考核

正式的综合考核：指对考核对象的年度工作进行整体和综合的评估，考核结果直接作为利益分配的评判标准。

（二）月度考核

进程或阶段的考核：

（1）对考核对象的月度增值产出和结果进行具体的评价，并对其工作表现进行评估。

（2）考核结果不做利益分配的评判标准，而用于工作改善，同时为正式综合的考核提供素材和事实依据。

（三）专项考核

专项问题的审查（可以不定期进行）：以满意度调查（民主评议）的方式，对管理者的管理状况进行调查和评估，考核结果主要用于改善管理者的管理能力，同时为正式综合的考核提供素材和事实依据。

相关链接　搜索

某酒店月度考核方案范例

1. 考核类型：月度考核

2. 考核期间：按财务核算期间（上月 22 日～本月 21 日）

3. 考核内容：根据被考核人月度工作计划中的常态工作和专项工作内容，结合酒店年度经营指标分解后的月度经营指标，从财务类、客户类、营运 / 执行类、学习与成长类 4 个维度中提炼 KPI 关键绩效指标进行考核。

4. 绩效考核实施程序：

（1）由酒店人力资源部将《绩效考核指标量表》发给绩效考核小组成员。

（2）总经理、驻店经理、人力资源总监、财务总监、市场销售总监分别根据被考核人的月度工作计划追加专项工作内容，经与被考核人沟通协商后，双方达成共识，签订“绩效契约”。

（3）绩效契约是关于双方对月度考核指标目标值和专项工作内容确定的合约。“绩效契约”与《绩效考核指标量表》同表。

（4）月末由考核人根据与被考核人签订的绩效契约和月度工作计划，填写《绩效考核指标量表》，计算分数及评定级别。

（5）考核人确定考核结果后，双方签字确认。

（6）考核人与被考核人约定时间进行此次考核的绩效面谈。

（7）考核人与被考核人通过绩效面谈，根据财务部提供的下月绩效考核指标的目标值，同时结合被考核人的月度工作计划，共同签订下月的“绩效契约”。

（8）绩效考核结束后，总办秘书收集全部《绩效考核指标量表》呈报总经理，经总经理审批后的《绩效考核指标量表》原件统一报财务部进行核算，并确定绩效工资发放事宜。同时考核人、被考核人各执一份，人力资源部存档一份。

5. 月度绩效考核结果与薪酬挂钩办法：

经理级以上（含经理级）管理人员的月度工资标准 = 基本工资（占月度工资标准的 80%）+ 绩效工资（占月度工资标准 20%）× 绩效工资系数（见表 5–7）。

表 5–7　绩效考核结果等级划分

级别	级别说明	绩效工资系数	分数
优秀	出色完成指标	1.2	90~100
超越期望	较好地完成指标	1.1	70~89
完全达到期望	完成指标	1.0	60~69
部分达到期望	指标完成不理想	0.9	50~59

课堂思考

员工考核的对象、目的和范围复杂多样，因此考核内容也较为复杂。目前考核内容主要包括德、能、勤、绩四个方面，请谈谈你的见解。

相关链接　搜索

某酒店员工绩效考核方案

一、考核目的

为充分发挥员工的积极性和主动性，公平、公正地对员工本月工作绩效进行评估，肯定成绩、奖优罚劣、鼓励先进、鞭策后进，不断提高员工的服务意识和业务技能，持续提升酒店工作效率和服务质量，特制订本方案。

二、考核办法

1. 考核周期：各部门每月对员工进行一次考核，并于当月 23~25 日将各部门考核结果汇总提报至人力资源部。

2. 考核方式及绩效工资标准：每月参照考核评分表对员工进行相关项目的考核，按工资标准从工资中提取相应额度作为绩效考核浮动工资，员工月考核分值作为系数乘以浮动工资，以作为考核结果的实际绩效工资。

3. 考核关系：

（1）B 级经理（含）以上由总经理考核。

（2）各部门领班和主管级人员由各部门第一负责人考核。

（3）普通员工由直接领导考核。

（4）考核范围：酒店全体员工。

三、考核评定

1. 总分在 91 分及以上，可得绩效工资的 120%。

2. 总分在 80~90 分（含），可得绩效工资的 100%。

3. 总分在 70~80 分，可得绩效工资的 90%。

4. 总分在 60~70 分，可得绩效工资的 80%。

5. 总分在 60 分以下，可得绩效工资的 60%。

6. 如连续三个月总分均低于 60 分者，将予以调整工作岗位。

【简评】本方案考核评定简单易行，对于考核重复性、日常性工作有较强的实际意义，适用于对部门负责人以下的人员考核。若要对部门负责人考核，需要增加一些对每月工作重点的考核及加扣分项。此外，部门负责人的考核还应该有本月工作总结及下月度工作计划，以体现工作的连续规划性。

考核评分标准

项目　内容

工作量 / 工作质量　工作方法　绩效

25 分　工作纪律　工作效率　目标达成度　理解能力　执行能力　能力

25 分　承担责任　团队合作能力　灵活性 / 机警性　服从性　协调性　工作态度

25 分　对公司态度　遵纪守法　团队荣誉感　专业知识　一般知识

25 分　文字表达能力　发展潜力　学识　适用本职程度

过失情况　扣分项

轻度过失（2 分）　中度过失（3 分）　严重过失（5 分）

客人或酒店领导书面表扬（2 分）

遇见问题及时阻止并避免重大损失（3 分）

提出经营 / 管理方面合理化建议并被采纳（5 分）

考评人：5 分　4 分　3 分　2 分　1 分　分值

备注及小计

杰出贡献　加分项

分值合计：120 分

第二节　酒店员工绩效考核的方法和应用

酒店对员工定期考评，其宗旨是通过考评了解员工在考评期限内的工作表现与酒店对其期望的成绩之间的差距，肯定成绩，指出不足，帮助员工提高绩效，达到激励员工工作效率和服务质量的目的。

一、员工绩效考核方法

（一）关键事件法

1. 关键事件法的定义

无论员工的某一行为对企业效益产生积极或者消极的重大影响，主管或负责考核的其他管理人员都应该将之记录下来，此类事件便被称为关键事件。将关键事件与绩效考核关联，即为关键事件法。

2. 关键事件法的步骤

（1）收集职务行为的各种事件，这些事件一般来说都表明一项特定职务或一级职务上个人的工作绩效特别好或特别差的特征。

（2）由专家评定这些事件是否真的就是好或坏的行为，因为有些任职者认为是好的事件其实是坏事件，反之亦然。

（3）由三个任职者将已写出的事件归到一定的类别（或维度）中去。不同的维度之间的重要性是不同的。

（4）由另外三个任职者再次将写出的事件进行归类，并把归类的结果与第三步中的结果进行比较。对于那些不能一致归类的事件则把它排除或归到另一类。

（5）对分析提炼、划分类别的结果进行列表，从而得出一幅职务基本特性的总体画面。

案　例

打字员关键事件实例

工作：打字员工

维度：工作准确、整洁的能力

关键事件：

（1）查出信件、报告中显得不正确的地方，并改正之。

（2）书写每一侧都是对齐的稿件，使它看起来像印刷版。

（3）检查并纠正在给顾客邮寄的资料中的错误地址。

（4）当怀疑有不适合的做法时，不使用秘书手册。

（5）按常规将图表、信件错误地归档。

（6）由于粗心而颠倒的次序打出大小、位置及其他数据等关键信息。

（7）当某字可能是错误时，因为不怀疑它而经常不去查字典。

（8）产生打字错误和弯曲的边，以至于必须重新打字 50~100 页。

（二）等级评定法

1. 等级评定法的定义

最容易操作和普遍应用的一种绩效评估方法。这种评估方法的操作形式是，给出不同等级的定义和描述，然后针对每一个评价要素或绩效指标按照给定的等级进行评估，最后再给出总的评价。应用等级评定法时每个评价者对 N 件事物排出一个等级顺序，最小的等级序数为 1，最大的为 N，若并列等级时，则平分共同应该占据的等级，如平时所说的两个并列第一名，他们应该占据 1、2 名，所以它们的等级应是 1.5，又如一个第一名，两个并列第二名，三个并列第三名，则它们对应的等级应该是 1，2.5，2.5，5，5，5，这里 2.5 是 2、3 的平均，5 是 4、5、6 的平均。

2. 等级评定法的形式

等级评定法主要有以下几种形式：

五等级法：优秀、良好、中等、及格、不及格

四等级法：高级、一级、二级、三级。

三等级法：上、中、下。

二等级法：合格、不合格

3. 采用等级评定法容易遇到的问题和注意事项

（1）采用等级评定法遇到的问题。

等级评定的方法简便易操作，但也容易遇到一些问题。首先，由于操作上的简便使人们容易做表面工作，在进行等级评定时敷衍了事。其次，较多的主管人员的员工习惯于评定为比较高的等级，因此常常出现大量的绩效评定为优秀的员工。另外，有时候对等级评价标准表述得比较抽象和模糊，令人产生歧义，从而导致不同的人在评估时标准

可能会不统一。

（2）采用等级评定法的注意事项。①等级评定法应在多次观察的基础上进行。②整体评定和分析评定结合起来使用。③最好让两个或两个以上条件相当的评定者进行评分。④要防止评分过高或过低，或都给予平均分的倾向。

4. 等级评定法的改进方法

为了使等级评定法更好地发挥效果，可注意在以下几个方面进行改进。

（1）在让评估者做出等级评定时，请他们对评定的结果做一个简单的评语。

（2）用一些事实来说明被评估者的绩效水平。

（三）目标管理法

目标管理法（Management By Objectives, MBO）是管理学家德鲁克于1954年在《管理的实践》一书中首先提出的，它被公认为德鲁克实践的主要贡献。目标管理法作为一种绩效管理工具，并没有随时代的发展与进步而失去其应用价值，反而因为其独特的目标量化理论而受到理论界和企业界的推崇。

1. 目标管理法的实质

就是考核人员与员工一起讨论和制定员工在一定考核期内所需要达到的绩效目标，同时还要确定实现这些目标的方法步骤。

目标管理是指由下级与上司共同决定具体的绩效目标，并且定期检查完成目标进展情况的一种管理方式。由此而产生的奖励或处罚则根据目标的完成情况来确定。

目标管理法属于结果导向型的考评方法之一，以实际产出为基础，考评的重点是员工工作的成效和劳动的结果。

（1）优点：目标管理法的评价标准直接反映员工的工作内容，结果易于观测，所以很少出现评价失误，也适合对员工提供建议，进行反馈和辅导。由于目标管理的过程是员工共同参与的过程，因此，员工工作积极性大为提高，增强了责任心和事业心。目标管理有助于改进组织结构的职责分工。由于组织目标的成果和责任力图划归一个职位或部门，容易发现授权不足与职责不清等缺陷。

（2）缺点：目标管理法没有在不同部门、不同员工之间设立统一目标，因此难以对员工和不同部门之间的工作绩效横向比较，不能为以后的晋升决策提供依据。

2. 目标管理应遵循的原则

（1）企业的目的和任务必须转化为目标，并且要由单一目标评价转变为多目标评价。

（2）必须为企业各级各类人员和部门制定目标。如果一项工作没有特定的目标，这项工作就做不好，部门及人员也不可避免地会出现“扯皮”问题。

（3）目标管理的对象包括从领导者到员工的所有人员，大家都要被“目标”所管理。

（4）实现目标与考核标准一体化，即按实现目标的程度实施考核，由此决定升降奖惩和工资的高低。

（5）强调发挥各类人员的创造性和积极性。每个人都要积极参与目标的制定和实施。领导者应允许下级根据企业的总目标设立自己参与制定的目标，以满足“自我成就”的要求。

（6）任何分目标都不能离开企业总目标自行其是。在企业规模扩大和分成新的部门时，不同部门有可能片面追求各自部门的目标，而这些目标未必有助于实现用户需要的总目标。企业总目标往往是摆好各种目标位置，实现综合平衡的结果。

3. 目标管理法的 4 个步骤

（1）制定目标：包括了制定目标的依据、对目标进行分类、符合 SMART 原则、目标须与沟通一致等。

（2）实施目标。

（3）信息反馈处理。

（4）检查实施结果及奖惩。

MBO 不是用目标来控制，而是用它们来激励下级。MBO 方式通常有 4 个共同的要素，它们是：明确目标、参与决策、规定期限和反馈绩效。

（四）360 度绩效考核法

以上级对下级的直接考核为主，综合组织内外多方面、多角度的绩效评价的信息（见图 5-1）。

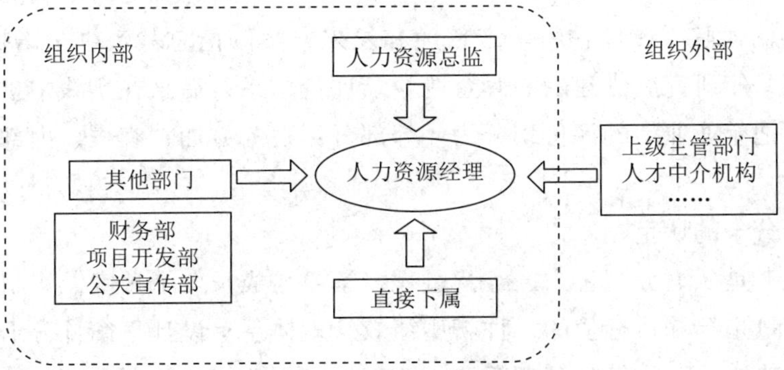

图 5-1　360 度绩效考核

1. 上级考核

这里的上级是指被考核员工的直接主管，通常也是绩效考核中最主要的考核者。好的主管比其他人更了解下属的工作和行为表现，因此最有发言权。

2. 下级考核

下级对上级的考核一般不常用，但它对企业民主作风的培养起着最重要的作用。目前，国外一些有着先进管理经验的大型跨国公司都运用这种考核体系，并起到了良好的效果。

3. 同事考核

同事与被考核者工作在同一岗位，对被考核者观察最深入，了解最透彻。因此，同事考核的最大优点是全面、真实。避免直属领导的偏见，当然是建立在同事采取实事求是的态度进行考核的基础上。

4. 自我考核

自我考核是由员工本人对自己的绩效做出的评价，尤其是设立目标时鼓励员工参加，会使员工更明确目标，在工作中就会有更好的积极性。它是众多考核法中最轻松的一个，考核双方都不会感到压力；它能增强员工的参与意识。同时，自我考核的弊端也是显而易见的，考核者常常把自己的绩效高估。

5. 客户考核

客户是酒店的顾客。因此，客户的考核会更加真实公正，但客户考核操作较难，只适用于考核那些与客户接触较为紧密的员工，如餐饮、客房员工等。其优点有：客户考核较为客观公正，能够使酒店强化以顾客满意度为导向的观念，使酒店更重视其公众形象。

（五）平衡计分卡

平衡计分卡 BSC（Balanced Score card，BSC）是战略绩效管理的有力工具。平衡计分卡是由哈佛商学院教授罗伯特·卡普兰和复兴方案倾情总裁戴维·诺顿对美国 12 家优秀企业为期一年研究后创建的一套企业业绩评价体系，后来在实践中扩展为一种战略管理工具。它把企业业绩的评价划分为 4 个部分：财务方面、客户、内部运营、学习与成长。

1. 平衡计分卡的认定

平衡计分卡是从财务、客户、经营过程、学习与成长 4 个角度，将组织的战略落实为可操作的衡量指标和目标值的一种新型绩效管理体系。设计平衡计分卡的目的就是要建立“实现战略制导”的绩效管理系统，从而保证企业战略得到有效的执行。因此，人们通常称平衡计分卡是加强企业战略执行力的最有效的战略管理工具。其核心思想是通过财务、客户、内部运营过程、学习与成长四个角度之间相互驱动的因果关系，展现组织的战略轨迹，实现绩效考核，绩效改进以及战略实施、战略修正的目标。

2. 平衡计分卡在酒店行业的应用

在酒店行业，平衡计分卡最初用于部门的考核，平衡计分卡是建立在酒店战略目标确定的基础上，把酒店的远景或者发展战略层层分解，转化为一系列衡量指标，具体到每个员工，然后根据这些指标建立、健全员工绩效考核体系，最后形成完善的员工绩效管理系统。

平衡计分卡指标的设计是绩效管理的关键，绩效考核指标和目标确定后，系统科学的绩效考核内容设定体系形成了。剩下的问题就是计算这些指标分值，然后按照一定权数将这些指标综合得到一个具体的指标，用于衡量具体员工的绩效。

（六）成绩记录法

成绩记录法是一种以主管人员的工作成绩记录为基础的考评方法。它是新开发出来的一种方法，比较适合于从事科研教学、科研工作的教师、专家们及具有相同工作性质的人员。因为他们每天的工作内容不尽相同，无法用完全固化的衡量指标进行考量。因本方法需要从外部请来专家参与评估，因此，人力、物力耗费很高，时间也很长。

成绩记录法的操作步骤如下：

（1）先由被考评者把自己与工作职责有关的成绩写在一张成绩记录表上。

（2）然后由其上级主管来验证成绩的真实准确性，最后由外部的专家评估这些资料，从而对被考核人的绩效进行评价（见表 5-8）。

表 5-8　成绩考核卡

单位		姓名		职务		时间
项目						
工作目标						
完成情况						
现在与去年同期相比						
本月主要工作						
存在哪些问题						

课堂思考

1. 试分析员工绩效考核对酒店人力资源管理的意义。

2. 酒店绩效考核的方法有哪些？试分析它们的优缺点。

相关链接 搜索

丽思·卡尔顿酒店的人员评估

丽思·卡尔顿酒店（Rita–Carlton Hotel）的人力资源高级副总裁（Sue Stephenson）说，酒店采用评估忠诚度的方法来确定新老员工的质量。每月，来自酒店和各部门提交的评估结果汇总到公司的人力资源部。如评估一位客房服务人员的质量，不单单考察他的职业道德或团队合作能力，还要看他对顾客的关怀程度。调查结果“令人吃惊”。丽思·卡尔顿酒店在76.3%的时间里取得了“最佳表现”——调查的最佳结果，表明顾客满意度最高。“这一数字比去年上升了4%”。Stephenson说，丽思·卡尔顿酒店的成功，很大程度上归功于对员工聘用以后进行的评估以及严格的选拔程序。

多数公司倾向于在招聘员工时使用严格的选拔程序，而不是在员工聘用后进行评估。丽思·卡尔顿酒店也采用了一种雇员质量甄选程序（Quality Selection Process），该程序明确规定了对新员工的期望。因此，当新员工接受质量评估时，他们很清楚评估的标准。“我们的重点在于员工甄选程序以及他们能带来什么才能”，Stephenson说，“比如，你不可能教一个人如何微笑”。

（资料来源：中国人力资源开发网）

二、员工绩效考核的作用

将绩效考核与酒店发展目标紧密联系起来，使酒店所有员工对酒店经营发展目标达成共识，充分调动员工的积极性和责任感，通过提高各部门整体业绩，促进酒店管理水平和整体业绩的提升。

酒店员工绩效考核的作用是要最大化地使员工工资待遇和职务晋升建立在公平合理的基础上，使酒店能更好地使用员工、选择人才，调动员工的积极性，提高工作效率。

（一）为人事决策提供依据

酒店可以根据考核结果发现员工的优缺点和潜能，并以此为依据给予适当的培训，以强化优点、改善不足、挖掘潜能，还可以确定在招聘员工时应重点考察其知识、能力和品质等。

酒店会重点培养并提升表现佳、潜能高的员工；对表现欠佳的员工，酒店会找其谈心，了解、分析问题的实现情况，并制订绩效改善计划以提高员工的表现。这样既改善了组织管理中存在的问题，又提高了员工绩效。

在经济发展快速的今天，酒店的工作报酬与员工的工作绩效密切挂钩已是现实。报酬已成为员工进行激励和约束的因素之一，只有通过对员工绩效进行考核，才能根据员工的表现，制定合理的薪酬标准，既使员工感到公平和满意，又能激发员工的积极性。

（二）促进上下级沟通

在对员工的绩效管理中，上下级之间不仅可以通过对考核结果的交流、申诉和反馈，促进双方的沟通和理解，有利于营造融洽的工作气氛，减少不必要的误会，而且上级在针对员工绩效进行培训的过程中，更增强了双方的沟通与交流，增进了彼此的友谊。

绩效管理是一个不断沟通的过程，它促使员工和直接上级之间的协作，包括共同制定清晰的绩效期望以及明确以下几个方面的内容：

（1）员工的工作如何体现价值，从而促进组织目标实现？

（2）具体而言，出色工作的标准是什么？

（3）影响绩效提高的障碍是什么？怎样消除这些障碍或者尽可能把障碍的影响变得最小？

（4）员工和他的上级如何共同努力来改进绩效？

（三）强化组织目标与个人目标的联系

由于绩效管理是将企业的战略目标分解到各个部门、各个岗位，并且分解到每一位员工，因此必须对每一位员工的绩效进行管理、改进和提高，这样能保证员工个人的绩效目标与组织目标保持一致。

（四）有利于企业提高科学管理的水平

绩效管理可以检查管理人员的工作成效，以便找出工作中的薄弱环节，从而加强管理以达到部门的目标与要求。绩效考核还可以促使管理层更妥善地安排员工的工作，把合适的人放在合适的位置上，从而改善部门的管理状况，使各项业务得以顺利开展。

（五）减少法律纠纷

绩效管理考核记录也为企业日后可能的法律纠纷提供可靠的依据。员工的招聘和解聘常常会给企业带来官司。作为企业，必须能够提供证明酒店不录用及解聘某些员工不是出于歧视，而是出于实际工作的需要。

三、绩效考核面谈

（一）定义

绩效面谈是现代绩效管理工作中非常重要的环节。通过绩效面谈实现上级主管和下属之间对于工作情况的沟通和确认．找出工作中的优势及不足，并制定相应的改进方案。确定绩效分数后，考核人必须与被考核人进行一次一对一的绩效面谈；面谈时间确定后，应提前告知被考核人；根据《月度绩效考核指标表》的考核情况与被考核人进行沟通，指出被考核人在上月工作中所存在的优缺点，并针对发现的缺点提出改进方案；被考核人对考核结果进行确认；双方签订下月的“绩效契约”。

就某一项完整的工作而言，根据工作的进展程度，绩效面谈可以分为三类：初期的绩效计划面谈、进行中的绩效指导面谈、末期的绩效考评总结面谈。

（二）绩效计划面谈

绩效计划面谈是在工作的初期，上级主管与下属就本期内绩效计划的目标和内容，以及实现目标的措施、步骤和方法所进行的面谈。该项工作是整个绩效管理工作的基础，确定了工作的目标及后续绩效考核的结点，能够正确引导员工的行为，发挥员工的潜力，不断提高个人和团队的绩效。该过程中上级主管要向员工提供工作的绩效结果，请员工注意在目标设计中，双方达成一致的内容。请下属做出事先的承诺，包括对于结果指标和行为指标的承诺。某些大型公司年初责任状的制定面谈，即为绩效计划面谈的一种形式。该过程中管理者应对任务的整体情况和下属的工作能力进行细致分析，制定出既切合实际又使下属感到有一定压力的目标，言谈中以鼓励为主，激发下属的工作积极性。

（三）绩效指导面谈

绩效指导面谈是在绩效管理活动的过程中，根据下属不同阶段的实际表现，主管与下属围绕思想认识、工作程序、操作方法、新技术应用、新技能培训等方面的问题所进行的面谈。该过程是绩效面谈中的核心工作，能否有效地把该项工作开展好，是整项工作任务能否较好完成的关键。指导面谈应按工作的结点或工作的进展程度，定期进行，有些管理者认为，只有在下属工作出现问题时才需要进行指导面谈，这是不正确的，有效的指导面谈能够提高下属的积极性、能动性。绩效指导面谈需要注意如下事项：管理者要摆好自己和员工的位置，双方应当是具有共同目标完全平等的交流者，具有同向关系，管理者不应是评价者或判断者。

管理者应选好面谈的时间、地点，面谈的相关资料应具有绝对的真实性。有效的信息反馈及时性是非常重要的，当管理者发现员工某种行为不是最佳的行为时，应及时提出使员工的绩效有较大提高，而如果没有及时指出，员工会认为自己的行为是正确的，在思维上逐渐形成定式，当管理者在进行指正时，员工的心里会产生抗力。管理者反馈的信息应当真实。也就是面谈中的信息需要经过核实和证明，虚假的信息会使员工感到茫然委屈。

例如，某位员工半年内迟到一次，主管领导了解后马上与该员工面谈，第一句话就是“你这段时间怎么老迟到”，员工进行辩驳，管理者坚持自己的观点，结果可想而知。验证信息准确性的最简单方法就是让参与者再复核一下信息，看看与管理者最初的看法是否相同。此外，地点非常重要，在大庭广众之下，管理者强烈的指责和批评，对员工的影响很大，员工会寻求各种方法来保护自己，这种自我防卫机制一旦形成，会严重制约和影响组织绩效的提高和发展。

（四）绩效考评总结面谈

绩效考评总结面谈是在整项工作完成之后，根据下属绩效计划贯彻执行情况及其工作表现和工作业绩进行全面回顾、总结和评估，并将结果及相关信息反馈给员工。面谈阶段管理者应准备充足的资料，对员工取得的成绩应予以肯定，并指出产生优秀结果的有效行为，从而加强员工的有效行为。对影响员工绩效的行为，应与员工进行讨论，给员工充分发言的机会，在讨论过程中，管理者应给予适当引导，让员工发挥自己的主观能动性，为下一期绩效管理活动打好基础。

（五）绩效面谈注意事项

1. 真诚

真诚是面谈的心理基础，管理者在面对员工的时候，既不可过于谦逊，更不能夸大其词。通过绩效面谈，管理者要让员工真实地感受到你确实是满意他的表现，你的表扬确实是你的真情流露，而不是“套近乎”，扯关系，同时，通过面谈也要让员工感受到你确实是在帮助他们进步，而不是走形式，应付了事。只有这样，员工才会把你的表扬和建议当成激励，在以后的工作中更加卖力，通俗地说，你的表扬和溢美之词一定要“值钱”，不是什么都表扬，也不是随时随处都表扬，而是在恰当之处表扬，表扬要真诚，发自肺腑。

2. 内容具体

在表扬和激励员工的时候，一定要具体，要对员工所做的某件事有针对性地提出你的表扬。比如，员工为了赶一份计划书而加了一夜的班，这时你不能仅仅说员工加班很辛苦，表现很好之类的话，而是要把员工做的具体事特别点出，比如：“小王，你加了一夜的班赶计划书，领导对你的敬业精神很赞赏，对计划书的编写很满意，结构很清晰，逻辑很严谨，体现了你的文字水平和理解能力。”

3. 建设性意见

管理者对员工的绩效表现提出自己的意见和建议的时候，不能仅仅指出问题就停止了，那样对员工没有任何帮助。正确做法是，管理者在指出员工绩效表现存在改善空间的时候，也一定要给出自己的改进建议。

四、绩效考核结果的应用

（一）绩效考核结果的作用

绩效考核结果的合理转化和利用是发挥绩效考核作用、提高制度化管理水平的关键。绩效考核本身不是目的，而是一种手段，因此必须重视考核结果的运用。只有及时合理地将考核结果运用于管理工作的各个环节，健全激励机制，增强员工自身压力和危机感，才能调动和扩大员工的工作积极性。

国外一些酒店集团已经成功地将绩效管理理论、考核方法等应用于酒店管理实践之中，并取得了不错的效果。在国内，大多数酒店集团也意识到了绩效管理的重要性。

（二）绩效考核结果的应用

绩效考核结果的应用如图 5–2 所示。

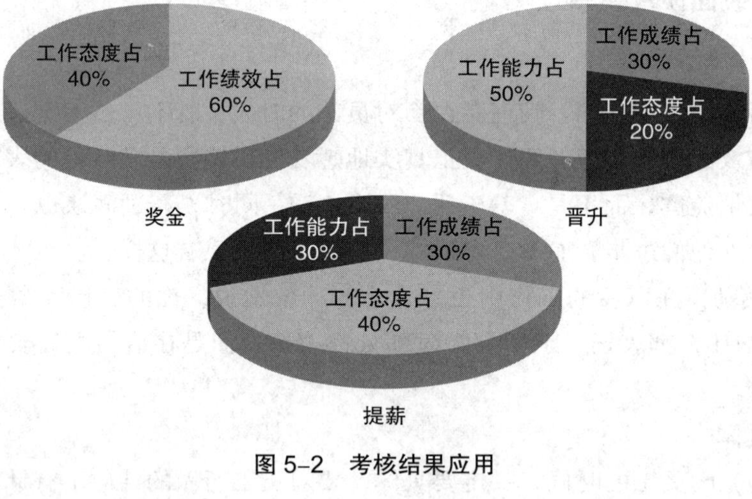

图 5–2　考核结果应用

1. 工资调整

依据年度的考核结果，决定是否调整工资以及调整幅度。可运用于员工年度工作的调整，业绩好的员工工资进行提升，业绩差的员工工资降低。

2. 绩效奖金分配

绩效奖金的目的是为调动员工的工作积极性，建立公平合理、公开透明、有效激励的内部分配机制。考核结果为月度、季度和年度奖金的分配提供依据。奖金与个人绩效考核结果挂钩，参照个人考勤情况，职务高低和工作表现。

3. 晋升与职位调整

连续的考核记录为员工的晋升提供依据，可以发现优秀人才并安排到适当的岗位工作；同时，我们也可以在发现员工工作能力、表现与现岗位不适应时，有计划、有组织地将其调整到新的岗位。

（1）教育培训：通过累计考核结果的记录，管理者可以发现员工与组织要求的差距，从而及时组织相关的培训活动。

（2）激活落后员工：对考核结果较差的员工，将被企业淘汰。因此，企业可以给这部分员工提供再培训的机会，来激活这一部分员工。

（3）指导员工职业发展：在对员工的连续考核过程中，管理者可以发现员工的潜能和职业倾向，帮助员工对其职业发展进行重新规划和调整。

课堂思考

你认为绩效考核会指导员工职业发展吗？为什么？

相关链接　搜索

酒店员工绩效考核范例

一、酒店绩效考核总则

（一）目的

将绩效考核与酒店战略目标紧密联系起来，使酒店各级管理人员对酒店经营战略目标达成共识，充分调动管理人员的积极性和责任感，通过提高部门整体业绩，促进酒店管理水平和整体业绩的提升。

（二）适用范围

本方法适用于与酒店签订劳动合同的经理级及以上管理人员（不含总经理）。

（三）绩效考核组织

1. 人力资源部

（1）制订、调整酒店绩效考核实施方案。

（2）提供月度酒店及部门员工流失率等指标值。

（3）汇总、存档绩效考核结果，建立经理级及以上管理人员的业绩档案，考核结果为员工的薪酬调整、岗位调整、培训计划和职业生涯规划等提供依据。

2. 财务部

（1）提供月度财务类指标的目标值及月度实际完成值。具体指标有：酒店营业总收入、酒店营业总支出、酒店 GOP（营业毛利 Gross Operating Profit）、餐饮与客房营业总收入、餐饮与客房营业总支出、餐饮与客房 GOP、餐具破损率、能耗、人力成本等。

（2）根据绩效考核结果，核发经理级及以上管理人员的月度工资。

3. 绩效考核领导小组

组长：酒店总经理

组员：驻店经理、人力资源总监、财务总监、市场销售总监

（1）审核、批准绩效考核方案。

（2）分别对下属经理 / 总监进行绩效考核。

（3）总经理直接考核如下人员：驻店经理、人力资源总监、财务总监、市场销售总监，评定其绩效考核结果等级。

（4）驻店经理考核餐饮部经理、前厅部经理、总工程师、康乐中心经理、行政管家、行政总厨，评定其绩效考核结果等级。

（5）财务总监考核采购部经理、IS 经理、财务副总监，评定其绩效考核结果等级。

（6）人力资源总监考核培训经理、招聘经理、员工餐厅厨师长，评定其绩效考核结果等级。

（7）市场销售总监考核销售经理和销售总监，评定其绩效考核结果等级。

（8）部门经理负责对各分部经理进行考核；评定其绩效考核结果等级。

（9）总经理助理、驻店经理、人力资源总监、财务总监、市场销售总监将考核后的绩效考核结果呈报总经理，由总经理做最终评定。

（10）绩效考核小组成员分别与被考核人进行绩效面谈。

（11）对申诉进行复议。

二、绩效考核结果应用

考核结果除了与当月薪酬直接挂钩之外，还将作为酒店在经营管理决策中的重要参考依据。其结果将应用于：

1. 作为酒店总经理审批酒店各部门经理年度奖金的参考依据。

2. 作为酒店聘任、审批酒店经理级及以上职位晋升或续聘的重要参考依据。

3. 作为评选年度部门经理级优秀管理人员的参考依据。

4. 作为对酒店经理进行提高培训的依据。

5. 作为寻找经营管理短板、实施管理改进的依据。

6. 用于个人发展计划。

7. 申诉处理

如果被考核人对考核结果有异议，可于绩效面谈后 3 个工作日向总经理或业主代表提出书面申诉意见。

部门业绩指标表与各部门一些岗位的绩效考核指标量表如表 5–9、表 5–10、表 5–11、表

5–12、表 5–13 所示。

三、部门业绩指标表

表 5–9 部门业绩指标表

序号	KPI 指标	权重	指标定义、公式	目标值	得分
1	酒店营业收入	15%	酒店当月营业收入达到 ________ 万元		
2	酒店 GOP	15%	酒店当月营业总收入 – 当月营业总支出		
3	成本费用率	15%	成本费用额 ÷ 营业收入 ×100%		
4	应收账款回收率	10%	收回款额 ÷ 应收账款总额 ×100%		
5	采购物资合格率	10%	（采购物资总数 – 采购物资不良品数）÷ 采购物质总数 ×100%		
6	本部员工流失率	10%	本月离职人数 ÷ 本月部门人员总数 ×100%		
7	常态工作完成率	10%	实际完成常态工作项数 ÷ 计划常态工作项数 ×100% A．重要紧急工作项数 ×2.0 B．重要不紧急工作项数 ×1.5 C．紧急不重要工作项数 ×1.2 D．一般工作项数 ×1.0 按加权平均计算常态工作完成率		
8	专项工作完成率	15%	实际完成专项工作项数 ÷ 计划专项工作项数 ×100% 具体计算方法同上		

针对以上目标值及追加的专项工作内容，经双方协商达成共识，共同签订此“绩效契约”

被考核人签字： 考核人签字： 总经理：

日期： 日期： 日期：

本次考核总得分

被考核人		考核人		总经理
签字： 日期：		签字： 日期：		签字： 日期：

表 5–10 （ ）月份餐饮部经理绩效考核指标量表

被考核人姓名		职位		部门	
考核人姓名		职位		部门	

序号	KPI 指标	权重	指标定义	目标值	得分
1	餐厅与酒吧 食品收入	15%	食品收入 · 来源于酒店所有餐厅与酒吧的食品收入总和，不包括会议会展的收入 · 衡量：实际收入与预算相比		

续表

2	餐厅与酒吧 酒水收入	15%	酒水收入 · 来源于酒店所有餐厅与酒吧的酒水收入总和，不包括会议会展的收入 · 衡量：实际收入与预算相比		
3	零售收入	15%	由 Outlet 所集合的餐饮零售总收入 · 衡量：实际收入与预算相比		
4	餐厅与酒吧毛利润	10%	毛利润 · 集合酒店内所有餐厅与酒吧的毛利润，不包括会议会展 · 衡量：日历年的实际毛利润与预算相比		
5	餐饮总体满意度	10%	餐饮总体满意度 · 总体餐饮宾客满意度分数，由餐饮的五大板块计算整体餐饮体系分数（即早餐、午餐、晚餐、酒吧及客房送餐） · 衡量：实际得分与目标相比		
6	食品卫生安全（FSMS）	10%	FSMS 是酒店食品卫生标准的标杆。酒店需确保通过由第三方执行的 FSMS 审核 · 衡量：通过审核		
7	菜品出新率	10%	新品种 / 菜品总数 ×100%		
8	员工流失率	15%	年度员工流失率控制在 20% 之内		

针对以上目标值及追加的专项工作内容经双方协商，达成共识，共同签订此契约

被考核人签字：　　考核人签字：　　总经理：

日期：　　日期：　　日期：

本次考核总得分

被考核人	考核人	总经理
签字： 日期：	签字： 日期：	签字： 日期：

表 5–11　(　　) 月份人力资源部总监绩效考核指标量表

被考核人姓名		职位		部门	
考核人姓名		职位		部门	

序号	KPI 指标	权重	指标定义	目标值	得分
1	酒店营业收入	15%			
2	酒店 GOP	15%			
3	招聘完成率	15%			

续表

4	培训	10%	·确保基础员工 100% 参加入职培训及相关在岗专业技能培训 ·确保 95% 的经理和主管参加领导力系列课程 ·确保各分部门至少有一位认证的培训师		
5	员工满意度及员工认可	10%	·员工满意度调查确保 100% 的参与率；85% 及以上的满意度 ·通过执行与品牌标准相符的员工认可计划 ·员工团队建设活动及最佳实践分享		
6	劳动力成本优化	10%	完成劳动力成本优化目标： 劳动力成本控制在规定的范围内，公式：薪资总额 / 酒店总收入 ×100%		
7	人才培养	10%	·确保主要行政委员会职位有认定的接班人（销售、餐饮、人力资源、财务、工程） ·通过执行—职业发展规划及能力培养—人才评估 / 接班人计划—人才发展 / 个人发展计划—中层管理人员培训—为酒店各岗位培训继任者		
8	员工流失率	15%	酒店年度员工流失率控制在 30% 之内		

针对以上目标值及追加的专项工作内容经双方协商，达成共识，共同签订此契约

被考核人签字：　　　　考核人签字：　　　　总经理：

日期：　　　　日期：　　　　日期：

本次考核总得分

被考核人	考核人	总经理
签字： 日期：	签字： 日期：	签字： 日期：

表 5–12　(　　) 月份财务部总监绩效考核指标量表

被考核人姓名		**职位**		**部门**	
考核人姓名		**职位**		**部门**	

序号	KPI 指标	权重	指标定义	目标值	得分
1	酒店营业收入	15%	达到系统中设定的酒店收入目标 – 通过以下衡量 ·各个相关部门都要积极参与到 Revenue Room 和收入会议，加强对酒店业绩的管理 ·客房收入，通过 rate parity 帮助酒店提高平均房价 ·餐饮收入，通过正确的衡量方式提高酒店的宴会以及餐厅酒吧的收入		

续表

2	酒店 GOP	15%	利润率和目标利润达到系统中设置的目标 – 通过以下方法提高成本效率 · 人员优化 – 根据各酒店目标 · 能源节约 – 根据各酒店目标 · 利用每月的酒店损益会议带领提高成本效益		
3	成本费用率	15%			
4	应收账款回收率	10%	改进付款的效率和效果，以提高应收账款的周转率 · 对于账期小于 30 天的酒店力争维持在 30 天内， · 对于超过 180 天的账期，减少 20%		
5	预测准确率	10%	· 针对运营酒店的经营利润 · 完成 12 个月中 6 个月的预测准确率在正负 5% 之间		
6	CSA 控制及合规	10%	酒店管理合同重要条款的摘要： · 执行公司的其他相关控制和程序，如固定资产管理、税务管理等 · 改进报表提交的准确性和及时性，包括月结报告、预测、预算及每周报告		
7	人才管理	10%	员工心语： · 确保 100% 的部门员工参与员工心语调查 人才发展： · 接班人计划，确保每个财务部的领导人都有至少一位通过职业成长规划培养起来的后备人才。衡量为具有 2 位新的经理后备人才 · 维持财务人员在线培训课程 100% 参与率及至少 60% 准确率		
8	员工流失率	15%	年度员工流失率控制在 20% 之内		

针对以上目标值及追加的专项工作内容经双方协商，达成共识，共同签订此契约

被考核人签字：	考核人签字：	总经理：
日期：	日期：	日期：

本次考核总得分

被考核人	考核人	总经理
签字： 日期：	签字： 日期：	签字： 日期：

表 5-13　（　　）月份总工程师绩效考核指标量表

被考核人姓名		职位		部门	
考核人姓名		职位		部门	
序号	KPI 指标	权重	指标定义 / 公式	目标值	得分
1	酒店营业收入	15%	酒店当月营业收入达到 ______ 万元		
2	酒店 GOP	15%	酒店当月营业总收入 – 当月营业总支出		
3	能耗控制	15%	已建立完整档案设备数 设备总数 ×100%		
4	设备档案完整率	10%	得到及时维修的单数 月度维修单总数 ×100%		
5	维修及时率	10%	得到及时维修的单数 月度维修单总数 ×100%		
6	本部员工流失率	10%	本月离职人数 本月部门人员总数 ×100%		
7	维修保养		完成： 1. 消防维护管理 100% 2. 预防性维护保养 ≥ 90% 3. 永久性维护保养 ≥ 90% 4. 通过酒店工程审计 ≥ 75% ——年度工程审计评估		
8	绿色参与	15%	1. 达到酒店个体化实用能源费用减少 0.5% 2. 碳排放减少 1.6% 3. 水用量减少 3%		
针对以上目标值及追加的专项工作内容经双方协商，达成共识，共同签订此契约 被考核人签字： 日期：		考核人签字： 日期：		总经理： 日期：	
本次考核总得分					
被考核人		考核人		总经理	
签字： 日期：		签字： 日期：		签字： 日期：	

第三节　酒店员工激励的要素

在现代企业管理中，提高酒店员工的士气，激发酒店员工的战斗力，激励是最好的催化剂。许多国内外的著名企业能够在市场化的大风大浪中永驻潮头，一个极为重要的因素就是懂得激励员工！在竞争越来越激烈的现代社会，激励已经逐渐成为管理者的首要职能，也是调动员工积极性的最佳方式。激励是为了员工和管理人员，在企业内部为了一个共同的目标形成一个合作的团队。而可使用激励的方式也是多种多样的，因此各企业应该结合自身的特点，通过互相联系、相互制约以及相互作用，达到所期望的激励效果。

酒店管理中最重要的是必须形成的正向反馈机制。绩效考核的有效性评价能够在酒店价值创造中发挥牵引和激发的巨大作用。员工激励是指通过各种有效的手段，对员工的各种需要予以不同程度的满足或者限制，以激发员工的需要、动机、欲望，从而使员工形成某一特定目标并在追求这一目标的过程中保持高昂的情绪和持续的积极状态，充分挖掘潜力，全力达到预期目标的过程。

案例

客房计件问题

某酒店开业初期生意不稳定，客房员工一直没有计件，按照正常班次上班，可以拿取最低生活保障的工资金额。酒店经过半年的努力，经营业绩逐渐上升，为了更好地开展酒店的日常管理，并合理安排人手，客房预备实行计件。酒店还没正式公布，一些服务员已经私下里议论起来。管理会上，客房经理无不担忧地谈起服务员的情况：技能还不够熟练的服务员已经打起了退堂鼓，担心自己不能承受计件的压力，拿不到现在的工资；而骨干的服务员由于适应了目前的情况，也比较抵触，甚至有离职的想法，这也对其他服务员产生了心理上的影响。一时间，客房经理对实行的计划也产生了犹豫。

案例分析

如果你是该酒店的管理人员，你会如何处理此时间？请分析上述问题发生的原因，并提供有效的跟进解决方案。

一、员工激励的重要性

随着时代日益快速的发展，经济结构不断调整，企业的生存与发展和员工密切相关。所以在全球化的市场竞争中，使得企业也特别关注员工的激励。一是因为员工是企业最重要的资源，人力资源投入的程度和效果明显影响着企业的竞争力；二是如今最激烈的竞争是人才的竞争，人才争夺战愈演愈烈。那么，建立科学合理的人才管理机制和激励措施也就应运而生，这对于充分调动员工的积极性、创造性，发挥了十分重要的作用。

（一）激励的定义

激励，顾名思义就是激发鼓励的意思，心理学把这称为“诱因”，管理学上则叫“激励”。在管理工作中，可把激励定义为调动人们积极性的过程，即为了特定目的而去影响人们的内在需要或动力，从而强化、引导或改变人们行为的反复过程，它含有激发动机、鼓励行为、形成动力的意义。激励指调动人的工作积极性，使其把潜力的能力充分地发挥出来。即激发和鼓励下属朝着组织所期望的目标表现出积极主动、符合要求的工作行为。激励的特性中，包含目的性、主动性、持续性、引导性。

（二）激励的作用

在现代企业的人力资源管理中，利用各种有限的但尽可能充分的条件激励员工，可以促使每一个员工自发地、最大限度地发挥他们的聪明才智与潜在的能力，可以提高员工对企业的参与感和归属感，可以增强员工的群体意识，可以使他们保持充足的动力和高昂的士气，齐心协力为提高整个企业的经济效益、实现企业目标而努力工作，总之，激励有利于企业目标的需要，有利于将动力引导到对企业目标的行为上来，有利于提供酒店完成目标的行动条件，有利于吸引并留住人才，也有利于人才开发。

（三）激励的状况

目前酒店的激励机制不完善体现在两个方面。首先是物资方面的激励。酒店的员工工资待遇和福利水平低且工作时间长，尤其对于酒店基层的员工来说严重影响了其工作的积极性。基层员工是与顾客面对面的，是直接服务于酒店顾客的。直接影响着顾客对酒店的满意度。要提高顾客满意度，首要工作就要提高员工的工作情绪，要提高员工的工作情绪也就要以加强对员工的物质激励为基础。酒店激励机制不完善还体现在精神方面的激励。因为员工除了有诸如薪水、奖金、津贴、福利和股票期权等物质待遇的需求以外，还有工作的胜任感、成就感、责任感、受重视、有影响力、个人成长和富有价值的贡献等精神待遇的需求。酒店可以通过人性化的管理来提高员工对精神待遇的满意度，譬如赋予员工管理和控制自己工作自由的权利，也可以有效地提高员工对精神待遇的满意度。

二、成功激励的基本要素

根据美国著名管理学教授赫茨伯格的双因素理论，激励因素就是那些使员工感到满意的因素，通过满足激励因素能使员工得到较高的激励，调动他的积极性，提高劳动生产效率。激励就是要激发员工的工作热情，活化员工的潜在能力，并对员工表现出的工作积极性和超越自我的工作表现给予鼓励和奖励。激励在管理中至关重要，正确的、恰到好处的激励才能真正达到目的，因此在实施激励手段时，有些重要因素必须考虑，它会帮助你做好激励。

（一）激励需求

成就需要理论也称为激励需要理论，是20世纪50年代初期，美国哈佛大学的心理学家戴维·麦克利兰（David C. McClelland）集中研究了人在生理和安全需要得到满足后的需要状况，特别对人的成就需要进行了大量的研究，从而提出了一种新的内容型激励理论——成就需要激励理论。麦克利兰认为，在人的生存需要基本得到满足的前提下，成就需要、权利需要和合群需要是人最主要的三种需要。成就需要的高低对一个人、一个企业的发展起着特别重要的作用。该理论将成就需要定义为：根据适当的目标追求卓越、争取成功的一种内驱力。该理论认为，有成就需要的人，对胜任和成功有强烈的要求，同样，他们也担心失败，他们乐意甚至热衷于接受挑战，往往为自己树立有一定难度而又不是高不可攀的目标，他们敢于冒风险，又能以现实的态度应对风险，绝不以迷信和侥幸心理对付未来，而是对问题善于分析和估计。他们愿意承担所做工作的个人责任，但对所从事的工作情况希望得到明确而又迅速的反馈。这类人一般不常休息，喜欢长时间的工作，即使真出现失败也不会过分沮丧。一般来说，他们喜欢表现自己。成就需要强烈的人事业心强，喜欢那些能发挥其独立解决问题能力的环境。在管理中，只要为他提供合适的环境，它就会充分发挥自己的能力。权利需要较强的人有责任感，愿意承担需要的竞争，并且能够取得较高的社会地位的工作，喜欢追求和影响别人。该理论还认为，具有归属和社交需要的人，通常从友爱、情谊、人与人之间的社会交往中得到欢乐和满足，并总是设法避免因被某个组织或社会团体拒之门外而带来的痛苦。他们喜欢保持一种融洽的社会关系，享受亲密无间和相互谅解的乐趣，随时准备安慰和帮助危难中的伙伴，合群需要是人们追求他人的接纳和友谊的欲望。合群需要欲望强烈的人渴望获得他人赞同，高度服从群体规范，忠实可靠。成就需要激励理论的主要特点是：它更侧重于对高层次管理中被管理者的研究。由于成就需要激励理论的这一特点，它对于企业管理以外的科研管理、干部管理等具有较大的实际意义。

（二）激励时机

1. 把握好激励的时机

激励时机是激励机制的一个重要因素。激励在不同时间进行，其作用与效果是有很大差别的。打个比较形象的比喻，就像平时炒菜一样，在不同的时间放入佐料，菜的味道和质量是不一样的。超前的激励可能会使工作人员感到无足轻重；迟来的激励可能会让工作人员觉得多此一举，使激励失去意义，发挥不了应该发挥的作用。那么，到底应该在什么时候激励为好呢？当然，这是一个比较复杂的问题，不能简单机械地下结论。激励如同化学实验中的催化剂，何时该用、何时不该用，都要根据具体情况进行具体分析。激励时机既然存在多种形式，就不能形而上学地强调一种而忽视其他，而应该根据多种客观条件，进行灵活的选择，有时候还要加以综合的运用。总而言之，激励时机是非常重要的，选择得当才能有效地发挥激励的作用，这就如同指挥员在战场上调兵遣将，时机掌握不好，就不可能取得胜利。

2. 激励时机的分类

根据时间上的快慢差异，激励时机分为及时激励和延时激励。根据时间间隔，可分为规则激励与不规则激励。根据工作周期可分为期前激励、期中激励和期末激励。

（三）激励的频率与程度

激励频率的选择会受多种客观因素的制约，这些客观因素包括工作的内容和性质、任务目标的明确程度、激励对象的素质情况、劳动条件和人事环境等。一般来说，对于工作复杂性强，比较难完成的任务，激励频率应当高，对于工作比较简单、容易完成的任务，激励频率就应该低。对于任务目标不明确、较长时期才可见成果的工作，激励频率应该低；对于任务目标明确、短期可见成果的工作，激励频率应该高。对各方面素质较差的工作人员，激励频率应该高，对于各方面素质较好的工作人员，激励频率应该低。在劳动条件和人事环境较差的部门，激励频率应该高；在劳动条件和人事环境较好的部门，激励频率应该低。

能否恰当地掌握激励程度会直接影响激励作用的发挥。超量激励和不足量激励不但起不到激励的真正作用，有时甚至还会起反作用，造成对工作热情的严重挫伤。比如，过分优厚的奖赏会使人感到得来轻而易举，用不着进行艰苦的努力；过分严厉的惩罚，可能会导致人的破罐破摔心理，使他们失去上进的勇气和信心；过于吝啬的奖赏，会使人感到忙碌半天结果徒劳一场，从此消沉下去，提不起工作干劲；过于轻微的惩罚，可能导致人的无所谓心理，认为小事一桩、无足轻重，不但不思悔改，反而变本加厉。

所以从量上把握激励，一定要做到恰如其分，激励程度不能过高也不能过低。有一些人认为，激励程度越高，鼓舞士气的作用就越大；激励程度越低，鼓舞士气的作用就越小。也就是说，激励程度与激励效果成正比关系。笔者认为，这种提法是不准确的。激励程度并不是越高越好，它是具有一定限度的，超出了这一限度，就无激励作用可言了，正所谓过犹不及。

第四节　酒店员工激励的策略

酒店人力资源管理具有科学性，更具有艺术性，运用科学的手段灵活地调动员工的情感和工作积极性，是一种能力的体现。当今社会，任何一个企业的发展壮大都离不开人的创造力。因此饭店管理组织者要重视人才的培养、人才的配置和人才的管理，更要关注对员工的激励。一切从实际情况出发，制定适合自己的属于自己的员工激励体制，把激励的手段和方法结合起来，大胆创新，设计构思，冲破传统的思维模式。巧妙地抓住员工的心理，适时地引导员工内心的工作热情，使其主动地在工作中创造最佳绩效。

一、建立长效的激励机制

（一）营造亲和的组织氛围

酒店要努力营造亲和的组织氛围，加强管理者与员工的沟通。一个亲和的组织氛围能够满足员工追求良好人际关系的需求。让员工在平等中进取。尊重能赢得人心。酒店应视员工为合作者，只是在工作中扮演的角色不同而已。管理者要身体力行地创造出一种气氛和环境，花一些时间去倾听员工的心声。关心员工的需求，像家长一样给予关怀和帮助，为员工的工作提供全面及时的支持。在酒店内部形成强大的向心力和凝聚力，有利于激励员工工作激情，提高员工对酒店的忠诚度，降低离职率。

（二）提供员工参与决策和管理的机会

美国犹他大学著名管理学教授赫茨伯格在研究员工激励因素时，发现一个让管理人员既有兴趣又感困惑的现象。让员工在工作中感到满意并得到激励的事物与让他们感到不满意的事物不属于同一类。这种研究让人力资源管理者更了解到人性与职场中人的心理特征——工作满意的因素或激励因素主要是成就、信任与认可、工作内容、责任、个人成长等。酒店要创造机会让员工平等地融入酒店的决策管理中，增强员工的成就感。员工会加强主人翁的利益意识，获得分享经营信息的机会，这都能激励他们更加努力地工作。

（三）建立长效的激励机制，加强员工的归属感

1. 提供支持性的工作环境

当今员工重视的工作环境包括执行工作的便利性和个人的舒适感，现在工作节奏的加快、竞争态势的加剧让年轻人感受到了工作与生活平衡的需要，能够提供支持性工作环境的组织将更受到员工的青睐。事实上，吸引、保留有竞争力的员工仅仅依靠提高薪水是不现实的，能提供舒适、温馨、充满生机的工作环境的公司对员工更具吸引力。

2. 绩效优化与职业生涯发展相结合

优秀员工的绩效水平和适岗程度都很高，应该加强对其的认可，并给予充分施展个人才能和发展事业的机会，如晋升或转聘，具有潜力的员工具备充分的技能和知识，但因其与现有岗位的匹配度不高，未能创造优秀的绩效成果，应为其进行较为长远的职业规划，设计合适的职业发展计划，如轮岗等。

3. 建立人才资源库

酒店制订统一培养计划，专业人员跟踪其实践、定期测评效果，使人才资源库的培养得到有效落实。将培训与激励相结合，重视培训过程中的考核，评估结果与年底的绩效工资相挂钩，提高员工培训的主动性与创造性，提升培训的质量，激励员工不断要求进步。

4. 创建终身学习氛围

随着社会的发展，人的知识更新很快，教育应该贯穿人的一生。终身学习理论与职业生涯发展有着关联的因素，当代年轻人关注自我发展，为此酒店必须营造终身学习的氛围，建立学习型组织，以适应不断变化的工作环境带来的挑战。学习是由参与者自己建构知识的过程，最终使员工成为自我教育的社会主体，把人才培养从员工被动接受转变到员工自愿学习、主动学习，激励员工提升技能、积累经验。

二、员工激励的方法

服务质量是酒店的生命线。服务质量不仅取决于酒店的硬件设施，更取决于员工工作时的状态和表现。哈佛大学心理学家威廉·詹姆斯调查中发现，在按时计酬下，员工一般只发挥 20%~30% 的能力；而在充分激励后，员工的潜力能够发挥到 80%~90%。他认为，员工平常表现的工作能力与经过激发后可能达到的工作能力和水平之间存在着大约 60% 的差距。可见，采取科学合理、积极有效的激励措施，最大限度地激励员工，有助于吸引和留住人才，有助于提高工作绩效、提高竞争力。

1. 尊重激励法——尊重是激励员工的基础

尊重激励法是一种最人性化、最有效的激励方法。管理者要发自内心地去尊重每一位员工，对待员工有礼貌，不可以轻视员工、嘲笑员工，要尊重员工的人格，认真听取员工的建议，让员工感到自己对组织的重要性。

2. 赞美激励法——赞美是员工动力的助推器

马克·吐温说，一句得体的称赞，能使他陶醉两个月。现实中，每个人内心都希望自己的努力会被人认可，自己的成绩被人肯定。如果管理者善于运用赞美来激励员工，也许仅仅只需一句话，就可以赢得员工的心。

3. 情感激励法——情感关怀是永恒的激励良方

情感激励法是通过良好的情感关系，激发被管理者的积极性，从而达到提高效率的一种管理方法。情感是影响人们行为最直接的因素之一，任何人都有渴求各种情绪的需求。按照心理学上的解释，人的情感可分为利他主义情感、好胜情感、享乐主义情感等类型，这也需要领导干部不断地满足群众、满足各类人才日益增长的物质文化的需求。这也要求领导干部要多关心群众的生活，酒店要特别关注员工的个人情感诉求，尊重他们的人格，注重他们的人性发展。提供多样交流的机会，倾听员工的心声。酒店采取感情激励的方法很多，员工生日，部门组织庆祝活动，领导都会到现场祝贺；员工生病，酒店组织人员到医院看望；员工家庭发生困难，酒店通过工会进行扶助。以此营造出一种相互信任、相互关心、相互体谅、相互支持、互敬互爱、团结融洽的同志氛围、朋友氛围、家庭氛围；以切实培养人们的生活能力和合作精神，增强对本酒店的归属感。

4. 目标激励法——目标是员工前进的动力源泉

目标是组织对个体的一种心理引力。设置适当的目标，激发人的动机，达到调动人的积极性的目的，称为目标激励。目标在心理学上通常被称为“诱因”，即能够满足人的需要的外在物。目标设置要合理、可行，与个体的切身利益密切相关。要设置总目标与阶段目标，总目标可使人感到工作有方向，阶段性目标可使人感到工作的阶段性、可行性和合理性。

5. 危机激励法——危机是重新点燃员工激情的火把

企业领导要不断地向员工灌输危机观念，让他们明白企业生存环境的艰难，以及由此可能对他们的工作、生活带来的不利影响，这样就能激励他们自动自发地努力工作。一个具有强烈忧患意识的民族，是一个最有希望的民族。一个具有忧患意识的企业，也一定是一个充满着希望的企业。对于企业来说，最大的风险就是没有危机意识。所有的成功企业，都是注重危机意识的企业。比如，海尔集团以“永远战战兢兢，永远如履薄冰”为生存理念，使企业保持蓬勃向上的发展势头。小天鹅公司实行“末日管理”战略，坚守“企业最好的时候，也就是最危险的时候”的理念，因此做到了居安思危，防患于未然。

6. 兴趣激励法——兴趣是启动员工工作活力的按钮

兴趣是指人对事物的特殊的认识倾向。孔子曰："知之者不如好之者，好之者不如乐之者。"可见"兴趣是最好的老师"。在工作的兴趣激励中，管理者必须为员工寻求工作的内在意义，也就是为员工创造工作的意义和价值。员工体会到工作的内在价值与意义，才会真正为了这份工作而积极努力，发挥自己的最大力量。

兴趣是推动员工努力做到最好的动力。根据员工个人兴趣及工作需要，目前酒店管理者通过双向选择帮助员工找到自己感兴趣的工作，从而产生持久的激励效果。

7. 榜样激励法——榜样的力量是无穷的

榜样的力量是无穷的，组织的榜样人物所树立的形象和所起的模范作用，对组织中的其他人员会具有很强的激励功能。榜样人物对自己是一个压力，对先进者是一个挑战，对一般人有激励作用，对后进者能产生心理上的压力。榜样激励法就是以他人的优良品质和模范行为对员工进行良好的心理行为教育的方法。榜样的形象具体而真实，能激发起员工的敬仰之情、效仿之心。榜样的力量具有感染力和震撼力，给员工以示范和激励。

酒店一般每月、每季度及每年都会召开员工大会。总经理会在会上阐述酒店当前的经营情况、存在的问题及发展的目标，多方面鼓励员工外，还会请部门先进员工上台发言，介绍自己的工作体会，以此起到激励先进、鼓舞全体员工的作用。

8. 授权激励法——授权是激发员工责任心的法宝

所谓授权激励，是指授予当事人更高或更重要的权利，来激发当事人的潜力，取得更优异的成绩。一般来说，人都有进取心、成就感。职位越高，权力越大，掌握的资源也越多，也就越可能做出更优异的成绩。对某方面做得比较好的人，可以适当给予其更高的权利。这样，一旦获得成就感，自然就会投入更大的热情，调动更多资源做出更优异的成绩，可谓一举两得。

学会以授权激励员工，不仅可以让经理人从烦琐的管理活动中解放出来，还可以更好地发挥员工潜能。经理人有时想控制所有的事情，但是成功需要其他人的帮助。为此，经理人需要时间思考和行动，学习怎样成功地管理时间和随时授权。鼓舞员工的信心，展示你对他们的信任，就可以激励你的团队。而授权既是信任的体现，也是建立信任的有效手段。

9. 培训激励法——培训是激励员工进步的阶梯

培训是饭店成功的必由之路，培训也是饭店发展的后勤之所在，没有培训就没有服务质量，培训也是管理，就是按照一定的目的，有计划、有组织、有布置地向员工灌输正确的思想观念，是传授工作，管理知识和技能的活动，有助于饭店经营目标的实现，通过培训促进员工的成长和发展以及他们的满意感。适当的培训可激励酒店员工的进步，也是现代酒店组织有效地使用人才的迫切需要，有利于把员工个人需要与酒店组织需要统一进来。

10. 绩效激励法——绩效是让员工腾飞的“翅膀”

绩效激励有两个极其重要的阶段——制定绩效激励标准和进行衡量。制定绩效激励标准是绩效计划的一部分，而衡量标准是否实现则是绩效评估的一部分。工资是为了保障员工的基本收入，而绩效激励则是为了奖励达到绩优标准的员工。

（1）将个人绩效激励与组织成功联系起来。

如果可能的话，个人的绩效激励可以和团队或组织目标实现联系起来。组织目标实现了，员工也能得到相应的奖励。这样，可以让员工感觉到“我们和组织是站在一条战线上的”。

（2）有针对性的绩效激励标准。

绩效激励只有在员工乐于接受你所提供的奖励时才能奏效。所以，在制定绩效激励标准时，你尽可能和每位员工进行交流和讨论。如果员工选择他们喜欢的奖励方式，那么这样能起到更大的激励作用。

（3）避免不明确的标准。

含糊而不明的标准是绩效激励不起作用的重要原因。所以你必须制定可衡量的激励标准。不要把绩效激励标准变成一张张含混不清的等级量化表，而要确信你和员工对这些标准的理解是一致的。

酒店通常认为，员工在下列条件都满足时，工作会做得最好：A. 有明确的目标；B. 相信自己能达到这些目标；C. 达到这些目标后会有什么回报。

激励和回报是有区别的。回报是指你做得不错，部门给你奖励；而激励是指要部门事先告诉你，部门会给你怎样的奖励。因此，要进行有效的绩效管理，必须让员工事先了解绩效激励的具体内容。酒店应该在制订绩效计划的过程中，具体说明完成绩效后的激励内容。

11. 团队激励法——团队激励是企业大厦的精神支柱

合作的意义就是人共同目标取向的团队成员间的共同合作。所以把共同目标明示给全体团队成员，可以促进全员的合作，也可消除负面性影响的团队产生，避免造成管理因素。全员对组织的工作觉得有参与感的时候，对于安全、社交、自尊等各种的需求会得到满足。管理者关心激励每一位团队成员的成长，这样会使全体团队维持更佳的安定感。

12. 组织文化激励法——企业文化是激励员工的核心

组织文化激励法是利用组织文化的特有力量，激励组织成员向组织期望的目标行动。组织文化是一个组织在长期的运行过程中提炼和培养出来的一种适合组织特点的管理方式，是组织群体所共同认可的特有的价值观念、行为规范及奖惩规则等的总和。一个具有激励特性的、优良的组织文化能调动组织成员的积极性、主动性和创造性。当前文化激励的重要性已越来越受到人们的关注。

尽管组织价值观的发展呈多元化和个性化的趋势，但杰出企业的共同价值取向是树立崇高目标、建立共识和追求卓越。因此，良好的价值观能增强组织的凝聚力，培养员工奋发向上的精神，并对每个成员的目标和行为具有导向和激励作用。

激烈的市场竞争及客源市场消费的多变性，要求酒店要重视激励员工，发挥员工最大的工作积极性及服务热情，为酒店创造价值，员工会在价值得到认可的同时，产生对酒店的归属感和满意感，从而使酒店产生积极向上、竞争进取而又良好和谐的氛围。

案　例

麦卡米克公司的员工激励

麦卡米克是美国一家知名企业。在该公司的发展历史上，曾出现过濒临倒闭的经济危机。企业创始人 W. 麦卡米克是一位性格豪放、江湖气十足的领导者，但他的思想观念和工作方法逐渐落后于时代，企业被他搞得非常不景气，以至于到后来陷入了裁员减薪的困境中。W. 麦卡米克不得不宣布要对所有员工减薪一半。但恰逢此时，W. 麦卡米克不幸得病去世。他的外甥 C. 麦卡米克继任了公司领导者的职位。

C. 麦卡米克一上任，就立即向全体员工宣布了一项同他的前任截然相反的措施：“从本月开始，所有员工的薪水增加一成，工作时间适当缩短。大家都知道，我们企业生死存亡的重任就落在诸位的肩上，希望我们同舟共济，共渡难关！”

几天前还要减薪一半，如今反而提薪一成，劳动时间还要缩短，员工们顿时呆了，他们几乎不敢相信自己的耳朵。面面相觑的员工们在确定了这个通知是真的后，转而对 C. 麦卡米克的新政表示由衷的感谢。

就这样，全公司员工士气大振，上下齐心，一年内就扭亏为赢。

——资料来源：百度百科

课堂思考

麦卡米克公司是运用什么方法来激励员工，提高他们的工作热情，取得了经济效益的提高？

？复习与思考

一、名词解释

绩效　　绩效考核　　目标管理法　　360 度绩效管理法　　员工激励

二、简答题

1. 绩效考核如何分类？
2. 绩效考核的作用体现在哪里？
3. 绩效考核结果的应用体现在哪里？
4. 成功激励的基本要素有哪些？

三、单选题

1. 一般情况下，应以（　　）达到的水平作为绩效考核的评定标准。

A. 全体员工　　B. 多数员工　　C. 少数员工　　D. 个别员工

2. 采用（　　）所获得的考核结果，可用于决定一些非激励的工资待遇。

A. 先进标准　　B. 平均标准　　C. 基本标准　　D. 落后标准

3. 成绩记录法具备（　　）的优点。

A. 有效性　　B. 全面性　　C. 经济性　　D. 准确性

4. 以下指标中，（　　）不宜用于评价酒店高层领导。

A. 市场占有率　　B. 销售利润率

C. 新聘员工离职率　　D. 管理成本增长率

5. 平衡计分卡从（　　）4 个角度衡量企业业绩。

A. 财务、客户、内部流程、学习与成长

B. 财务、美誉度、内部流程、适应能力

C. 战略、客户、内部流程、学习与成长

D. 战略、美誉度、内部流程、适应能力

6. 激励时机分类哪项正确？（　　）

A. 根据时间上的快慢差异，激励时机分为及时激励和延时激励

B. 根据时间间隔可分为期前激励、期中激励和期末激励

C. 根据工作周期可分为规则激励与不规则激励

四、多选题

1. 绩效考核指标体系的设计原则包括（　　）。

A. 简洁性原则　　B. 科学性原则

C. 经济性原则　　D. 明确性原则

E. 针对性原则

2. 关于 360 度考核，以下说法正确的是（　　）。

A. 强调客观考核员工

B. 下级评估与上级评估更重要

C. 强调全方位对员工进行考核

D. 注重考核员工的行为结果，而非行为过程

E. 如果没有反馈，难以达到提高绩效的目的

3. 绩效考核按性质分为定性考核和定量考核，按主体形式分有（　　）。

A. 上级考核、自我考核、同级考核

B. 顾客考核、自我考核、下级考核等

C. 口头考核与书面考核

D. 直接考核与间接考核

E. 个别考核与集体考核

F. 有品质基础性考核

G. 综合性考核

4. 目前酒店较实用的激励方法是（　　）。

A. 薪酬和福利

B. 物质与精神激励的有机结合

C. 待遇与个人发展

D. 根据各人的不同有针对性地给予激励

五、案例分析题

在对酒店目前的绩效评价系统进行考察的过程中，你决定和员工面谈，听听他们的意见。以下是他们的意见：

"我的经理不知道我是做什么工作的，他们没有评价我的表现。如果让他们来做我的工作，他们不一定做得好。"

"如果我的工作方法有问题，为什么不及时告诉我？为什么一定要等到评价面谈时，我才知道我做错了事情？"

"这些表格上的评价等级对我的工作毫无意义，我甚至不知道它们是什么意思。"

"如果经理喜欢你，你就能得到一个较好的评价。如果经理不喜欢你，那无论你的工作多出色，对你的评价都不会好。"

请考虑这些意见，然后在你开发新的绩效评价系统当中制定一个克服这些不满的计划。你的绩效评价系统如何保证雇员不会再发这类牢骚？

参考资料

蔡丽伟 . 饭店人力资源管理［M］. 北京：清华大学出版社，2010.

玛丽 · L. 谭克 . 饭店业人力资源管理［M］. 大连：东北财经大学出版社，2004.

乔治 · 伯兰德，斯科特 · 斯内尔 . 人力资源管理［M］. 大连：东北财经大学出版社，2006.

张新南 . 饭店人力资源管理［M］. 北京：高等教育出版社，2006.

罗旭华 . 酒店人力资源管理［M］. 北京：机械工业出版社，2012.

鲍伯 · 尼尔森 . 1001 种奖励员工的方法［M］. 陈静惠，译 . 北京：中国计划出版社，1998.

哈罗德 · 孔茨，海因茨 · 韦里克 . 管理学［M］. 张晓君，等，编译 . 北京：经济科学出版社，1998.

第六章 酒店员工的薪酬与福利管理

薪酬与福利管理是人力资源管理的重要内容，是一项涉及面广、政策性强、操作难度大的工作，涉及企业和员工的利益，直接影响到各级员工主动性和积极性的发挥。

本章介绍了薪酬与福利的概念、酒店薪酬与福利的构成，以及薪酬体系的设计过程，以实例介绍使读者对酒店薪酬管理制度规范有明确的认识，并掌握基本的薪酬管理工作的方法。

学习目标

知识目标

1 了解酒店薪酬福利的内涵及结构。

2 掌握薪酬管理的原则。

3 了解影响薪酬变动的主要因素。

4 掌握员工福利的分类与基本内容。

技能目标

1 掌握饭店薪酬体系设计的基本内容与方法。

2 了解薪酬福利制度与员工满意度的辩证科学关系。

3 了解薪酬管理在人力资源管理体系中的作用。

案 例

万豪国际酒店集团“以人为本”的哲学

万豪国际酒店集团认为酒店业的竞争归根结底是人才的竞争，尽管竞争表现的形式是多样的，如服务质量的竞争、管理水平的竞争、客源市场的竞争、价格的竞争等，但最终是酒店人员素质的竞争。因此，万豪国际酒店集团与世界上一流的酒店管理学院——美国康乃尔大学酒店管理学院建立了合作关系。万豪国际酒店集团华盛顿总部每年为康乃尔大学酒店管理学院毕业生提供实习机会。同时，华盛顿的万豪国际酒店总经理要宴请康乃尔大学酒店管理学院的实习生。其中，选中的实习生将留在万豪国际酒店工作，能够得到高于其他酒店 4000 ~ 6000 美元的年薪。

万豪国际酒店的人事管理最有特点，它拥有集权最大化的人事管理部门。从 1938 年开始，举办年度员工晚会，集体为员工交保险，赠送圣诞礼物、服务年限礼物，建立员工建议系统，以改善员工关系。在 1953 年，万豪国际酒店集团鼓励员工优先购买股票。万豪国际酒店集团也是最早提倡利润共享计划的企业。在 20 世纪 90 年代，酒店每年要拨出 2000 多万美元的利润发给员工。1993 年，董事会拨款 2200 万美元来支持员工利润共享计划。万豪国际酒店集团成功的基石是酒店对员工的承诺，酒店把员工看成是酒店最重要的资源。它有一个著名的“员工公平合理待遇的保证”声明，其主要内容是：万豪国际酒店集团始终为每一位员工提供公平和合理的待遇。

——资料来源：王珑，徐文苑. 酒店人力资源管理［M］.
广州：广东经济出版社，2007.

案例分析

1. 薪酬与员工满意度的关系是什么？
2. 薪酬应该包含哪些方面的内容？

第一节　酒店薪酬管理

一、薪酬与薪酬管理的内涵

（一）薪酬的概念

薪酬是为了吸引、保留和激励员工而对其为企业所做贡献（包括员工实现的绩效，付出的努力、时间、学识、技能）所给付的相应报酬，包括工资、奖金、福利、股票期权、津贴等。薪酬管理是企业激励机制的核心，是企业吸引和保留人才的关键。薪酬不仅是一种谋生手段和让人们满足物质及休闲需要的手段，还可以满足人们的自我或自尊需要。

很多学者认为薪酬有广义和狭义之分。广义的薪酬包括经济性报酬和非经济性报酬，其中，经济性报酬是指工资、奖金、股权、福利待遇等货币薪酬，非经济性报酬是指员工对企业及工作本身的感受，包括愉悦的工作环境、工作的趣味与挑战性、良好的文化氛围、个人价值实现的成就感等。希尔顿说过“只有快乐的员工才有快乐的顾客”，员工精神上的愉悦也是不容忽视的。另外，薪酬还可以根据对劳动者的强化是来自外部刺激或是内心激励又可以被划分为外在报酬和内在报酬。所有的经济性报酬都属于外在报酬，在非经济性报酬中的一部分（如良好的办公环境、诱人的头衔等）属于外在报酬，而另一部分（如认可与尊重、有挑战性的工作、成长和进步的机会）则属于内在报酬（见表 6–1）。

狭义的薪酬是指企业为员工的服务而给予各种形式的报酬以及其他相关支出。

表 6–1　薪酬的分类

	外在报酬	内在报酬
经济报酬	薪酬：基本薪酬、加班费、津补贴、各种奖金、利润分享、股票所有权等 福利：各类法定保险和企业自定保险、员工服务、带薪休假、学费报销及其他福利	无
非经济报酬	理想的工作地点 良好的办公环境 私人秘书 诱人的头衔	参与决策 具有挑战性的工作 感兴趣的工作或任务 上级和同事的认可与组织内地位 多元化活动 工作保障性

（二）酒店员工薪酬的构成

由于薪酬的性质、作用和目的不同，酒店员工的薪酬大体由工资、津贴、奖金、福利四部分组成。

1. 工资

工资也叫基本工资，是指在一定时期内，酒店根据员工所能够提供的服务，所承担的责任或完成的工作、所拥有的完成工作所必需的资质向员工支付的稳定性的报酬，它是员工在组织机构中承担的责任和能力的直接表现。酒店员工工资一般包括基本工资、工龄工资、职位工资等。基本工资一般比较低，且在相当长一段时间内比较固定，主要为员工的日常生活提供基本保障；工龄工资是酒店根据员工在企业中工作时间长短而支付的一种报酬，工作时间越长，工龄工资越高；职位工资又称为岗位工资，是酒店对某个岗位员工为胜任该岗位所付出的知识、经验、能力的一种回报。

2. 津贴

津贴是指酒店员工在特殊条件下进行工作，酒店对员工额外的劳动量和额外生活费用所支付的补偿，如夜班津贴、外语津贴、高温高寒补贴等，它只将艰苦或特殊环境作为发放的唯一标准，与员工的工作能力和工作绩效没有任何关系。

3. 奖金

奖金是一种基于酒店组织业绩或员工个人业绩的短期激励，是对员工既往业绩的直接回报，目的是促使员工继续保持良好的工作势头，给企业带来更大的经济效益。与工资不同，奖金具有较大的灵活性和不稳定性，是按劳分配的一种辅助形式。奖金按奖励的周期长短不同可分为月奖、季度奖、半年奖和年终奖；按奖励条件的考核项目可分为单项奖和综合奖；按奖金支付对象可分为个人奖和集体奖。

4. 激励工资

激励工资是对员工未来绩效的预期回报，是留住员工尤其是高级管理人才的重要激励方式，通常以制订长期激励计划为主要方式，而又以股票期权计划应用最为普遍。

股票期权计划是通过以比较低的行权价取得较高价格的公司股票后，要出售股票获利或继续持有股票获利以达到激励高级管理人员的目的，将管理者的可能受益与公司未来的业绩相挂钩，鼓励员工长久地为酒店服务。

5. 福利

福利是酒店为保持员工队伍的稳定性，根据国家和地方政府的相关法律、法规或政策支付给员工的劳动报酬，福利是对所有员工对企业历史贡献的回报，和津贴一样，与员工的工作绩效基本没有关系。福利通常不以货币形式直接支付，多以实物或服务形式支付，如工作餐、免费交通班车、集体宿舍等。

企业薪酬总体结构如表 6–2 所示。

表 6–2　企业薪酬总体结构

薪酬分类	结构细分	备注
基本薪酬	基本工资	可以根据学历来确定基本工资级别，通过学历工资引进企业期望的人才层次
	工龄工资	如果企业期望获得忠实的员工，就应提升工龄工资，如果希望员工的流动性较大，就应设立较低的工龄工资或根本不设
	岗位工资	岗位工资体现了公司对不同岗位的倾斜，应该根据岗位对企业的影响力和贡献大小设立岗位工资
激励薪酬	绩效工资	把考核结果和薪酬挂钩，这就产生了绩效薪酬。绩效薪酬取决于绩效考核导向，通过绩效考核体现企业的意图。与奖金相比，绩效薪酬可以更系统、更全面地体现企业的战略主张和意图
	计件工资	由生产操作员根据产品实际产量、质量等综合确定，用以激发生产人员的积极性，提高生产效率，改善产品质量，降低生产成本
	业绩提成	提成一般以员工业绩（例如销售额）为基数乘以固定的百分比，所得数额即为奖励给员工的货币数额。如果提成是以销售量而不是销售额为基数，则意味着企业鼓励员工多多促销，提高企业产品的市场占有率
	奖金	奖金是企业为了奖励有突出贡献的人而设立的。为了鼓励员工技术创新，可以设创新奖；为了鼓励员工节约，可以设节约奖。奖金体现了企业想让员工干什么的价值导向，也是塑造企业文化的重要方式之一。企业奖金的形式很多，如年终奖、项目奖、创新奖以及成本节约奖等
	分红	年终分红是常见的短期激励性方案，是企业的中高层管理人员承包企业的利润，在规定时间内实现目标后，按照预先约定分享获得的利润。企业的年终分红比例一般在 5%~15%，部分分红力度大的企业可以达到 20% 左右
	股权激励	针对上市公司，企业可以给予中高层管理人员在一定时间内以特定价格购买一定数量股份的权利，是利用股票和期权对中高层管理人员进行长期激励的薪酬方案
福利薪酬	社会保险	法律规定企业必须为员工缴纳“五险一金”
	公司福利	包括补充商业保险、交通车等
	职务补贴	就企业员工的特定工作项目发放的非常设激励薪酬，如手机补贴、出差补贴等，视员工的具体情况差别发放
	特殊福利	有针对性地发放福利，如给核心员工配车、付买方首付款等
职务津贴	职务津贴	针对特殊的工作或因在企业担任特殊职务而给予的特殊优惠待遇

资料来源:（贺清君，2019.）

（三）薪酬管理的概念

薪酬管理是指企业在经营战略及发展规划的指导下，综合考虑内外部各种因素的影响，从而确定自身的薪酬体系、薪酬水平、薪酬结构和薪酬形式，并进行薪酬调整、薪酬控制、制定薪酬政策的过程。其目的在于吸引和保留适合酒店需要的员工，并激发员工的工作热情和各种潜能，最终实现酒店的经营目标。

薪酬管理是酒店人力资源管理不可或缺的重要环节，薪酬管理水平的高低不仅关系到酒店人力成本控制的好坏，而且关系到酒店员工的去留，也将直接影响到企业的人力资源效率和劳动生产率，从而进一步影响到企业战略目标的实现。

二、薪酬的作用

薪酬从本质上来说是一种公平交易，但它又绝对不仅仅是一种交易，通过薪酬管理，可以将企业的组织目标、企业文化有效地传递给员工，促使员工与组织形成利益共同体，较好地调节了员工与组织、员工与员工之间的关系。所以，酒店薪酬具有十分重要的功能与作用。

（一）补偿员工劳动消耗，是满足员工生理需求和安全需求的基本条件

从马斯洛需求层次理论来看，薪酬是满足每位酒店从业人员生理需求和安全需求的基本条件。企业为组织生产和服务，通过招聘、考核获得必要的劳动力，换取员工的劳动，就要支付一定的价值；企业员工按照生产经营活动的需要，从事各项劳动，又必须获得价值补偿。

在市场经济中，劳动力的价值是由生产和再生产劳动力所必需的生活资料的价值决定的，它包括三个部分：一是为维持员工自身生存所必需的生活资料的价值，如要满足自身吃饭、穿衣、住房等基本生活需要；二是养活员工家属所必需的生活资料的价值；三是为满足技术进步及生产发展需要，员工必须支付的教育和培训费用。

（二）吸引和保留优秀员工

酒店行业目前的竞争很大程度上是人才的竞争，管理者只有通过具有竞争力的薪酬制度，吸引劳动力市场上那些为组织发展所必需的各方面人才，同时留住组织内部的优秀人才，才能为实现组织目标贡献力量。工作压力太大而薪酬过低是造成酒店行业员工高流失率的重要原因。有些企业只把员工的薪酬的提高看作企业的运营成本的增加，而忽视了由于员工频繁跳槽而带来的重新招聘和培训成本的增加，带来了服务质量的不稳定，员工流失率太高给酒店的日常管理带来了极大的困难，更不利于企业的长远发展。

（三）保持员工良好的工作情绪

薪酬是按照员工人力资本的存量大小、质量高低，即员工的劳动能力、实际表现和贡献大小来支付。每位员工都会自觉或不自觉地将劳动支出与得到的薪酬进行比较，人

们对物质上的满足不仅包括客观上的满足，而且更注重主观上的满足，即同别人比较而得到的心理上的满足。酒店行业是劳动密集型行业，大多数员工是产品的直接生产者，员工的满意度又直接影响到对客服务质量，因而只有公平合理的薪酬管理才能降低员工对工作的不满意情绪、端正员工的工作态度，使员工安心工作并保持较高的业绩水平。

（四）合理配置人力资本

管理者通过薪酬变动调节生产经营中各个环节的人力资本，实现组织内部各种资源的有效配置。

第二节 酒店薪酬的影响因素及管理原则

一、影响薪酬水平的因素

薪酬水平是由管理人员将在组织内部工作的人的薪水与组织外部的人比较而得出的结果，薪酬水平战略是管理者必须做的一个主要的战略性的选择，与平均薪酬水平相比较而言可分为高薪酬水平战略、低薪酬水平战略、可比较的薪酬水平三种情况。市场经济条件下，影响企业薪酬水平有诸多复杂因素，企业及时调整员工的薪酬是非常必要的。

（一）酒店外部因素

1. 劳动力市场供求状况

劳动力市场供求状况直接影响到酒店的薪酬管理。当劳动力市场中酒店人才供大于求时，会带来酒店行业整体工资的下降；当劳动力市场供不应求时，酒店薪酬水平会上升。目前，我国酒店业中高层管理人才匮乏，所以这部分人群的薪酬处于较高水平，并且随着大批国外品牌酒店在国内开业，其薪酬水平有继续上涨的潜力。

2. 行业和地区的经济发展状况

酒店行业的经济情况是影响薪酬的一个外部因素，特别是竞争程度，影响着组织支付高薪的能力。竞争越激烈，组织支付高薪的能力就越弱。同时付薪能力也受组织、行业、区域的相对生产力的影响。

一般来说，经济发展速度较快的地区，旅游行业发展较繁荣的地区，酒店薪酬水平相对来说较高，如北京、上海、广州；而经济发展速度相对缓慢、旅游欠发达的地区如西部地区，酒店薪酬整体水平较低。

3. 政府的影响

在市场经济条件下，政府对企业薪酬水平的干预，主要表现为培育、发展和完善劳动力市场，用宏观经济政策调节劳动力供求关系，通过引导劳动力市场，间接影响企业薪酬水平。

此外，政府通过工资控制和工资指导线可以直接影响薪酬，我国的《劳动法》对于节假日加班费用的计算、带薪休假、社会保险、福利等也有明确规定，酒店人力资源管理部门应该按照国家和地区的相关法律法规进行薪酬管理，从而避免不必要的劳资纠纷。

（二）酒店内部因素

1. 酒店的发展战略

酒店行业的薪酬战略受其经营战略的影响，不同的经营战略环境下，薪酬管理的内容会迥然不同（见表 6–3）。

表 6–3　不同战略下旅游企业的薪酬管理

经营战略	经营重点	薪酬管理
成本领先战略	· 追求成本的有效性 · 简单快捷的服务	· 重视与竞争对手的人工成本比较 · 提高薪酬体系弹性 · 强调制度和服务流程的执行力
顾客中心战略	· 关注顾客满意度和忠诚度 · 为顾客提供无微不至的服务 · 加快营销速度	· 以顾客满意为奖励的基础 · 重视顾客做出的服务技能评价
服务创新战略	· 不断创新服务 · 缩短产品生命周期 · 引导顾客消费	· 以服务创新为奖励的重要依据 · 以市场为基准的工资 · 员工的工作职责宽泛化

资料来源：（李志刚，2011）

2. 酒店的发展阶段与经营状况

酒店企业的薪酬水平和薪酬结构是随着企业的发展而不断调整的，一般来说，在企业的创业阶段实行低基本工资、高奖金、低福利的结构形式，在企业快速发展阶段实行有竞争力的基本工资、高奖金、低福利的结构形式，而在企业成熟阶段实行有竞争力的基本工资、奖金和福利，在稳定阶段实行高基本工资、低奖金、高福利，在衰退阶段实行高基本工资、无奖金、高福利。

一般来说，经济效益较好的酒店，员工的工资水平和福利待遇较好；经济效益较差、面临亏损倒闭的酒店，员工的薪酬水平较低，甚至会出现工资拖欠的状况。

薪酬策略与酒店发展阶段的关系如表 6–4 所示。

表 6–4　薪酬策略与酒店发展阶段的关系

		人力资源管理重点	经营战略	风险水平	薪酬策略	短期激励	长期激励	基本工资	福利
酒店发展阶段	初创阶段	创新、关键人才加入、创业冲劲	风险投资	高	注重个人激励	股票	股票期权	低于市场水平	低于市场水平
	发展阶段	招聘、培训	以投资促进发展	中	个人与集体激励并重	现金	股票期权	与市场水平持平	低于市场水平
	成熟阶段	协调、沟通、人力资源管理技巧	保持利润、运用市场保护策略	低	个人与集体激励并重	分红、现金	股票	高于市场水平	高于市场水平
	衰退阶段	减员、强化成本控制	收获利润及产业转换	中或高	奖励成本控制	—	—	低于市场水平	低于市场水平

资料来源：（王珑、徐文苑，2007）

3. 酒店的管理哲学和企业文化

企业文化是企业的价值观、分配思想的前提，企业文化不同，观念和制度自然也不相同，这些不同决定了组织的薪酬体系和分配机制的不同，这些就间接影响着薪酬水平和薪酬结构。在偏重于用物质激励的企业文化氛围下，企业倾向用较高的薪酬刺激员工的工作热情，而在偏重于精神激励的企业文化下，用适中的薪酬能起到同样的激励效果。

（三）员工个人因素

1. 员工的资质

资质是驱动员工产生优秀工作绩效的各种个性特征的集合，包括员工的知识、技能、个性与内驱力等。资质是判断一个人是否能胜任某项工作的出发点，也是决定并区分绩效差异的个人特征。资质不同，员工在企业里所处的岗位和等级也有所不同，因而薪酬水平必须区别对待。资质的构成主要包括：

知（知识）：员工在酒店行业所拥有的事实型与经验型信息。

能（能力）：员工拥有完成特定工作任务的实际本领。

愿（态度）：心理或情感的状态。

2. 绩效

绩效是衡量员工对组织所做贡献的关键因素，绩效高低应该直接在薪酬水平上有所体现，从而促使绩效不好的员工努力改进工作方法，端正工作态度，提高效率，更成功地完成工作任务。

二、薪酬管理的原则

在设计薪酬制度时，必须考虑本酒店的企业文化、酒店的核心价值观及酒店的发展战略，旨在营造和谐舒适的工作氛围，应该体现公平、竞争、激励、合法、成本等原则，保证薪酬在组织内部的相对公平性和外部的竞争性，增强酒店的凝聚力和向心力。

（一）公平性与竞争性相结合的原则

酒店薪酬管理的公平性要体现公正合理，保证员工的劳动投入和劳动所得基本一致。人们一般认为，员工对自己所得薪酬的满意度仅是关于所得薪酬数量的一个函数：薪酬越高，满意度越大。著名的经济学家亚当斯指出，员工对薪酬是否公平有两个判断标准：一是自己的劳动投入和劳动所得比较，是否有公平的感觉。二是自己的劳动投入和劳动所得与他人相较，是否感觉比较公平。两者相较，后者对公平感觉的倾向更强烈。据此，坚持公平原则，须有三个层次：一是外部公平，即企业薪酬水平与同一地区、同等规模的同行企业基本一致。二是内部公平，主要指企业内部不同岗位、不同职务的员工的薪酬水平要与人力资本的价值高低基本一致。三是个人公平，即企业内部同种性质、同一工种的员工的薪酬水平要基本一致，体现同工同酬的原则。当不公平的直觉来源于外部比较时，员工往往倾向辞去他们的工作，当不公平的直觉来源于企业内部时，员工倾向继续留下来工作，但减少他们的投入。

酒店薪酬管理在公平合理的基础上，还要坚持竞争性原则，主要体现在两个方面。企业的薪酬水平要在同一地区、同等企业之间要保持在平均水平以上，才能吸引和留住优秀人才，特别是重要和关键岗位的管理人才和专业技术人才。另外，企业内部不同岗位的员工薪酬要拉开档次，而同一工种的员工在基本同工同酬的原则下，要根据员工的实际表现和贡献大小来分配薪酬，调动员工工作的积极性。

酒店行业员工流动性比较大，企业只有提供具有相对公平和具有竞争力的工资时，才能招聘到各类人才并增加员工的留任意愿。

（二）合法性与经济性相结合的原则

薪酬制度是饭店制度的重要组成部分，直接涉及企业和员工的利益，薪酬制度规定的收入结构、标准必须符合国家的法律法规要求，这是薪酬制度实施的基本前提。同时，员工的薪酬也是酒店企业的重要成本支出，企业在进行薪酬体系设计时要考虑所在地区、酒店行业、本企业规模与经营状况等诸多因素，把握适度原则，制定出合理的上限和下限，不能超出企业经济承受能力。

（三）激励性与统筹兼顾相结合的原则

酒店进行薪酬管理的重要目的之一就是调动员工的积极性，充分发挥员工的潜能，从而提高企业的经济效益，薪酬管理应该体现“多劳多得”的机制，把员工的工作质量、工作业绩与部门及个人收入挂钩，使薪酬制度变成具有激励效果的工效挂钩结合制度，培育酒店的核心竞争力。

在薪酬管理时既要注重员工个人绩效的评价与激励，还要注重培养部门员工的团队协作精神，正确处理好新老员工的薪酬分配问题，正确把握好现有薪酬和长远激励机制的关系，处理好薪酬目标与企业长远发展目标的关系，确保酒店能够持续良性地发展。

第三节 酒店薪酬体系

酒店薪酬分配不是简单的“分蛋糕”，薪酬体系的设计要在薪酬分配的过程中充分考虑谁创造了价值、创造了多少价值、如何进行分配等问题，围绕企业核心竞争力，从企业运营运作和企业发展战略角度进行科学设计。具体步骤如下。

一、制定薪酬发展战略指导方针

几乎所有的企业都十分关注薪酬体系的设计。提供安全、健康的薪酬福利需要从企业发展现状和企业发展整体战略出发，制定切实可行的薪酬发展战略和指导方针，在实践中不断完善薪酬制度，既让员工满意，又能推动企业战略目标的实现。

二、工作评价与薪酬

员工在实际工作中不仅会将自己的收入与同组织中的其他人进行比较，还会与其他组织中相同职位的人员进行比较，从而获得公平与否的认知。而衡量工作价值的典型方法是工作评价。工作评价是酒店系统地确定职位之间的相对价值，从而建立酒店职位等级结构的过程，是酒店薪酬等级确立的前提，对薪酬体系的建立非常重要。

工作评价主要以工作内容、技能要求、对酒店的贡献及外部市场等作为综合依据，在职位说明书的基础上注重考察工作职责、工作所需具备的能力、工作环境、承担工作需要付出的努力四项薪酬要素对酒店的若干基准职位进行评估。然后再将其他职位与这些基准对照建立起组织中所有职位的等级序列，建立起内部公平的薪酬体系。同时，工作评价也为薪酬调查建立了统一的职位评估标准，使不同企业的职位间具有可比性，确保薪酬制度的外部公平性。

工作评价方法有很多，常见的主要有如下几种。

1. 工作重要性排序法

这是一种最简单的评价系统，是基于酒店各项工作的重要性进行排序的工作评价方法。这种方法操作简单，只适合工作岗位较少的组织，而且对工作评价小组成员要求较高，要对所有岗位的细节都非常熟悉，最重要的是排序结果只显示工作的相对重要性，却无法显示不同工作之间的价值差距。

2. 工作分类法

该方法是根据工作性质和预先设置的等级，把酒店的工作岗位进行分类和分组的工作价值评定体系。一般来说，可将酒店内的职位分为管理类、营销类、操作类等，在此基础上，根据工作的难易程度、责任轻重大小对各岗位的各个级别进行界定。这种方法同样具有简单、易于理解和操作等优点，但是由于它是针对工作类别的差异性，而不是对单个工作的差异性进行解释，从而确定薪酬的水平，因而不够准确。

3. 要素计点法

这是一种定量的工作评价方法，首先选择与工作有关的关键评价要素，然后确定这些要素的重要性并赋予适当的权重，最后由要素分值总和来计算相应的岗位价值。这种评价方法比较客观，能避免主观因素对工作评价的影响，稳定性较强。但也存在设计复杂、对管理水平要求较高和成本要求较高的缺点。

4. 要素比较法

该方法也是在要素相互比较的基础上完成工作评价的，首先选择普遍存在、工作内容稳定的工作作为关键工作，并为关键工作的每个薪酬要素赋予相应的分量薪酬，最后将要评价的工作与关键工作在每一个薪酬要素中进行比较，确定该工作在每个要素中的薪酬水平，最后进行汇总得出该项工作应有的薪酬水平。该项方法的优点是可以直接得到各岗位的薪酬水平，但它因操作过程过于复杂，使用率很低。

工作评价结束后，确定好每一种职位的相对价值，然后将类似的职位纳入同一工资等级，并且为每一个职位确定薪酬水平以及同一薪酬等级的不同员工的薪酬浮动范围。一般来说：企业规模越大，工资等级越多；每一个工作群所包含的工作范围越广，所需的等级就越少。

三、薪酬调查与数据分析

1. 薪酬调查的概念

薪酬调查是指通过各种正常手段来获取其他酒店的薪酬水平及相关信息，并对薪酬调查结果进行统计和分析，以确定本酒店当前的薪酬水平相对于竞争对手在既定劳动力市场上的位置，从而根据本酒店的战略定位来调整薪酬水平和薪酬结构（见表 6–5）。

表 6–5 ________ 年度酒店薪酬调查问卷

填写时间 ____________

姓名		性别		年龄	
学历		工作年限		英语水平	
岗位					
酒店管理方式	□自行管理 □国内管理公司管理 □国际管理公司管理 □其他				
酒店规模	□ 49 人及以下 □ 50~200 人 □ 201~500 人 □ 501~1000 人 □ 1001 人及以上				
酒店档次	□一星 □二星 □三星 □四星 □五星 □其他 __________				
所在地区					
工作职位		所在部门			
汇报上级		下级人数			
工作内容					
个人年薪 ________________（税后）非货币化收入占年收入的百分比 ___________					
薪酬组成部分	**基本工资（元 / 年）**	**绩效工资（元 / 年）**	**奖金**	**福利**	**其他**
薪酬额度				□交通费 □通信费 □在职培训 □节日福利 □企业活动 □其他项目	
您对目前的薪酬满意吗？□满意 □基本满意 □不满意					
您所在企业的薪酬在同行业中处于何种水平？□高收入 □中等收入 □低收入					
您所在企业薪酬调整的时间通常是：□年初 □年中 □年底 □其他					
您认为所在企业的薪酬制度需要调整的地方有： 1. 2. 3.					
您的联系电话		您的邮箱			
如有疑问请联系电话：			邮箱：		

2. 薪酬调查的目的

对于任何一家酒店企业来说，制订薪酬计划都非常重要，支付的薪酬水平过高可能会给企业带来不必要的浪费，而支付的薪酬水平过低又会导致企业不能吸引员工以及员工的流动率过高。因而进行薪酬调查是非常必要的，可以实现如下目的。

（1）调整薪酬水平。

根据生活成本、员工绩效或酒店经营状况来调整薪酬水平，也可以根据竞争对手薪酬水平变动情况调整本酒店的薪酬水平。

（2）估计竞争对手的劳动力成本。

通过薪酬调查估计竞争对手的劳动力成本，在竞争激烈的市场上做到知己知彼。

（3）了解酒店薪酬管理的最新发展和变化趋势。

通过薪酬调查可以了解酒店行业整体薪酬管理的变化和薪酬管理模式，如工资、福利、员工流动率、加薪频率等，从而根据本酒店的实际情况调整薪酬结构与薪酬水平。

3. 薪酬调查数据的来源

一般而言，酒店薪酬调查数据有以下几个来源：政府公开的薪酬数据报告、媒体公布的薪酬调查数据、咨询机构拥有的薪酬数据、本企业实地获得的调查数据。

四、确定薪酬水平与结构

薪酬水平是企业员工的平均薪酬，确定企业的薪酬水平需要对企业的发展战略、发展阶段、财务经营状况进行整体评估，必须以企业的支付能力为前提。

薪酬设计时有专用术语 25P、50P、75P，假若有 100 家企业参与薪酬调查，薪酬水平按照由低到高排名，分别代表第 25 位（低位值）、第 50 位（中位值）、第 75 位（高位值），将本酒店的薪酬水平与反映市场状况的工资曲线进行对照，就可以获悉本企业薪酬在市场上的竞争力（见图 6–1）。

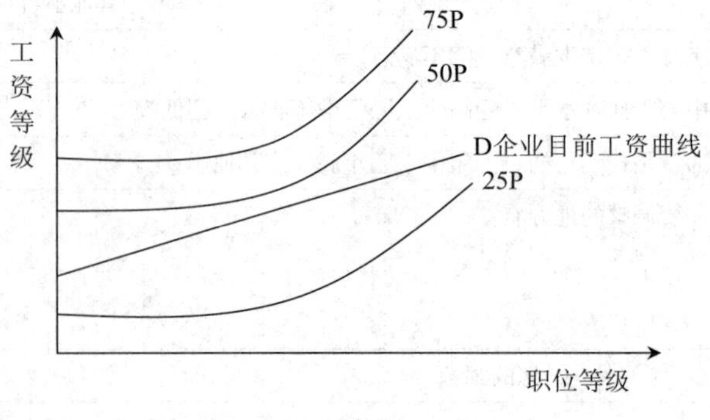

图 6–1　薪酬曲线

五、薪酬调整与控制

企业为了增强市场竞争力、提升服务品质、实现对员工的有效激励，需要对薪酬制度进行不断的调整和完善，一般来说有以下几种调整方式。

1. 奖励性调整

针对员工对于企业的贡献大小进行奖金的调整，保持员工较高的工作业绩。

2. 生活指数调整

补偿员工因通货膨胀而导致实际收入无形减少的损失，使其生活水平稳定。

3. 工龄工资调整

依据员工在企业工作年限的增加，在工龄工资中有所体现。

4. 效益调整

根据企业的经营状况对全体员工的薪酬进行普遍调整，酒店盈利颇丰时，将全体员工工资普遍提高，让员工和组织形成利益共同体，增加员工对组织的认同感。

5. 特殊调整

针对为企业做出特殊贡献或招聘到市场稀缺的岗位人才时采取特殊工资、奖金政策。

企业在实施薪酬调整时必须依据相关的政策和规定，要确保薪酬的公平性。另外，要做好与员工的沟通工作，及时向员工解释薪酬调整的政策，避免误会的发生。

案 例

怎样制订合理的工资体系

杭州某酒店的百货商场是一家经营中高档商品的豪华购物中心。酒店根据略高于同行业水平的市场基准制订了职务工资体系，即组织内部同一级别支付同等工资。为了使公司绩效与个人所得挂钩，酒店董事会决定实施目标管理法。年初制定全年的目标销售额与毛利，管理层员工每月按 70% 的额度领取工资，若年终完成计划，则发放另外 30%；若超出计划 10% 以上，则按一定比例增发。随着时间的推移，有关工资管理方面的矛盾逐渐显露出来，具体表现为以下几个方面。

首先是关于工资的界定，员工对年终的 30% 理解为补发工资，而董事会则声称从未拖欠员工工资，这部分钱是完成任务后发放的奖金。

其次是关于工资的调整，员工觉得酒店 3 年来经营业绩不断攀升，而工资水平却始终保持不变，未免太不近人情；董事会却认为依据现在的人员素质，酒店已经支付了较高的报酬。

最后，这部分钱是在每年的春节后发到员工手中，由于服务行业的特点，春节期间员工不仅不能休假，甚至还要加班，因此，拿到钱后不但没有高兴的感觉，反倒认为这是酒店对他们超额付出的一种补偿，丝毫没有达到酒店鼓舞士气的目的。

此外，酒店前台后勤各部门的职务条件及职务责任等相差较大，但同一级别的工资却是一样的，对此，一部分员工颇有微词。而且由于任务压力，顾客正常的退换货也开始变得困难。

近来，该百货公司出现了顾客投诉增多、员工流失严重，前台后勤部门互不配合等诸多现象，酒店决定制定新的工资制度，人力资源部的李经理为此一筹莫展，不知从何入手。

（资料来源：张玉改，酒店人力资源管理［M］. 北京：中国林业出版社，北京大学出版社，2008）

案例分析

如果你是李经理，该怎么办呢？

第四节　酒店福利管理

一、福利的内涵

福利是酒店向员工提供的工资或薪水之外补贴员工其他需求或服务需要的一种奖励性津贴，是酒店付给员工的间接报酬，包含员工享受的社会福利和职工福利两个内容。社会福利是指由国家和社会立法及在政策范围内为全体公民提供的旨在保证一定的生活水平和提高生活质量的资金和服务的社会保障制度。职工福利是指企业为满足员工的生活需要，在工资收入外向企业员工及家庭成员所提供的待遇，包括物质福利、带薪休假、专项服务等。

员工福利管理是指为建立和有效实施企业福利计划而进行的决策、计划、组织、指挥、协调和监督。

相关链接　搜索

福利沟通计划

西里亚·达尔敦是奥普瑞兰德饭店的薪资福利经理，她说，在今天快速变化和供给紧张的劳动力市场中，雇主既要创造和提供富有竞争力的福利来吸引和留住雇员，又要保证福利成本在控制范围之内，由此饭店面临着前所未有的挑战。根据最近的一次调查，福利被列为吸引和留住雇员最重要的两个因素之一。

但是，很多雇主没有做到的是将已有的福利计划有效地传达给雇员。很多时候雇员并不知道向他们提供的所有福利内容。

为了更好地将福利计划向雇员沟通并提高其有效性，奥普瑞兰德饭店建立了一个雇员福利沟通委员会，由不同部门的代表组成福利、QA/培训和雇员事件及计划部门。通过这一计划，下列一些想法得到了贯彻落实：

（1）雇员新闻网——安置在不同雇员区域的电视上播放的来自ENN的录像；

（2）奖励海报——用于张贴个人健康、集会和娱乐消息，以及401（K）计划报名、救济福利公开报名和类似的消息；

（3）公告牌——安放于雇员服务中心，刊登雇员工作中的各种福利待遇及照片；

（4）报纸广告——在现有职位招募广告中宣传福利待遇。

资料来源：《饭店业人力资源管理》（美）玛丽·L谭克著，徐虹主译，大连：东北财经大学出版社，2004：9.

二、福利的特点

与其他形式的报酬相比，福利有以下几个方面的特点。

1. 补偿性

员工福利是对劳动者为酒店提供劳动的一种额外补偿，也是员工工资收入的一种补充形式。

2. 均等性

福利是企业支付给员工的外在性间接报酬，只要员工履行了劳动义务的都有享受酒店提供的各种福利的权利，它与个人的工作绩效不直接挂钩或根本无关。

3. 集体性

员工通过员工集体消费或共同使用共同设施来分享福利，如员工宿舍、餐厅等。

4. 有限性

福利仅仅是对员工生活有限的、特定需求的满足，不能像工资一样满足员工的基本需求。

5. 差别性

不同的企业之间，由于经济条件的不同，向员工提供的福利待遇会有差别；即使在同一企业中，在某些福利项目上，也因员工个人劳动贡献不同而有所不同。

三、法律规定的员工福利待遇

法定福利待遇是国家或地方政府通过法律、法规和有关政策的形式，要求企业为员工提供的最基本的福利。目前我国福利的法律规定主要由社会保险、法定假日及女职工的特殊权益几项内容构成。

1. 社会保险

社会保险是国家通过立法手段建立，旨在保障劳动者在遭遇年老、疾病、伤残、失业、生育及死亡等风险和事故，导致暂时或永久性地失去劳动能力或劳动机会，从而全部或部分生活来源的情况下，能够享受国家或社会给予的物质帮助，维持其基本生活水平的社会保障制度。从社会保险的定义我们不难发现，社会保险主要包括养老保险、医疗保险、失业保险、工伤保险、生育保险等几项内容。社会保险具有强制性、保障性、公益性、普遍性、互济性的特点。

（1）养老保险。

养老保险是国家为劳动者建立的老年收入保障机制，是员工在达到退休年龄、退出劳动领域或丧失劳动能力等情况下已经享有的权利，包括经济、医疗及社会服务等方面的措施。现阶段我国采取的是社会统筹和个人账户相结合的养老保险制度，由企业和职工共同缴费，企业缴费比例一般不得超过企业职工工资总额的20%，个人缴纳8%，实行社会统筹与个人账户相结合，职工个人缴费全部计入个人账户，企业缴费全部划入社会统筹基金。劳动者在退休后按月领取一定数额的养老保险金。

（2）失业保险。

失业保险是国家以立法形式，集中建立失业保险基金，对因失业而暂时中断收入的劳动者在一定时期内提供基本生活保障的社会保险制度。

失业保险基金由单位和职工共同缴纳。单位按照本单位工资总额的2%缴纳失业保险费，职工按照本人工资的1%缴纳失业保险费。享受失业保险待遇的条件为：参加失业保险，单位和本人已按规定缴费满一年；非自愿性失业的；已办理失业登记，并有求职要求的。领取失业保险金的期限根据缴费时间长短来确定，最长为24个月，最短为12个月。按照低于当地最低工资标准，高于城市居民最低生活保障标准的水平发放。

（3）医疗保险。

医疗保险是国家立法按照强制性社会保险原则，由国家、用人单位和个人集资共同缴纳保险费建立医疗保险基金，当个人因病去接受医疗服务时，由社会医疗保险机构提供医疗费用补偿的社会保险制度。

医疗保险制度奉行“低水平，广覆盖”的原则，适用于一切城镇用人单位和职工，并由用人单位和职工双方共同分担医疗保险费用，采用社会统筹与个人账户相结合的方式，用人单位缴费率为职工工资总额的 6% 左右，职工缴费率为本人工资收入的 2%。

（4）工伤保险。

工伤保险是对在经济活动中因工伤致残，或因从事有损健康的工作患职业病而丧失劳动能力的劳动者，以及对职工因工伤死亡后无生活来源的遗属提供物质帮助的社会保险制度。在现代工伤保险制度中，普遍实行“补偿不究过失原则”或“无责任补偿原则”，即劳动者因工负伤或死亡，不管过失在谁，均可获得补偿。与养老保险、医疗保险、失业保险不同的是，工伤保险费只由企业或雇主缴纳，雇员个人不缴纳。

（5）生育保险。

生育保险是国家通过立法，筹集保险基金，对于生育子女期间暂时丧失劳动能力的妇女给予一定的补偿的社会保险制度，主要包括经济补偿、医疗服务、生育休假福利。根据国家《企业职工生育保险试行办法》的规定，由企业按照工资总额的一定比例向社会保险经办机构缴纳生育保险费，建立生育保险基金，但最高不得超过企业工资总额的 1%，职工个人不缴纳生育保险费。

2. 法定假期

法定假期是借企业员工依法享有的休息时间。在法定的休息时间内，员工仍可获得与工作时间相同的工资报酬。我国《劳动法》规定职工享有的休息休假待遇包括：劳动者每日休息时间；每个工作日内的劳动者的工间、用膳、休息时间；每周休息时间；法定节假日放假时间；带薪年休假时间；特殊情况下的休息，如探亲假、病假休息等。

（1）法定节假日。

法定节假日是指由国家法律统一规定的用以进行庆祝及度假的休息时间。包括政治性节日、职业性节日、传统民俗节日等。根据《劳动法》和国务院颁发的《全国年节及纪念日放假办法》的规定，用人单位在节假日期间依法安排劳动者休假，工资照常发放。在法定节假日期间因工作需要必须安排员工加班的，在员工同意的基础上应该按规定支付员工加班工资，其中法定节假日加班工资不得低于 300% 的劳动报酬。

（2）公休假日。

公休假日是劳动者工作满一个工作周后的休息时间。国家实行劳动者每日工作时间不超过 8 小时、平均每周工作时间不超过 44 小时的工时制度。根据《劳动法》第 38 条规定，用人单位应当保证劳动者每周至少休息一天。

（3）带薪年休假。

我国《劳动法》第 45 条第 1 款规定，国家实行带薪年休假制度。按照《职工带薪年休假条例》，机关、团体、企业、事业单位、民办非企业单位、有雇工的个体工商户等单位的职工连续工作 1 年以上的，享受带薪年休假，职工在年休假期间享受与正常工作期间相同的工资收入。职工累计工作已满 1 年不满 10 年的，年休假 5 天；已满 10 年不满 20 年的，年休假 10 天；已满 20 年的，年休假 15 天。国家法定休假日、休息日不计入年休假的假期。这一政策并非强制规定，各单位可根据生产、工作的具体情况，并考虑职工本人意愿，统筹安排职工年休假。对于职工应休未休的年休假天数，单位应当按照该职工日工资收入的 300% 支付年休假工资报酬。

（4）其他假期。

1）婚假。

根据《婚姻法》及《计划生育条例》的规定：①按法定结婚年龄（女 20 周岁，男 22 周岁）结婚的，可享受 3 天婚假；②结婚时男女双方不在一地工作的，可视路程远近，另给予路程假；③在探亲假期间结婚的不另给假期；④婚假包括公休假和法定假；⑤再婚的可享受法定婚假；⑥在婚假和路程假期间，工资照发。

2）工伤假。

《企业职工工伤医疗期规定》第三条规定：企业职工因患病或因工负伤，需要停止工作医疗时，根据本人实际参加工作年限和在本单位工作年限，给予 3 个月到 24 个月的医疗期。

3）病假。

根据《企业职工患病或非因工负伤医疗期规定》等有关规定，患病或非因工负伤的职工病假假期根据本人实际参加工作年限和在本单位工作年限，给予 3 个月到 24 个月的医疗期，企业职工在医疗期内，其病假工资、疾病救济费和医疗待遇按照有关规定执行。

相关链接 搜索

全国年节及纪念日放假办法

（1949 年 12 月 23 日政务院发布　根据 1999 年 9 月 18 日《国务院关于修改〈全国年节及纪念日放假办法〉的决定》第一次修订　根据 2007 年 12 月 14 日《国务院关于修改〈全国年节及纪念日放假办法〉的决定》第二次修订　根据 2013 年 12 月 11 日《国务院关于修改〈全国年节及纪念日放假办法〉的决定》第三次修订）

第一条　为统一全国年节及纪念日的假期，制定本办法。

第二条　全体公民放假的节日：

（一）新年，放假 1 天（1 月 1 日）；

（二）春节，放假 3 天（农历正月初一、初二、初三）；

（三）清明节，放假 1 天（农历清明当日）；

（四）劳动节，放假 1 天（5 月 1 日）；

（五）端午节，放假1天（农历端午当日）；

（六）中秋节，放假1天（农历中秋当日）；

（七）国庆节，放假3天（10月1日、2日、3日）。

第三条　部分公民放假的节日及纪念日：

（一）妇女节（3月8日），妇女放假半天；

（二）青年节（5月4日），14周岁以上的青年放假半天；

（三）儿童节（6月1日），不满14周岁的少年儿童放假1天；

（四）中国人民解放军建军纪念日（8月1日），现役军人放假半天。

第四条　少数民族习惯的节日，由各少数民族聚居地区的地方人民政府，按照各民族习惯，规定放假日期。

第五条　二七纪念日、五卅纪念日、七七抗战纪念日、九三抗战胜利纪念日、九一八纪念日、教师节、护士节、记者节、植树节等其他节日、纪念日，均不放假。

第六条　全体公民放假的假日，如果适逢星期六、星期日，应当在工作日补假。部分公民放假的假日如果适逢星期六、星期日，则不能补假。

第七条　本办法自公布之日起施行。

3. 女职工特殊权益

女职工特殊权益主要是指维护女职工的合法权益，保障她们在生育期间得到必要的经济补偿和医疗保健。根据国家颁发的《企业职工生育保险试行办法》和《女职工劳动保护特别规定》相关要求，女职工主要可享受以下待遇。

（1）用人单位不得因女职工怀孕、生育、哺乳降低其工资、予以辞退、与其解除劳动或者聘用合同。

（2）女职工在孕期不能适应原劳动的，用人单位应当根据医疗机构的证明，予以减轻劳动量或者安排其他能够适应的劳动。对怀孕7个月以上的女职工，用人单位不得延长劳动时间或者安排夜班劳动，并应当在劳动时间内安排一定的休息时间。怀孕女职工在劳动时间内进行产前检查，所需时间计入劳动时间。

（3）女职工生育按法律规定享受产假，女职工产假期间的生育津贴，对已经参加生育保险的，按照用人单位上年度职工月平均工资的标准由生育保险基金支付；对未参加生育保险的，按照女职工产假前工资的标准由用人单位支付。女职工生育享受98天产假，其中产前可以休假15天；难产的，增加产假15天；生育多胞胎的，每多生育1个婴儿，增加产假15天。女职工怀孕未满4个月流产的，享受15天产假；怀孕满4个月流产的，享受42天产假。

（4）女职工产假期满后，因病需要休息治疗的，按照有关病假待遇和医疗保险待遇规定办理。

四、酒店福利管理的作用

根据赫兹伯格“双因素理论”，大部分员工福利属于保健因素，酒店员工的福利待遇直接影响到员工的工作积极性和员工的对客服务质量，从而影响到企业的经济效益。其主要作用有三点。

第一，增加企业的招聘优势，吸引外部优秀人才的加入。酒店福利体现了酒店的管理特色，体现了酒店对员工的人文关怀，富有吸引力的、个性化的福利待遇有利于吸引人才的加盟。

第二，减轻员工赋税的负担，增加员工的实际收入。酒店通过福利待遇的形式为员工提供各种保障计划、实物和服务，而避免这部分报酬以工资形式发放必须缴纳个人所得，变相增加了员工的实际收入。

第三，树立企业良好的形象，传递企业文化和价值观。员工福利体现了企业的管理特色，传递了企业对于员工的关怀，创造了家庭式的工作氛围和组织环境，容易获得员工的认可；同时会在社会上树立良好的公众形象，利于企业的长远发展。

五、酒店员工福利的类型

酒店福利按照不同的分类依据可分为多种类型，按照是否强制可划分为强制性福利和自愿性福利，如各类社会保险和休假制度就属于强制性福利，又称为法定福利。企业年金、人寿保险、教育资助、各类生活福利等则属于企业自愿性福利，根据各自企业的实际情况自愿给员工提供不同的福利，不做强制要求。此处我们主要依据按照给付方式来考察酒店福利的类型。

（1）额外货币收入。额外货币收入包括过节费、节假日值班费、超时津贴、高温津贴、住房补贴等。

（2）饮食福利。员工享受免费工作餐或伙食补贴、工间免费饮料（茶水、咖啡或冷饮）是酒店业的特殊福利待遇。员工餐厅是非营利性质的，主要是保证员工享受规定标准的伙食。员工餐厅直接影响到酒店职工的工作情绪，因而很多酒店将其视为重要的管理工作。

（3）住房福利。住房福利包括单身宿舍、夜班宿舍、廉价公租房、发放住房补贴等。酒店行业从业人员比较年轻，住房问题尤为突出，直接关系到员工的工作积极性和流动率。因而住房福利已成为稳定员工队伍的重要举措。

（4）医疗保健福利。医疗保健福利包括公费医疗、免费定期体检及防疫注射、免费或优惠疗养等。

（5）带薪休假福利。带薪休假福利指除法定节假日和病假、产假以外，酒店根据营业规律，在淡季安排员工休假，时间长短根据员工在酒店服务年限不同而有所区别。

（6）教育培训福利。教育培训福利指在职或短期脱产培训、公费进修（业余、半脱产或脱产）、专业书刊购买报销等。

（7）文体娱乐福利。文体娱乐福利包括有组织的集体文体活动，如舞会、旅游等，还提供可供员工使用的各类文体设施等。

（8）其他生活性福利。如为员工提供免费洗澡、理发、生日慰问金、交通费补贴等。员工穿着体现酒店文化特色的制服是酒店行业特有的福利待遇。不仅如此，酒店还免费洗烫工作服，为员工提供更衣柜。

六、酒店福利管理创新问题

现代员工福利已成为改善员工工作与个人生活质量的一种间接形式，一定程度的福利增值也成为员工对企业的基本要求。为员工提供越来越多的福利项目、管理企业的福利计划变得非常重要。福利管理中持续发展的趋势是弹性福利或自助式福利计划，由人力资源管理者提供福利菜单，员工从中选择符合自身需要的福利计划。建立弹性福利制度或自助福利计划，与员工进行有效的沟通，在福利总成本不变或可控的情况下给员工提供更多的福利组合已成为福利发展的趋势。

相关链接　搜索

某企业福利管理制度

第1条　目的

为了给员工提供舒适的工作环境，吸引员工长期为企业服务，增强企业的凝聚力，促进公司的发展，特制定本制度。

第2条　适用范围

本制度适用于公司所有员工。

第3条　管理职责

1. 公司总经理负责全面管理员工福利，并对员工福利的发放进行监督和控制。

2. 人力资源部对员工福利进行核查，并根据核查结果组织实施员工福利。

3. 财务部负责根据企业经济效益等，核算员工福利的发放成本。

第 4 条　防暑降温福利

1. 防暑降温福利一般以发放防暑饮品（药品）及防暑降温费用的形式进行。

2. 在日最高气温达到 ______℃以上，且不能采取有效措施降低气温的露天工作条件下，公司应当向员工支付高温津贴。

3. 在温度达到 ______℃以上的生产环境下，公司应负责购买防暑饮品（如绿豆汤、酸梅汤等），并向员工免费提供。

4. 在高温天气来临之前，公司人力资源部门应准备好防暑降温药品（如藿香正气水、清凉油等），并向员工免费提供。

第 5 条　保险福利

1. 按照《中华人民共和国劳动法》及其他相关法律规定，公司应为员工缴纳"五险一金"。其中五险指养老保险、医疗保险、工伤保险、失业保险和生育保险，一金为住房公积金。

2. 公司应按照国家及地方出台的最新标准确定"五险一金"的缴纳比例。

第 6 条　文体娱乐福利

1. 为丰富员工文化生活，人力资源部应定期组织文体娱乐活动，文体活动形式应多种多样，如知识竞赛、晚会、棋牌、运动等。

2. 文体活动在丰富员工文娱生活的同时，能够增强员工对公司的归属感，增强公司的凝聚力。

第 7 条　公费旅游

1. 公司应定期组织管理人员及优秀员工进行外出旅游，旅游费用由公司承担。

2. 人力资源部应根据公司的业务发展状况做好旅游计划，报总经理批准后组织实施。

第 8 条　班车接送福利

公司应根据员工的实际出行条件，为员工提供班车接送福利，具体要求如下所示。

1. 公司员工享受班车接送福利时，必须在人力资源部办理乘车凭证，根据凭证免费乘坐班车。员工在乘车时要遵守乘车规定，做到文明乘车、安全乘车。

2. 班车司机应按照交通法规安全驾驶班车，按照规定的交通路线行车，并定期对车辆进行维护和保养，保证员工的乘车安全。

第 9 条　员工培训福利

1. 为保证员工与公司共同发展，提升员工个人及团队整体素质与工作效率，公司应向员工提供教育培训福利。教育培训采取的方式主要有在职培训、院校培训、同行业参观、公费进修及出国考察等。

2. 员工也可结合自身工作情况及工作需要，向公司提出培训申请。

3. 人力资源部应做好培训规划，并根据培训规划及时与员工签订相关的培训合同。

第 10 条　节假日福利

公司应在每年的春节、元宵节、端午节、中秋节等节日为员工发放节日礼品以示慰问。人力资源部、财务部、采购部等部门协同办理礼品采购事宜。

第 11 条　生日福利

1. 公司应为入职满 3 个月的员工发放生日福利，以示慰问。

2. 礼物由人力资源部负责落实。

第 12 条　健康体检福利

为保障员工身体健康，公司应定期组织员工进行健康体检。体检周期为每年一次，由人力资源部组织落实。

第 13 条　各种休假福利

1. 国家法定假日

在元旦、清明节、劳动节、端午节、中秋节、国庆节、春节等国家规定的法定节假日期间，公司应按照国家或地方出台的休假时间及方法实施休假。

2. 带薪年假

员工为企业服务每满一定年限可享受______天的带薪年假，年假期限从______到______天不等，国家法定休假日、休息日不计入年休假的假期，具体安排如下所示。

（1）工龄满 1 年不满 10 年的员工，每年休假 5 天。

（2）工龄满 10 年不满 20 年的员工，每年休假 10 天。

（3）工龄满 20 年以上的员工，每年休假 15 天。

3. 产假

女职工在生产期间，可享受以下产假福利。

（1）女职工的产假 98 天，其中产前可以休假______天，产后______天。

（2）遇有难产情况发生时，可增加产假 15 天。

（3）生育多胞胎时，每多生育 1 个婴儿，增加产假 15 天。

（4）达到晚育年龄的，增加产假 30 天。

4. 事假

（1）公司应按相关法律规定和公司政策为员工提供事假福利。

（2）事情必须由员工本人亲自处理时，方可请事假并填写“请假单”，公司将扣除员工请假日的全额工资。

5. 病假

（1）员工须持有规定医疗机构开具的病休证明，办理病假手续。

（2）员工病假期间工资标准，按照所在岗位标准工资的______% 发放。

6. 其他假日

（1）符合婚姻法相关规定的员工结婚时，可享受 3 天婚假。若是晚婚，除享受国家规定的婚假外，增加晚婚假 7 天。婚假期间，公司应全额发放员工的基本工资。员工可凭结婚证，经人力资源部审核后，领取公司为其发放的______元结婚礼金，以示祝福。

（2）员工直系亲属亡故时，享有 5 天丧假，丧假期间全额发放员工所在岗位的基本工资。

第 14 条　抚恤金管理

1. 凡企业的正式员工因公死亡者、因公致伤者及为企业服务______年以上，因病、伤致死者，员工（员工家属）均可领取企业发放的抚恤金。

2. 抚恤金可根据发放标准与时间，分为一次性抚恤金与供养性抚恤金。员工或者员工家属可根据实际情况，同时领取一次性抚恤金与供养性抚恤金。

3. 抚恤金标准根据员工伤亡程度及供养人数量，由人力资源部及财务部根据国家规定及企业相关政策进行制定。

第 15 条　本制度由人力资源部制定，其解释权和修订权归其所有。

第 16 条　各部门相关制度及规定若与本制度有冲突的，以本制度为准。

第 17 条　本制度自签发之日起实施。

资料来源：张红兵．薪酬福利管理制度［M］．北京：人民邮电出版社，2013.

复习与思考

一、名词解释

1. 薪酬
2. 福利
3. 社会保险
4. 薪酬调查
5. 工作评价

二、简答题

1. 薪酬管理在人力资源管理中的作用是什么？
2. 影响企业薪酬水平的因素有哪些？
3. 从个人角度看，影响员工个人薪酬水平的因素有哪些？
4. 薪酬体系设计的步骤有哪些？
5. 员工福利有哪些特点？

三、单选题

1. 人工成本中最大的支出是（　　）

A. 培训费用　　B. 津贴　　C. 福利　　D. 工资

2. 下列不属于企业初创阶段的薪酬管理特点的是（　　）

A. 基本工资低于市场平均水平　　B. 福利低于市场平均水平

C. 个体与集体激励并重　　D. 更注重个人奖励

3. 薪酬中与员工未来业绩挂钩的部分被称为（　　）

A. 基本工资　　B. 绩效工资　　C. 激励工资　　D. 福利

4. 下列保险中不需要个人缴纳的是（　　）

A. 养老保险　　B. 工伤保险　　C. 医疗保险　　D. 失业保险

5. 下列关于员工福利作用的说法，错误的是（　　）

A. 吸引企业外部优秀人才　　B. 增加员工实际收入

C. 加强核心员工的留任意愿　　D. 可完全替代工资实现对员工的激励

四、多选题

1. 下列选项中对于员工有激励作用的有（　　）

A. 奖金　　B. 领导的认可　　C. 参与决策的权利　　D. 股权

2. 休假制度主要包括的内容有（　　）

A. 休假和节假日薪资　　B. 产假工资

C. 病假工资　　D. 退休金

3. 薪酬管理的作用有（　　）

A. 满足劳动者基本需求　　B. 吸引优秀员工的加入

C. 让员工保持良好的工作情绪　　D. 合理配置人力资本

4. 薪酬管理的公平性原则包括（　　）

A. 程序公平　　B 结果公平　　C. 外部公平　　D. 内部公平

E. 员工公平

5. 下列属于国家规定的员工必须享受的福利的有（　　）

A. 法定假日　　B. 养老保险　　C. 医疗保险　　D. 商业保险

五、案例分析题

薪酬不同引发的问题

某市一家五星级酒店的西餐部新招聘了几名刚毕业的服务员，这几名新员工工作非常努力认真，经常要比一些老员工做更多的工作，完成的效果也更好。一个月后，在发工资时，这几位新员工发现他们的工资比其他员工都低。第二个月，他们仍努力工作，可结果一样。第三个月这些新员工心里有些不舒服了，感觉自己工作无论多努力，工资还是最低。为此，这些新员工中有人提议离开酒店。餐饮部经理得知此事后，告诉他们酒店的工资制度就是如此，同时，经理也向人力资源部门反映了此事。

资料来源：[美] 谭克（Tanke）. 饭店业人力资源管理 [M] . 徐虹，译 . 大连：东北财经大学出版社，2004.

根据以上案例，回答如下问题：

1. 造成新员工出现问题的原因是什么？

2. 如果你是酒店人力资源部门的领导，你打算采取什么样的措施来解决这些问题？

参考资料

张雪飞．薪酬管理［M］．北京：机械工业出版社，2014.

仇雨临．员工福利管理［M］．上海：复旦大学出版社，2010.

贺清君．老 HRD 手把手教你做薪酬［M］．北京：中国法制出版社，2019.

王珑，徐文苑．酒店人力资源管理［M］．广州：广东经济出版社，2007.

徐文苑．酒店人力资源管理［M］．广州：广东经济出版社，2007.

李志刚．旅游企业人力资源开发与管理［M］．北京：北京大学出版社，2011.

张玉改．酒店人力资源管理［M］．北京：北京大学出版社，2008.

谭克（Tanke，M.）．饭店业人力资源管理［M］．徐虹，译．大连：东北财经大学出版社，2004.

张红兵．薪酬福利管理制度［M］．北京：人民邮电出版社，2013.

第七章 酒店员工的劳动关系与职业安全

酒店规章制度是酒店为保证服务质量和酒店运转秩序所制定的各种规则、章程、程序和办法的总称，是酒店员工共同遵守的规范和准则。

酒店劳动合同管理是酒店根据国家法律、法规和政策的要求，运用组织、指挥、协调、实施职能对合同的订立、履行、变更和解除、终止等全过程的行为所进行的一系列管理工作的总称。

酒店员工职业安全卫生管理，是安全科学研究的主要领域之一，通常是指影响作业场所内员工、临时工、合同工、外来人员和其他人员安全与健康的条件和因素。

本章介绍了酒店员工规章制度的概念、特点和作用、酒店劳动合同的概念和范围，通过对酒店安全卫生管理的介绍，增强酒店员工的职业安全意识。

学习目标

知识目标

1 酒店员工规章制度的概念。

2 酒店员工规章制度的特点和作用。

3 酒店劳动合同管理的概念和范围。

4 酒店员工职业安全卫生管理的内容。

技能目标

1 了解酒店员工规章制度的重要性。

2 了解酒店劳动合同管理的概念和范围。

3 增强酒店员工职业安全意识。

案 例

凭《员工手册》能否解雇员工

王女士是一家酒店的销售部门员工，并与单位签订了劳动合同。由于需要外出销售，王女士经常工作在外，无法到酒店进行考勤登记。突然有一天，王女士接到了单位的一纸通知："因为员工手册中规定'外出工作、办事必须经部门领导审批签字，否则属于严重违反公司规章制度的行为'，而王女士外出销售，却从来没有让单位领导审批过，因此王女士已经严重违反单位的规章制度，酒店决定与其解除劳动合同。"

王女士认为，自己外出也是在履行工作职责，单位不应当以此为由将她解雇。于是向当地劳动仲裁委员会申请仲裁，要求酒店向自己支付违法解除劳动合同的经济补偿金。

——资料来源：迈点网 http：//www.meadin.com

案例分析

用人单位能不能以王女士违反单位规章制度为由将其辞退呢?

第一节　酒店员工规章制度

一、酒店员工规章制度的意义和特点

酒店员工规章制度是酒店为保证服务质量和酒店运转秩序所制定的各种规则、章程、程序和办法的总称，是酒店员工共同遵守的规范和准则。科学合理的酒店规章制度是酒店现代化管理的重要方法，是国家法律法规在酒店中的具体体现，对促进酒店的依法经营和管理具有重要意义。当前，许多酒店，特别是星级酒店都制定了严密科学的规章制度，如管理制度、员工手册、服务规程等，对促进酒店的经营管理起到了重要作用。

（一）酒店员工规章制度的意义

酒店员工规章制度是酒店全体员工在酒店经营活动中共同遵守的规定和标准，它是酒店管理的基础工作，对于保证酒店的经营活动、提高酒店的管理水平有着重要的作用。

1. 规章制度是酒店运行的基本保证

现代化酒店在经营过程中部门设置清晰、部门协同管理、在业务构成上具有连续性、比例性、均衡性等特点。这样的经营模式要求酒店员工按照其自身的客观规律和部门职责协调工作。酒店管理规范正是从上述特点和规律出发制定的，在经营运转中遵循反映客户客观要求的管理规范，酒店就能安全、顺利、高效地经营。

2. 规章制度是实行科学管理，向现代化管理迈进的基本条件

管理规范是实现管理规范化、标准化、程序化的前提条件。要实现科学管理，首先要加强酒店的基础工作，包括管理规范工作。同时，它也是推行现代化管理，运用计算机辅助管理的基础条件，没有良好的管理规范，管理现代化只是一句空话。

3. 规章制度是实现科学的组织结构设计的重要保证

管理的职能设计确定以后，组织机构和联系方式设计完成以后，每个岗位和每个部门如何科学合理地进行活动，还需要科学合理的管理规范来提供依据。贯彻执行管理规范，就为合理组织结构的正常运行创造了重要的保证条件。

4. 规章制度是降低消耗、提高质量、促进经济效益增长的基本手段

加强酒店管理是提高服务质量和经济效益不可缺少的措施。而加强酒店管理，首先是强化基础工作。在销售无定额、工作无标准、管理无依据的情况下，是不可能提高质量、降低成本的，是不会有很好的经济效益的。

（二）酒店员工规章制度的特点

酒店员工规章制度作为员工的行为准则，具有以下一些特点。

1. 规范性

它告诉人们应当做什么，应当如何去做。

2. 强制性

它对全体职工有严格的约束力，任何人不得违反。为此，企业的管理规范要有公开性和权威性。

3. 科学性

管理规范要成为人们的行为准则，它本身就应当准确、齐全、统一、不能模棱两可，更不能相互矛盾。

4. 相对稳定性

管理规范一经批准，在一定的时期内就要保持稳定，不能朝令夕改，使人无所适从。

5. 群众性

管理规范要简明扼要、通俗易懂，便于大家掌握和执行。同时，管理规范要注意以“鼓励”代替“禁止”，以事前防范代替事后责备，以积极奖赏代替消极处罚。

（三）酒店员工规章制度的建立原则

规章制度的建立，是企业领导者的一项重要职责，也是一项重要而复杂的工作。规章制度的建立应当遵循以下一些主要的原则。

1. 坚持实事求是的原则

酒店需要制定什么规章制度、达到何种水平，应当根据酒店的实际情况来决定，制定出的管理规范又应当在实践中经过试点或试验，证明它确实符合客观规律和酒店的实际情况，确实能取得良好效果，才能组织实施。

2. 坚持员工参与的原则

规章制度是要全体员工来执行的，必须反映全体员工的集体意志。规章制度的制定须充分听取员工的意见，这样才能扎根于员工之中，为全体员工自觉遵循执行。

3. 坚持系统、全面、统一的原则

系统指各项规章制度要配套，达到整体优化。全面指凡涉及经营管理活动全过程的各项工作、各个岗位都要有相应的规章制度，做到有章可循。统一指各项规章制度应当相互协调，服从统一的领导，完成共同的目标。

4. 坚持职务、责任、权限、利益相一致的原则

职务是前提，责任是核心，权限是条件，利益是动力，四者缺一不可，必须相一致。

5. 坚持繁简适度、通俗易懂的原则

规章制度应当规定得详尽明确，有关项目不能有遗漏和含混之处，指标、要求尽可能地定量化，并且，行文要做到简单明了、通俗易懂，使执行者易于理解和掌握。

（四）酒店员工规章制度的执行和监督

员工规章制度一经批准，就必须在实际工作中切实地贯彻执行。为使员工规章制度能顺利地得到贯彻执行，应当注意以下一些问题。

1. 必须严格按规章制度办事

有章必循，违章必究，令出必行。执法不严，规章制度会失去权威性，实际上等于

取消了规章制度。

2. 必须重视教育培训

通过教育培训，提高员工执行规范的自觉性，掌握执行规章制度所必需的业务技术知识和技能。

3. 大力培养严肃认真、一丝不苟的工作作风

反对马虎、凭经验干事的习惯。

4. 领导带头，成为执行规章制度的模范

要坚持在制度面前人人平等的原则，企业的一切规章制度，各级领导干部必须带头遵守，认真贯彻。

5. 坚持严格的检查和考核

企业要坚持定期和不定期的检查制度，通过检查，发现问题，纠正不足。并且对每个部门、每个岗位实行定性和定量的考核，把考核结果同提职、奖惩等结合起来。

6. 加强企业文化教育

企业文化是企业的灵魂，是推动企业发展的不竭动力。它包含着非常丰富的内容，其核心是企业的精神和价值观。企业文化建设必须与时俱进、大胆探索，才能成为企业发展强劲、持久的动力。

二、酒店员工规章制度的具体内容

（一）酒店员工手册概述

酒店员工规章制度是酒店员工在酒店经营活动中，须共同遵守的规定和准则的总称，酒店员工规章制度的表现形式或组成包括酒店组织机构设计、职能部门划分及职能分工、岗位职责工作说明、专业管理制度、工作或流程、管理表单等管理制度类文件。

酒店员工手册是酒店内的“法律法规”，同时还起到了展示酒店形象、传播酒店文化的作用。它既覆盖了酒店人力资源管理的各个方面规章制度的主要内容，又因适应酒店独特个性的经营发展需要而弥补了规章制度制定上的一些疏漏。站在酒店的角度，合法的“员工手册”可以成为酒店有效管理的“武器”；站在劳动者的角度，它是员工了解酒店形象、认同酒店文化的渠道，也是自己工作规范、行为规范的指南。特别是，在酒店单方面解聘员工时，合法的“员工手册”往往会成为有力的依据之一。

《劳动法》第二十五条规定的用人单位可以随时解除劳动合同的情形中包括“严重违反劳动纪律或者用人单位规章制度的”，但是如果用人单位没有规定，或者规定不明确，再因此引发劳动争议时，就会因没有依据或依据不明确而陷入被动。制定一本合法的“员工手册”是法律赋予酒店的权利，也是酒店在管理上的必需。

《劳动合同法》和《劳动争议调解仲裁法》相继颁布，出于保护劳动者的立法宗旨，对企业的人力资源管理提出了更高的要求。因此，从调整酒店人力资源管理理念，提升员工关系管理水平，避免劳资冲突，建立和谐的劳动关系等各方面来讲，根据酒店规模、经营管理特点、行业特点、用工方式及种类，量身打造符合酒店经营特点的员工手册对于酒店的成长和发展至关重要。

（二）员工手册的组成部分

1. 手册前言

对这份员工手册的目的和效力给予说明。

2. 公司简介

使每一位员工都对公司的过去、现状和文化有深入的了解。可以介绍公司的历史、宗旨、客户名单等。

3. 手册总则

一般包括礼仪守则、公共财产、办公室安全、人事档案管理、员工关系、客户关系、供应商关系等条款。这有助于保证员工按照公司认同的方式行事，从而达成员工和公司之间的彼此认同。

4. 培训开发

一般新员工上岗前均须参加人力资源部等统一组织的入职培训以及公司不定期举行的各种培训提高业务素质以及专业技能。

5. 任职聘用

说明任职开始、试用期、员工评估、调任以及离职等相关事项。

6. 考核晋升

一般分为试用转正考核、晋升考核、定期考核等。考核评估内容一般包括：指标完成情况、工作态度、工作能力、工作绩效、合作精神、服务意识、专业技能等。考核结果为“优秀、良好、台格、延长及辞退”。

7. 员工薪酬

员工最关心的问题之一。应对公司的薪酬结构、薪酬基准、薪资发放和业绩评估方法等给予详细的说明。

8. 员工福利

阐述公司的福利政策和为员工提供的福利项目。

9. 工作时间

使员工了解公司关于工作时间的规定，往往和费用相关。基本内容是：办公时间、出差政策、各种假期的详细规定以及相关的费用政策等。

10. 行政管理

多为约束性条款。比如，对办公用品和设备的管理、各人对自己工作区域的管理、奖惩、员工智力成果的版权声明等。

11. 安全守则

一般分为安全规则、火情处理、意外紧急事故处理等。

12. 纪律处分条例

除立即解雇的情形外，纪律处分的执行注重于积极改善员工在工作期间的表现和行为、提出改进措施以避免相同或类似的情形出现。

13. 投诉和员工申诉处理程序

为帮助员工解决问题，为员工向管理层提出问题比提出申诉提供高效的途径，酒店实行员工申诉程序。

14. 员工离职

雇佣关系的存在是酒店和员工间的自由选择。酒店和员工都有权在法定条件下终止或解除双方的雇佣关系。

15. 确认书

员工手册是非常重要的制度依据，确保员工收到、阅读并理解员工手册的内容。

16. 手册附件

与以上各条款相关的或需要员工了解的其他文件。如财务制度、社会保险制度等。

酒店员工服务规程是指酒店根据各个部门的工作特点和要求制定的规范的工作服务流程及标准。酒店员工日常工作的作业指导书是衡量一个酒店服务水平的重要标准。

酒店员工根据相关的服务规范进行日常工作，在现代化的酒店管理中，员工的规范化服务是人力资源管理中绩效考核的重要组成部分。

课堂思考

1. 酒店员工规章制度与其他行业工作相比，其特殊性表现在哪些方面？

2. 员工手册与员工服务规程的关系和区别是什么？

知识链接 搜索

酒店员工规章制度

一、忠于职守

（一）关心企业，热爱本职工作，讲究职业道德，维护酒店声誉。

（二）服从领导的工作安排，切实执行直属上司的工作指令，并努力完成。不得无故拖延、拒绝或终止工作，如遇疑难问题，可向上级请示或投诉。

（三）按时上下班。

（四）工作时间不得擅离职守，不得串岗。员工之间要互敬互爱，讲究礼仪礼貌。

（五）工作时间不得接私人电话，不得接待亲朋好友来访，如却有急事须经上级批准后离岗。

（六）工作时间不得在岗位上做与工作无关的事情。

（七）遵守会议制度，不得无故迟到、早退。

（八）拾到客人的遗留物品，应立即上交，并努力寻找失主。

（九）员工在工作时应注重提高工作效率，做事雷厉风行，当日事情当日完成。

二、仪容仪表

请时刻注意您的形象，您的言行举止代表着酒店的形象。

（一）员工的仪容、仪表应做到：精神饱满，端正大方。

（二）上班时要穿规定的工作服，着装要清洁整齐、无破损，纽扣要齐全，不得将衣袖、裤脚卷起。工作服衣袖、衣领处不得显露个人衣物、饰物。

（三）女员工头发要梳理整齐，前不遮眼，后不过肩，过肩长发必须盘起；男员工头发不得遮住耳朵或长过衣领、留小胡子、大鬓角。男女员工都不允许染除了黑色以外的任何发色及剪奇异发型。

（四）女员工上班要化淡妆，不可浓妆艳抹，口红颜色统一。不能用太浓的香水，保持身体气味清新。

（五）指甲须修剪整齐，保持干净，不得涂有色指甲油。

（六）要养成漱口的习惯，上班前不吃葱、蒜等异味食物和含酒精的饮料。

（七）保持个人清洁卫生，勤洗澡，勤更换内衣，避免身上的体味影响客人。

（八）站立姿势：服务员应保持良好的站姿，肩膀要平直，不准耸肩歪脑，不准靠墙而立、倚物而立，站立时，挺胸、收腹、眼睛平视、双肩自然下垂，双脚呈“V”字形，脚尖开度为45° 左右，膝和脚后跟要紧靠，不能双脚叉开。

（九）禁止将手插入裤袋及裙袋内，不得相互交叉抱于胸前。

（十）不准在厅面化妆、挖鼻孔、抹面、面对面地做打喷嚏、打哈欠和伸懒腰等不雅动作。

（十一）上班时要穿袜子，男员工的袜子以深色为主，女员工应穿肉色的丝袜，袜口不能露在裤子或裙子的外面，不准穿漏丝、有破损的袜子。

（十二）不准在工作场所饮食、剔牙、梳头、化妆、看报、看杂志。

（十三）在工作岗位上，除手表和一枚戒指外，不准戴手镯、耳环、头饰等饰物。

（十四）上班前要检查自己的仪容仪表，工作时应时刻注意自己的仪容仪表。

三、礼节礼貌

（一）言谈

1. 说话和通电话时要注意语言艺术，控制好说话的速度、语气和声调，要用敬语，做好“六声”服务。

2. 客来：欢迎声　　得到帮助：致谢声

客走：告别声　　工作过失：致歉声

见面：问候声　　委托代办：有回声

3. 相互用普通话沟通，不准用方言。做到“请”字当头，“谢”字不离口。

4. 不准讲粗鲁、蔑视或侮辱性的语言，不得以任何借口顶撞、议论客人。

5. 要称呼客人姓氏，未知姓氏之前，要称呼“先生”或“女士”。

6. 回答客人的问题时内容要准确，不得似是而非。

7. 有事须离开面对的客人，一律讲“请稍候”。

8. 与宾客相遇时，应主动让路问好。

9. 有急事需跟正在服务中的员工或交谈中的客人联系，应先向客人表示歉意，不得毫无表示，随意打断。

10. 若遇某问题与顾客有争议时，可婉转解释或请求上级处理，切不可与顾客争吵。

11. 不得高声辩论、大声争吵、高谈阔论，不得高声呼喊另一个人，不得高声喧哗。

（二）行为举止

员工在日常工作中必须保持良好的姿态，面带微笑与客人、同事打招呼，与客人、同事交谈时应使用敬语，神情专注，以职业化的方式处理问题和交流工作。

1. 微笑是员工最起码应有的表情。对客服务中要面带微笑，和颜悦色，给人以亲切感。

2. 做到“三轻”：走路轻、说话轻、操作轻。营造一个优雅舒适、温馨浪漫、豪华气派的酒店氛围。

3. 在宾客面前禁止各种不文明的举止。

4. 迎客走在前，送客走在后，客过要让路，同行不抢道，不在客间行。请人让路要讲“对不起”，不得横冲直撞、粗语或无语。

5. 服务中，要礼貌待客，始终保持站立及微笑服务，不得依偎在墙壁或其他物品上。

6. 严禁与客人开玩笑、打闹或取雅号。

7. 当客人向你岗位走来时，无论你在干什么，都应暂停下来主动招呼客人，如正在为其他客人服务时，要说：“请稍等。”

8. 对待客人应一视同仁，要做到：高低一样，华洋一样，黑白一样，城乡一样，不得厚此薄彼。

9. 不得把工作中或生活中的不愉快带到服务中来，更不可发泄在客人身上。

（三）常用礼节

1. 所有来电，务必在三响之内接答，总机务必在两声之内接答。

2. 接打电话先问好，后报部门或岗位名称。

3. 通电话时，应用左手将话筒拿起，中途若需与他人交谈，征得对方同意后应用另一只手扣着电话。

4. 必要时须做好电话记录，通话要点要问清，然后再向对方复述一遍。

5. 对来电要表示答谢。

6. 对方挂断后，方可挂上电话，任何时候不得用力掷话筒。

（四）个人行为及工作态度

员工的行为及工作态度对于酒店的成功至关重要，因此员工应遵守以下行为规范。

（五）个人行为

1. 在酒店内不可高声喧哗，不能拍掌或打响指。

2. 在酒店内不使用带有冒犯性的言语。

3. 工作中不与同事争吵。

4. 保持良好的站、坐、走的姿势，不倚靠墙壁或家具。

5. 在酒店内不准随地吐痰。

6. 当班时不嚼口香糖。

7. 严禁在非吸烟区吸烟。

（六）工作态度

1. 有礼有节地对待客人与同事。

2. 在工作中面带微笑，会使人愉快，也令客人倍感舒适。

3. 富有责任感，爱护酒店设施及制服，熟练掌握工作技巧。

4. 诚实坦率，拾金不昧，助人为乐。

（七）标准行为准则

1. 准时出勤。

2. 员工不应与客人亲密，工作中使用礼貌用语，避免谈论个人私事。

（八）考勤

除获酒店管理层批准者外，所有员工上下班必须打卡考勤，签到签退，不得代签。

（九）拾遗

员工在酒店内拾到任何财物，应立即报告并送交上级领导，并在失物招领登记本上做详细记录。若失物在六个月内未被失主认领，失物则由酒店管理层处做出处理。

（十）吸烟

员工不得在酒店内任何区域吸烟，违规者将受到纪律处分。

（十一）节约能源

节约能源，合理使用酒店资源是每位员工的责任和义务。作为酒店员工应时刻关注以下问题：

1. 节约用水，随时关闭水龙头。

2. 节约纸张，人离断电源，人少时关闭一部分电灯。

3. 节约纸张，尽量使用有一面空白的纸做稿纸，复印时要尽量双面复印。

4. 人离关空调，气温适宜不得开空调。

5. 使用标准敬语。

6. 表示道歉，同情，理解，给予关心。

7. 对客人反映的问题，依照不同的原因立即着手进行有效的处理。

8. 对投诉处理结果予以关注。

9. 与客人再次沟通。

10. 对投诉进行记录，备档，统计。

11. 跟进及再次跟踪。

12. 整理归档。

员工必须耐心地听取客人的投诉和意见书。如投诉的范围超越自身职权，应立即向上一级主管或值班经理反映，以便及时处理。

（十二）沟通

1. 员工对工作有不满之处，首先应向直属上司提出。

2. 员工如对申诉之处不满意，应向部门经理提出。

（十三）辞职

员工辞职须至少提前一个月以书面形式向部门提出申请，在任何情况下申请辞职，需酒店管理层批准后方可生效。

（十四）病假

员工请病假须出示病假证明，员工休病假应以书面形式向部门申请，并经部门同意批准后方可生效。员工患病或非因工负伤，不能工作达到三个月的，酒店将根据劳动法有关规定，与其解除劳动合同，具体情况将按酒店有关规定执行。病假期间的工资待遇应按酒店政策执行。

（十五）事假

酒店实行事假无薪制度。酒店原则上不鼓励员工请事假，如遇特殊情况，须至少提前三天申请，经同意后方可休假。超过三天的事假还须事先得到总经理的批准方可执行。事假期间工资待遇按酒店人事政策执行。

（十六）迟到，早退

员工若在上班时间迟到、早退或旷工，将根据酒店政策扣减不定的薪金。迟到早退超过 30 分钟后，则当旷工半日。一个月累计迟到 1 小时以上者当旷工 1 天计。

（十七）旷工

1. 旷工半天扣除一天半的工资及相应的补贴。

2. 旷工一天扣除三天的工资及相应的补贴。

3. 旷工三天以上含三天，酒店有权立即解雇这类员工，且不支付任何经济补偿。

——资料来源：豆丁网 http：//www.docin.com/

第二节　酒店劳动合同管理

一、劳动合同的含义及内容

劳动合同是指劳动者与用工单位之间确立劳动关系，明确双方权利和义务的协议。订立和变更劳动合同，应当遵循平等自愿、协商一致的原则，不得违反法律、行政法规的规定。劳动合同依法订立即具有法律约束力，当事人必须履行劳动合同规定的义务。

根据《中华人民共和国劳动法》（以下简称《劳动法》）第十六条第一款规定，劳动合同是劳动者与用工单位之间确立劳动关系，明确双方权利和义务的协议。根据这个协议，劳动者加入企业、个体经济组织、事业组织、国家机关、社会团体等用人单位，成为该单位的一员，承担一定的工种、岗位或职务工作，并遵守所在单位的内部劳动规则和其他规章制度；用人单位应及时安排被录用的劳动者工作，按照劳动者提供劳动的数量和质量支付劳动报酬，并且根据劳动法律、法规规定和劳动合同的约定提供必要的劳动条件，保证劳动者享有劳动保护及社会保险、福利等权利和待遇。

二、劳动合同的主体

劳动合同的主体即劳动法律关系当事人：劳动者和用人单位。劳动合同的主体与其他合同关系的主体不同：其一，劳动合同的主体是由法律规定的具有特定性，不具有法律资格的公民与不具有用工权的组织不能签订劳动合同；其二，劳动合同签订后，其主体之间具有行政隶属性，劳动者必须依法服从用人单位的行政管理。

（一）需要签订劳动合同的劳动者对象

按照全面实行劳动合同制度的改革要求，需要签订劳动合同的对象包括：新招用的劳动者、原有的固定工以及原固定工身份的特殊人员。所谓原固定工身份的特殊人员，是指根据《劳动部关于全面实行劳动合同制的通知》和《贯彻劳动法若干问题的意见》规定的以下人员：（1）存在着劳动关系而没能履行劳动义务的特殊人员。例如，用人单位的“富余人员、放长假”的职工，长期被外单位借用的人员、带薪上学人员，请长期病假人员、停薪留职人员，被派到合资、参股单位人员。（2）企业、事业单位的中共党委书记、厂长或经理、工会主席等。

（二）需要签订劳动合同的用人单位

根据劳动法律、法规的规定，需要与劳动者签订劳动合同的用人单位包括：中国境内的企业法人，个体、合伙制非法人经济组织；国家机关、事业组织和社会团体；特殊类型经济组织，如租赁经营（生产）、承包经营（生产）的企业；等等。

三、劳动合同的内涵

劳动关系是指受《劳动法》调整的，在劳动者运用劳动能力、实现劳动过程中，劳动者与用人单位（劳动使用者）之间的社会劳动关系。由于我国就业竞争激烈的国情以及《劳动合同法》发展历史，劳动关系中用人单位与劳动者双方地位的不平等性，造成了事实劳动关系的存在。劳动合同是劳动关系建立、变更和终止的一种法律形式。根据《劳动合同法》第十条的规定，建立劳动关系的，应当及时订立书面劳动合同。已经建立劳动关系，但未同时订立书面劳动合同的，应当自用工之日起一个月内订立书面劳动合同。用人单位与劳动者在用工前订立劳动合同的，劳动关系自用工之日起建立。因此，劳动关系包括了劳动合同关系和事实劳动关系两种形态。

四、劳动合同的特征

劳动合同除了具有合同的共同特征之外，还有自己独有的下列特征：

（1）劳动合同主体具有特定性。一方是劳动者，即具有劳动权利能力和劳动行为能力的中国人、外国人和无国籍人；另一方是用人单位，即具有使用劳动能力的权利能力和行为能力的企业个体经济组织、事业组织、国家机关、社会团体等用人单位。双方在实现劳动过程中具有支配与被支配、领导与服从的从属关系。

（2）劳动合同内容具有劳动权利和义务的统一性和对应性。没有只享受劳动权利而不履行劳动义务的，也没有只履行劳动义务而不享受劳动权利的。一方的劳动权利是另一方的劳动义务，反之亦然。

（3）劳动合同客体具有单一性，即劳动行为。

（4）劳动合同具有诺成、有偿、双务合同的特征。劳动者与用人单位就劳动合同条款内容达成一致意见，劳动合同即成立。用人单位根据劳动者劳动的数量和质量给付劳动报酬，不能无偿使用劳动力。劳动者与用人单位均享有一定的权利并履行相应的义务。

（5）劳动合同往往涉及第三人的物质利益关系。劳动合同必须具备社会保险条款，同时劳动合同双方当事人也可以在劳动合同中明确规定有关福利待遇条款，而这些条款往往涉及第三人物质利益待遇。

五、劳动合同的作用

（一）劳动合同是建立劳动关系的基本形式

以劳动合同作为建立劳动关系的基本形式是世界各国的普遍做法。这是由于劳动过程是非常复杂的也是千变万化的，不同行业、不同单位合同劳动者在劳动过程中的权利义务各不相同，国家法律法规只能对共性问题做出规定，不可能对当事人的具体权利义务做出规定，这就要求签订劳动合同明确权利义务。

（二）劳动合同是促进劳动力资源合理配置的重要手段

用人单位可以根据经营或工作需要确定录用劳动者的条件和方式数量，并且通过签订不同类型不同期限的劳动合同，发挥劳动者的特长，合理使用劳动力。

（三）劳动合同有利于避免或减少劳动争议

劳动合同明确规定劳动者和用人单位的权利义务，这既是对合同主体双方的保障又是一种约束，有助于提高双方履行合同的自觉性，促使双方正确行使权力，严格履行义务。因为劳动合同的订立和履行有利于避免或减少劳动争议的发生，有利于稳定劳动关系。

六、劳动合同的种类

根据《中华人民共和国劳动合同法实施条例》第十八条、第十九条规定，劳动合同有“固定期限劳动合同”“无固定期限劳动合同”“单项劳动合同”。

（1）固定期限劳动合同，是指用人单位与劳动者约定合同终止时间的劳动合同。用人单位与劳动者协商一致，可以订立固定期限劳动合同。

（2）无固定期限劳动合同，是指用人单位与劳动者约定无确定终止时间的劳动合同，是原劳动法规定的长期合同。

（3）单项劳动合同，即没有固定期限，以完成一定工作任务为期限的劳动合同，是指用人单位与劳动者约定以某项工作的完成为合同期限的劳动合同。

七、劳动合同的内容

劳动合同的内容可分为两个方面：一方面是必备条款的内容，另一方面是协商约定的内容。

（一）必备条款

《劳动法》第十九条规定了劳动合同的法定形式是书面形式，其必备条款有七项：

1. 劳动合同期限

法律规定合同期限分为三种：有固定期限，如 1 年期限、3 年期限等均属这一种；无固定期限，合同期限没有具体时间约定，只约定终止合同的条件，无特殊情况，这种期限的合同应存续到劳动者到达退休年龄；以完成一定的工作为期限，如劳务公司外派一名员工去另外一家公司工作，两个公司签订了劳务合同，劳务公司与外派员工签订的劳动合同期限是以劳务合同的解除或终止而终止，这种合同期限就属于以完成一定工作为期限的种类。用人单位与劳动者在协商选择合同期限时，应根据双方的实际情况和需要来约定。

2. 工作内容

在这一必备条款中，双方可以约定工作数量、质量，劳动者的工作岗位等内容。在约定工作岗位时可以约定较宽泛的岗位概念，也可以另外签一个短期的岗位协议作为劳动合同的附件，还可以约定在何种条件下可以变更岗位条款等。掌握这种订立劳动合同的技巧，可以避免工作岗位约定过死，因变更岗位条款协商不一致而产生的争议。

3. 劳动保护和劳动条件

在这方面可以约定工作时间和休息休假的规定，各项劳动安全与卫生的措施，对女员工和未成年工的劳动保护措施与制度，以及用人单位为不同岗位劳动者提供的劳动、工作的必要条件等。

4. 劳动报酬

此必备条款可以约定劳动者的标准工资、加班加点工资、奖金、津贴、补贴的数额及支付时间、支付方式等。

5. 劳动纪律

此条款应当将用人单位制定的规章制度约定进来，可采取将内部规章制度印制成册，作为合同附件的形式加以简要约定。

6. 劳动合同终止的条件

这一必备条款一般是在无固定期限的劳动合同中约定，因这类合同没有终止的时限。但其他期限种类的合同也可以约定。需要注意的是，双方当事人不得将法律规定的可以解除合同的条件约定为终止合同的条件，以避免出现用人单位应当在解除合同时支付经济补偿金而改为终止合同不予支付经济补偿金的情况。

7. 违反劳动合同的责任

一般可约定两种形式的违约责任：一是由于一方违约给对方造成经济损失，约定赔偿损失的方式；二是约定违约金，采用这种方式应当注意根据职工一方承受能力来约定具体金额，不要出现显失公平的情形。另外，这里讲的违约，或者称违反劳动合同，不是指一般性的违约，而是指违约程度比较严重，达到致使劳动合同无法继续履行的程度，如职工违约离职、单位违法解除劳动者合同等。

（二）约定条款

按照法律规定，用人单位与劳动者订立的劳动合同除上述 7 项必须具备的条款内容外，还可以协商约定其他的内容，一般简称为协商条款或约定条款，其实称为随机条款似乎更准确，因为必备条款的内容也是需要双方当事人协商、约定的。

这类约定条款的内容，是当国家法律规定不明确，或者国家尚无法律规定的情况下，用人单位与劳动者根据双方的实际情况协商约定的一些随机性的条款。劳动行政部门印制的劳动合同样本，一般都将必备条款写得很具体，同时留出一定的空白地由双方随机约定一些内容。例如，可以约定试用期、保守用人单位商业秘密的事项、用人单位内部的一些福利待遇、房屋分配或购置等内容。

随着劳动合同制的实施，人们的法律意识、合同观念会越来越强，劳动合同中的约定条款的内容会越来越多。这是改变劳动合同千篇一律的状况、提高合同质量的一个重要体现。

八、商业秘密事项的约定

商业秘密是指不能从公开渠道直接获取的，能为权利人带来经济利益、具有实用性，并须权利人采取保密措施的信息。该信息必须全部具备上述三个特点，方能称为商业秘密。作为用人单位应特别注意对自己认为属于商业秘密的信息和资料采取切实可行的保密措施。比如，用内部规章制度对保密的范围、内容、岗位、人员、措施等加以明确，也就是制定保密制度；用协议书的形式与有关单位和职工约定保守秘密的权力与义务。只有如此，才能在发生争议之后，依法保护自己的合法利益。

劳动合同就是用人单位与劳动者的一种协议书，可以在其中约定商业秘密的内容。按照规定，可以约定在劳动合同终止前或该职工提出解除劳动合同后的一定时间内（不超过 6 个月），调整其工作岗位，变更劳动合同的相关内容；也可以约定用人单位对掌握商业秘密的职工规定在终止或解除劳动合同后的一定期限内（不超过 3 年），不得到生产同类产品或经营同类业务且有竞争关系的其他用人单位任职，也不得自己生产与原单位有竞争关系的同类产品或经营同类业务，但用人单位应当给予该职工一定数额的经济补偿。

九、约定劳动合同

签订劳动合同既可不约定试用期，也可约定试用期。但约定的试用期最长不得超过 6 个月。劳动合同期限在 3 个月以上不满 1 年的，试用期不得超过 1 个月；劳动合同期限在 1 年以上不满 3 年的，试用期不得超过 2 个月；3 年以上的固定期限和无固定期限的劳动合同，试用期不得超过 6 个月。试用期包括在劳动合同期限中。非全日制劳动合同，不得约定试用期，以完成一定工作任务为期限的劳动合同或者合同期限不满 3 个月的，不得约定试用期限。

试用期是用人单位与劳动者建立劳动关系后为相互了解、选择而约定的考察期，一般情况下适用于初次就业或再次就业时改变劳动岗位或工种的劳动者。因此，在试用期内劳动者若被证明不符合录用条件，用人单位可随时解除合同，而劳动者在试用期内认为用人单位的工作不适合自己，也可随时解除合同。学徒期是对进入某些工作岗位的新招工人熟悉业务、提高工作技能的一种培训方式。这一培训方式仍在继续采用，并按照技术等级标准规定的期限执行。见习期是大中专、技校毕业生新分配到用人单位工作的一种见习制度，期限为一年。综上所述，试用期与学徒期，或与见习期可以在劳动合同中同时约定，执行时应注意相互衔接好。

十、劳动合同的订立原则

《劳动合同法》第三条基本原则，订立劳动合同，应当遵守合法、公平、平等自愿、协调一致、诚实信用的原则。

1. 合法原则

劳动合同的形式和内容必须符合法律、法规的规定。按照劳动法的规定，除非全日制用工外，劳动合同需要以书面形式订立，这是《劳动合同法》对劳动合同形式的要求。

2. 公平原则

指劳动合同的内容应当公平、合理，就是符合法律规定的前提下，劳动合同的双方公正、合理地确立双方的权利和义务。公平是法律的价值选择之一，也是社会公德的体现。

3. 平等自愿原则

在劳动合同的订立过程中，劳动者与用人单位的法律地位是平等的。订立劳动合同完全出于劳动者和用人单位双方的真实意志，出于自愿而签订。

4. 协商一致原则

协商一致原则要求用人单位和劳动者对合同的内容达成一致意见。合同是双方意思表示一致的结果。劳动合同是合同的一种类型，也受到自由意志协商一致的制约。在订立劳动合同时，用人单位和劳动者都要仔细研究合同的每项内容，进行充分的沟通和协商，解决分歧，达成一致意见。

5. 诚实信用原则

诚实信用原则是一项社会基本道德原则。《劳动合同法》第八条规定，用人单位招用劳动者时，应当如实告知劳动者工作内容、工作条件、工作地点、职业危害、安全生产状况、劳动报酬，以及劳动者要求了解的其他情况；用人单位有权了解劳动者与劳动合同直接相关的基本情况，劳动者应当如实说明。

十一、劳动合同的变更

合同的变更是指在合同成立以后，尚未履行或未完全履行以前，当事人就合同的内容达成的修改和补充。《劳动合同法》第三十五条规定，用人单位与劳动者协商一致，可以变更劳动合同约定的内容。变更劳动合同，应当采用书面形式。其特征如下：（1）合同的变更必须经当事人协商一致，是在原来合同的基础上达成变更协议；（2）合同内容的变更是指合同内容的局部变化，不是合同内容的全部变更；（3）合同变更后，原合同变更的部分依变更后的内容履行，原合同没有变更的部分依然有效，即合同的变更并没有消灭原合同关系，只是对原合同的内容进行了部分修改。

十二、劳动合同的解除

合同解除包括双方解除和单方解除。双方解除是当事人双方为了消灭原有的合同而订立的新合同，即解除合同。单方解除是指当事人一方通过行使法定解除权或者约定解除权而使合同的效力消灭。

（一）劳动者与用人单位双方协商一致解除劳动合同

《劳动法》第二十四条规定，经劳动合同当事人协商一致，劳动合同可以解除。

（二）劳动者单方解除劳动合同

根据《中华人民共和国劳动合同法实施条例》第十八条规定，具有下列情形之一的：

（1）劳动者与用人单位协商一致的。

（2）劳动者提前 30 日以书面形式通知用人单位的。

（3）劳动者在试用期内提前 3 日通知用人单位的。

（4）用人单位未按照劳动合同约定提供劳动保护或者劳动条件的。

（5）用人单位未及时足额支付劳动报酬的。

（6）用人单位未依法为劳动者缴纳社会保险费的。

（7）用人单位的规章制度违反法律、法规的规定，损害劳动者权益的。

（8）用人单位以欺诈、胁迫的手段或者乘人之危，使劳动者在违背真实意思的情况下订立或者变更劳动合同的。

（9）用人单位在劳动合同中免除自己的法定责任、排除劳动者权利的。

（10）用人单位违反法律、行政法规强制性规定的。

（11）用人单位以暴力、威胁或者非法限制人身自由的手段强迫劳动者劳动的。

（12）用人单位违章指挥、强令冒险作业危及劳动者人身安全的。

（13）法律、行政法规规定劳动者可以解除劳动合同的其他情形。

（14）劳动者提前 30 日以书面形式通知用人单位，可以解除劳动合同。劳动者在试用期内提前 3 日通知用人单位，可以解除劳动合同。

（三）用人单位可以单方解除劳动合同的情形

根据《中华人民共和国劳动合同法实施条例》第十九条规定，有下列情形之一的，依照劳动合同法规定的条件、程序，用人单位可以与劳动者解除固定期限劳动合同、无固定期限劳动合同或者以完成一定工作任务为期限的劳动合同：

（1）用人单位与劳动者协商一致的；

（2）劳动者在试用期间被证明不符合录用条件的；

（3）劳动者严重违反用人单位的规章制度的；

（4）劳动者严重失职，营私舞弊，给用人单位造成重大损害的；

（5）劳动者同时与其他用人单位建立劳动关系，给完成本单位的工作任务造成严重影响，或者经用人单位提出，拒不改正的；

（6）劳动者以欺诈、胁迫的手段或者乘人之危，使用人单位在违背真实意思的情况下订立或者变更劳动合同的；

（7）劳动者被依法追究刑事责任的；

（8）劳动者患病或者非因工负伤，在规定的医疗期满后不能从事原工作，也不能从事由用人单位另行安排的工作的；

（9）劳动者不能胜任工作，经过培训或者调整工作岗位，仍不能胜任工作的；

（10）劳动合同订立时所依据的客观情况发生重大变化，致使劳动合同无法履行，经用人单位与劳动者协商，未能就变更劳动合同内容达成协议的；

（11）用人单位依照企业破产法规定进行重整的；

（12）用人单位生产经营发生严重困难的；

（13）企业转产、重大技术革新或者经营方式调整，经变更劳动合同后，仍需裁减人员的；

（14）其他因劳动合同订立时所依据的客观经济情况发生重大变化，致使劳动合同无法履行的。

（四）用人单位不得解除劳动合同的情形

为了充分保障劳动者的合法权益，根据《劳动合同法》第四十二条规定，劳动者有下列情形之一的，用人单位不得依照本法第四十条、第四十一条的规定解除劳动合同

（1）从事接触职业病危害作业的劳动者未进行离岗前职业健康检查，或者疑似职业病病人在诊断或者医学观察期间的；

（2）在本单位患职业病或者因工负伤并被确认丧失或者部分丧失劳动能力的；

（3）患病或者非因工负伤，在规定的医疗期内的；

（4）女职工在孕期、产期、哺乳期的；

（5）在本单位连续工作满十五年，且距法定退休年龄不足五年的；

（6）法律、行政法规规定的其他情形。

十三、劳动合同的终止

《劳动法》第二十三条规定，劳动合同期满或者当事人约定的劳动合同终止条件出现，劳动合同即行终止。

《劳动合同法》第四十四条，有下列情形之一的，劳动合同终止：

（1）劳动合同期满的；

（2）劳动者开始依法享受基本养老保险待遇的；

（3）劳动者死亡，或者被人民法院宣告死亡或者宣告失踪的；

（4）用人单位被依法宣告破产的；

（5）用人单位被吊销营业执照、责令关闭、撤销或者用人单位决定提前解散的；

（6）法律、行政法规规定的其他情形。

《中华人民共和国劳动合同法实施条例》第二十一条规定，劳动者达到法定退休年龄的，劳动合同终止。

十四、劳动合同的违约

违约责任的承担方式可以约定两种形式：第一种是赔偿损失的方法，即约定由违约一方赔偿给对方造成的经济损失；第二种是约定违约金，采用这种方式应当注意根据职工一方承受能力来约定具体金额，不要出现显失公平的情形。另外，所谓的违约，不是一般性的违约，而是指比较严重的违约，造成劳动合同无法继续履行，如职工违约离职，单位违法解除劳动合同等。

（一）用人单位的违约责任

《劳动合同法》第八十七条规定，用人单位违反本法规定解除或者终止劳动合同的，应当依照本法第四十七条规定的经济补偿标准的二倍向劳动者支付赔偿金。

（二）劳动者的违约责任

根据《中华人民共和国劳动合同法实施条例》第二十六条规定，用人单位与劳动者约定了服务期，劳动者依照劳动合同法第三十八条的规定解除劳动合同的，不属于违反服务期的约定，用人单位不得要求劳动者支付违约金。

有下列情形之一，用人单位与劳动者解除约定服务期的劳动合同的，劳动者应当按照劳动合同的约定向用人单位支付违约金：

（1）劳动者严重违反用人单位的规章制度的；

（2）劳动者严重失职，营私舞弊，给用人单位造成重大损害的；

（3）劳动者同时与其他用人单位建立劳动关系，对完成本单位的工作任务造成严重影响，或者经用人单位提出，拒不改正的；

（4）劳动者以欺诈、胁迫的手段或者乘人之危，使用人单位在违背真实意思的情况下订立或者变更劳动合同的；

（5）劳动者被依法追究刑事责任的。

十五、劳动合同的仲裁

《中华人民共和国劳动争议调解仲裁法》第二条规定，中华人民共和国境内的用人单位与劳动者因订立、履行、变更、解除和终止劳动合同发生的争议，依法由劳动争议仲裁委员会仲裁裁决。劳动争议由劳动合同履行地或者用人单位所在地的劳动争议仲裁委员会管辖。双方当事人分别向劳动合同履行地和用人单位所在地的劳动争议仲裁委员会申请仲裁的，由劳动合同履行地的劳动争议仲裁委员会管辖。当事人对发生法律效力的调解书、裁决书，应当依照规定的期限履行。一方当事人逾期不履行的，另一方当事人可以依照民事诉讼法的有关规定向人民法院申请执行。受理申请的人民法院应当依法执行。

在劳动争议纠纷案件中，因用人单位做出开除、除名、辞退、解除劳动合同、减少劳动报酬、计算劳动者工作年限等决定而发生劳动争议的，由用人单位负举证责任。

十六、劳动合同文件的管理方法

对于劳动合同的分类，可以采用通常的文件的管理方法——5S 现场管理法，现代企业管理模式，5S 即整理（SEIRI）、整顿（SEITON）、清扫（SEISO）、清洁（SEIKETSU）、素养（SHITSUKE），又被称为“五常法则”或“五常法”。

课堂思考

劳动合同的种类有哪些?

知识链接 搜索

劳动合同相关范本

一、劳动合同范本

编号＿＿＿＿＿＿

劳 动 合 同 书

甲方（用人单位）名称：＿＿＿＿＿＿＿＿＿＿＿＿＿＿＿＿

地址：＿＿＿＿＿＿＿＿＿＿＿＿＿＿＿＿

乙方（劳动者）姓名：＿＿＿＿＿＿＿＿＿＿＿＿＿＿＿＿

出生年月：＿＿＿＿＿＿＿＿＿＿＿＿＿＿＿＿

家庭住址：＿＿＿＿＿＿＿＿＿＿＿＿＿＿＿＿

居民身份证号码：＿＿＿＿＿＿＿＿＿＿＿＿＿＿＿＿

××××市劳动和社会保障局监制

甲乙双方根据《中华人民共和国劳动合同法》等法律、法规、规章的规定，在平等自愿、协商一致的基础上，同意订立本合同，共同遵守本合同所列条款。

一、合同期限和工作内容、工作地点

第一条　本合同自20＿＿年＿＿月＿＿日起至20＿＿年＿＿月＿＿日止。期限为＿＿年（月）。

试用期自20＿＿年＿＿月＿＿日至20＿＿年＿＿月＿＿日止，期限为＿＿天。

第二条　根据甲方工作需要，乙方同意从事＿＿＿＿部门＿＿＿＿岗位（工种）工作，乙方的工作地点为：××××市××××路与××××路交会处。经甲乙双方协商同意，可以变更工作岗位（工种）。

第三条　乙方应按照甲方的工作岗位（工种）要求，按时完成规定的工作数量达到规定的工作质量标准。

二、工作时间和休息休假

第四条　甲方安排乙方执行以下第＿＿项工作制。

（一）实行标准工时工作制的，甲方安排乙方每日工作时间不超过八小时，每周不超过四十小时。甲方因工作需要，经与乙方协商后可以延长工作时间，一般每日不超过一小时。甲方因特殊工作需要延长工作时间的，在保障乙方身体健康的条件下，延长工作的时间每日不超过三小时，每月不超过三十六小时。

（二）实行综合计算工时工作制的，平均每日工作时间不超过八小时，平均每周工作时间不超过四十小时。

（三）实行不定时工作制的，甲乙双方协商按工作需要安排工作时间和休息休假。

第五条　乙方在合同期内享受国家规定的各项休息、休假的权利。

第六条　甲方延长乙方工作时间，应依法安排乙方同等时间补休或支付加班加点工资。

三、劳动保护和劳动条件

第七条　甲方不得招录用未满 16 岁的未成年人，并按国家规定对女职工实行特殊劳动保护。

第八条　甲方为乙方提供必要的工作条件和劳动工具，建立健全工作流程，制定工作规则和劳动安全卫生制度及其标准。甲方应按照有关部门的规定组织安排乙方到指定的医疗单位进行健康检查。

第九条　甲方有义务负责对乙方进行政治思想、职业道德、业务技术、劳动安全卫生及有关规章制度的教育和培训。

四、劳动报酬

第十条　甲方每月 ____ 日以货币形式足额支付乙方的工资，工资不低于 ____ 元，其中试用期间工资为 ________ 元（试用期间工资不低于本单位同工种、同岗位职工工资的 80%）。甲方支付的工资应不违反国家有关最低工资标准的规定。并依法根据国家相关规定代扣代缴员工的个人所得税。

第十一条　员工薪酬实行月工资制度，工资结构由岗位工资、店龄工资及津贴组成，具体标准参照甲方薪酬管理制度执行。

第十二条　实行计时或岗位工资的，每月标准工资为 ____________________ 元。

实行底薪加提成工资的，每月底薪为 ______ 元，提成为完成工作定额的 ______% 计提或为依据甲方针对某一单项奖励规定计提。

第十三条　乙方依法享受年休假、婚假、丧假等假期。

第十四条　甲方安排乙方延长工作时间，支付不低于乙方工资 150% 的加班加点工资；公休日安排乙方工作又不能安排补休的，支付不低于乙方工资 200% 的加班加点工资；法定休假日安排乙方工作的，支付不低于乙方工资 300% 的加班加点工资。

第十五条　甲方安排乙方在每日 24 时到次日 6 时工作的，每个工作日夜班应补贴 ________ 元。

第十六条　非因乙方原因造成甲方停工、歇业，未超过一个月的，甲方应按本合同约定的工资标准支付乙方工资；超过一个月，未安排乙方工作的，甲方应按不低于当地失业保险标准支付乙方停工生活费。

五、保险福利待遇

第十七条　在乙方试用期满后，甲方应按国家和地方有关社会保险的法律、法规和政策规定为乙方缴纳社会保险费；社会保险费个人缴纳部分，甲方可从乙方工资中代扣代缴。

甲乙双方解除、终止劳动合同时，甲方应按有关规定为乙方办理社会保险有关手续。

第十八条　乙方在孕期、产期、哺乳期等各项待遇，按国家和地方有关生育保险政策规定执行。

第十九条　甲方还为乙方提供以下福利待遇：

1. ____________________

2. ____________________

3. ____________________

六、劳动纪律和规章制度

第二十条　甲方依法制定的各项规章制度应向乙方公示。

第二十一条　乙方应严格遵守甲方制定的规章制度，完成劳动工作指标任务，提高职业技能，执行劳动安全卫生规程，遵守劳动纪律和职业道德。

第二十二条　乙方有权拒绝甲方安排违法、不道德或损害乙方身心健康的行为，有权提出批评并向有关部门检举控告。

第二十三条　乙方应保守甲方的商业秘密。甲方对乙方的个人资料，未经乙方的同意，不得公开和泄露。

第二十四条　乙方违反劳动纪律，甲方可依据甲方规章制度，给予相应的行政处分、行政处理、经济处罚等，直至解除本合同。

七、劳动合同的变更、解除、终止、续订

第二十五条　订立本合同所依据的法律、行政法规、规章发生变化，本合同将变更相关内容。

第二十六条　订立本合同所依据的客观情况发生重大变化，致使本合同无法履行时，可以解除本合同。

第二十七条　订立劳动合同时，甲方不得以任何形式向乙方牟取不正当利益，不得要求强迫乙方集资入股，也不得扣押乙方的身份证等证件。

第二十八条　经甲乙双方协商一致，可以变更本合同相关内容或解除本合同。

第二十九条　乙方有下列情形之一，甲方可以解除本合同。

1. 在试用期间，被证明不符合录用条件的；

2. 严重违反劳动纪律或甲方规章制度的；

3. 严重失职、营私舞弊，对甲方利益造成重大损害的；

4. 被依法追究刑事责任或被劳动教养的；

5. 乙方同时与其他用人单位建立劳动关系，对完成甲方工作任务造成影响，或者经甲方提出拒不改正的。

第三十条　乙方有下列情形之一，甲方可以解除本合同，但应提前三十日以书面形式通知乙方：

1. 乙方患病或非因工伤，医疗期满后不能从事原工作也不能从事甲方另行安排的工作的；

2. 乙方不能胜任工作，经过培训或调整工作岗位，仍不能胜任工作或不服从甲方工作安排的。

第三十一条　甲方濒临破产进行法定整顿期间或者生产经营发生严重困难，或根据经营情况进行优化调整，用人单位提前三十日向工会或全体员工说明情况，听取工会或职工的意见，并向劳动行政部门报告后，可以解除本合同。

第三十二条　乙方要求解除劳动合同，应当提前三十日以书面形式通知甲方。

但有下列情形之一，乙方可以随时通知甲方解除本合同，甲方应当支付相应的劳动报酬并依法缴纳社会保险：

1. 在试用期内提前三日通知用人单位；

2. 甲方以暴力、威胁、监禁或者非法限制人身自由的手段强迫劳动的；

3. 甲方不能按照本合同规定支付劳动报酬或者提供劳动条件的。

第三十三条　本合同期限届满，劳动合同即终止。甲乙双方经协商同意，可以续订劳动合同。

第三十四条　本合同期限届满后，未办理终止劳动合同手续仍存在劳动关系，甲乙双方协商在合同期限届满后 15 天内办理续订或解除相关手续；乙方在甲方连续工作十年以上符合续订无固定期限劳动合同条件的，甲方应与其签订无固定期限劳动合同，其具体内容届时甲乙双方另行协商确定。

第三十五条　以欺诈、胁迫的手段或者乘人之危，使对方在违背真实意愿的情况下订立或者变更的劳动合同无效。

第三十六条　本合同依法订立后，不因承办人或法定代表人变动而解除。

八、经济补偿与赔偿

第三十七条　甲方克扣或者无故拖欠乙方工资的、拒不支付乙方延长工作时间工资报酬的、甲方支付乙方的工资报酬低于本地最低工资标准的，应依据劳动合同法的相关规定支付乙方的经济补偿。

第三十八条　甲方解除乙方劳动合同，除本合同第三十二条规定情形外，甲方应按国家和地方有关规定支付乙方经济补偿。

第三十九条　乙方违反规定或本合同的约定解决本合同，对甲方造成损失的，乙方还应赔偿甲方下列损失：

1. 对生产、经营和工作造成的直接经济损失；

2. 本合同约定的其他赔偿费用。

九、违反劳动合同的责任

第四十条　乙方书面申请辞职后最后一个月工作期内，因工作失职给甲方造成经济损失的，甲方可与乙方解除合同，甲方不支付乙方任何补偿。

第四十一条　本合同当事人任何一方违反本合同时，应承担违约责任，向对方支付违约金________________。

第四十二条　其他违约责任________________________

十、双方约定的其他事项

第四十三条____________________________________

十一、劳动争议处理

第四十四条　因履行本合同发生的劳动争议，当事人可以向本单位劳动争议调解委员会申请调解；不愿调解或调解不成，当事人一方要求仲裁的，应当自劳动争议发生之日起六十日内向××××市劳动争议仲裁部门申请仲裁处理。当事人一方也可以直接向劳动争议仲裁部门申请仲裁，对仲裁裁决不服的，可以向人民法院提起诉讼处理。

十二、其他

第四十五条　以下专项协议和规章制度作为本合同的附件，与本合同具有同等法律效力，乙方自愿遵照执行。

（一）《员工手册》______

（二）《岗位说明书》______

（三）《员工离职补充规定》及相关规章制度______

第四十六条　本合同未尽事宜，双方可另协商解决；与今后国家法规和有关规定相悖的，按新的国家法规及有关规定执行。

第四十七条　本合同一式两份，甲乙双方各执一份。

第四十八条　乙方确定下列地址为劳动关系管理相关文件、文书送达地址。如以下地址发生变化，乙方应及时书面告知甲方。

______

______

______

（特别提示：以上条款内容甲乙双方在签署本合同前，均应事先仔细阅读，并详细了解本合同以及附件内容，双方签字后即行生效。）

甲方（盖章）： 法定代表人或 委托代理人（签名）： ______年____月____日	乙方（签名）： ______年____月____日
鉴证机关（盖章）：	鉴证人（签章）： ______年____月____日

二、劳动合同续订书范本

劳动合同续订书

经甲乙双方协商一致，同意续订______年______月______日签订的劳动合同，续订类型为______期限合同，期限为______年______月______日起至______年______月______日止。

甲方（盖章）：　　　　　　　　　　乙方（签名）：

法定代表人或
委托代理人（签名）：

______年______月______日　　　　______年______月______日

劳动合同变更书

经甲乙双方平等自愿、协商同意，对______年______月______日签订的劳动合同书做如下变更：

____
____
____
____
____
____
____
____
____

甲方（盖章）：　　　　　　　　乙方（签名）：

法定代表人或
委托代理人（签名）：

______年______月______日　　　　______年______月______日

——资料来源：360doc 个人图书馆 http：//www.360doc.cn/

第三节　酒店员工职业安全管理

安全工作是酒店经营管理的基础工作，是酒店各项工作顺利开展的保障。员工的安全与健康是酒店经营的基础，保护员工、关注员工的生产安全，关心员工的身体健康，规范员工的劳动卫生生产，是酒店人力资源管理中的基本内容，也是满足员工的安全需要，激发员工劳动积极性的必要手段。国家的职业安全卫生法规范属于强制性法律规范，具有必须严格执行的法律约束力，所有酒店必须严格执行。

一、职业安全卫生管理制度的内容

（一）国家规定的职业安全卫生标准，劳动安全技术规程、劳动卫生课程

职业安全卫生标准是以保护劳动者健康为目的，对劳动条件（工作场所）的卫生要求做出的技术规定，是实施职业卫生法律、法规的技术规范，是卫生监督和管理的法定依据。

劳动安全技术规程是指国家为了保护劳动者在劳动过程中的安全，防止伤亡事故发生所采取的各种安全技术保护措施的规章制度。包括工厂安全技术规程、矿山安全技术规程和建筑安装工程安全技术规程等。

劳动安全卫生，又称劳动保护，是指直接保护劳动者在劳动中的安全和健康的法律保障。

（二）劳动安全管理制度

该制度包括：安全生产责任制度，安全技术措施计划管理制度，安全生产教育制度，安全生产检查制度，重大事故隐患管理制度，安全卫生认证制度，伤亡事故报告和处理制度，个人劳动安全卫生防护用品管理制度，劳动者健康检查制度。

（三）女职工劳动保护特别规定

该规定为了减少和解决女职工在劳动中因生理特点造成的特殊困难，保护女职工健康。

二、安全管理

酒店的安全管理是酒店管理的重中之重，一个安全的环境是一个酒店可以提供给客户的服务的基础。因此，在酒店人力资源管理中，一直把员工的安全和与之相关的劳动保险作为酒店人力资源工作的重点。狭义的概念是酒店经营所涉及的治安、消防等各方面的安全流程和防范措施。广义的概念是酒店经营过程中涉及的治安、消防以及酒店劳动安全、酒店内部运作中发生的各种事故的处理。安全防范的内容是以保障住客以及员工安全为目的，主要以防火、防盗、防抢、防破坏、防自然灾害等防范措施。

（一）安全管理对于酒店的影响

酒店的安全事故不仅会给住客和家属带来痛苦，会使饭店尤其是一些连锁型的酒店集团声誉上受损。特别是一些火灾或者工伤事故，不仅会影响酒店的形象，还会直接影响酒店的经营利润。安全事故高昂的代价，无论是直接的经济损失还是间接的负面影响都会对酒店正常经营造成负面影响。

（1）酒店管理中不安全因素的分析。

不安全因素主要包括：人机系统所造成的不安全因素，人为失误导致的不安全因素，物品的不安全状态。存在的主要风险有火灾、食物中毒、人身意外、爆炸、黄赌毒、盗窃、诈骗、交通事故、停电、打架斗殴、自然灾害。

（2）酒店发生事故的原因。

主要有：员工的疲劳工作、注意力不集中、违规操作、工作环境差以及设备老旧出现的隐患等。

（二）加强酒店安全管理的方法和措施

劳动安全需要企业和员工共同努力。酒店是一个公共场所，酒店和员工都必须有安全生产的意识。保障酒店的安全生产，不仅是对宾客的安全更是对员工和酒店的安全负责。

（1）树立酒店安全管理意识。

酒店的安全管理工作要以“预防为主、防消结合”为原则，做好防火、防盗、防诈骗、防食物中毒、防意外事故等“五防”工作，确保酒店员工的人身安全。

（2）酒店采取相关安全措施。

为了保证员工的人身安全，除了为员工提供必需的劳动保护之外，还要提供相关的信息、建议、安全防护培训等，如消防安全的培训、急救方面的培训、治安管理方面的培训等。

（3）员工自身提高安全生产意识。

员工对于酒店针对各个岗位的作业规范必须严格执行，发现规范中存在隐患的必须及时向管理部门提出。避免存在隐患造成安全事故。员工必须提升安全生产意识。

（4）酒店安全管理的常态化、操作标准安全化、控制手段安全化。

对于特殊工作岗位设立专门的培训计划，如保安、电工。对于各岗位设定严格的作业规范，从规范化的操作中消除安全事故的隐患。经常组织员工学习消防、治安等专业知识，利用事故的教训，开展安全教育学习。工作场所必须定期检查，杜绝因为环境管理中存在安全隐患造成的安全生产事故。关心员工的健康状况，定期体检，合理安排员工的工作时间，保证员工良好的工作状态，避免因为疲劳工作造成不安全的隐患。人性化的员工管理，提升员工的工作积极性和良好的工作状态。在操作规程上严格标准，在重要环节保证设备的健康使用状态。

（5）建立自动安检制度。

酒店要防止职业灾害，保障员工的安全与健康，必须事先发现不安全及不卫生的因素，立即设法清除或控制（见表 7–1）。为达到目的，就必须实施安全卫生检查，对于酒店内各项设施设备、工作环境及操作人员的行为经常做详细的检查，督导改进，以减少损失的发生。酒店的自动安检可分为定期检查和非正式检查。

表 7–1　内务环境检查

区域	是否清理干净		
	是	否	备注
1. 各办公室、车库、公共走道、太平梯清扫。			
2. 酒店内所有扶手、标志、灯具的擦拭。			
3. 各厨房垃圾收集处理。			
4. 垃圾间整理及垃圾装车。			
5. 庭院垃圾收集及处理。			
6. 各营业场所垃圾收集及处理。			
7. 各厨房地板清理。			
8. 各营业外场地板清理。			
9. 各营业外场地毯吸尘。			
10. 宴会厅走到的清洗。			
11. 各厨房排油烟机的清洗。			
12. 各营业场所外场玻璃的清洗。			

检查人员签名：________________　　　日期：________________

部门主管签名：________________　　　日期：________________

三、确保员工职业安全

保障员工的安全既是劳动法规的要求，也是酒店业管理活动的基本保障，还是酒店取得良好经营效益的基础。保障员工的安全，主要包括以下两个方面：

（1）保障员工人身安全。

保障员工的身体健康，人身不受伤害。

（2）保障员工合法权益。

酒店员工分布在酒店前后台各个岗位，要维护他们的合法权益，保持员工队伍的稳定，保障酒店的服务质量的水平。

酒店人力资源部在制定酒店相关员工制度以及审定各部门工作规范时，必须关注其是否符合酒店的劳动安全规定。根据安全管理的需求定期组织员工进行安全宣传和培训。要配合保安部门完善各类安全事故的处理预案，时刻关注员工的工作及健康状态，合理安排工作，避免因为疲劳造成安全事故。

课堂思考

安全管理对于酒店的影响有哪些？

知识链接 搜索

厨房安全守则

厨房安全守则

（一）工作环境

1. 厨房运作时应小心地面湿滑，应穿着防滑鞋，在地上渍水时或完成餐饮工作后；

2. 应清理地板，保持干爽；

3. 经常清理排水系统，保持畅通；

4. 物品不应放置于通道上，以免被绊倒；

5. 物品放置要安稳，以免塌下伤人；

6. 物品放置不可阻碍消防设备使用；

7. 于温度高的环境下工作，应常补充适量水分及盐分；

8. 通风器材损坏时应立即安排维修；

9. 地面不平时应立即通知所有厨房员工并及时安排维修，以免被绊倒；

10. 工作环境应常清洁且食物残渣应常清理，以保持环境卫生；

11. 不应让非厨房人员或相关工作人员进入厨房；

12. 在易使脚部潮湿、受寒的工作地点，要使用木头站板。

（二）用电安全

1. 手湿不应插插头；

2. 不应拉扯电线去拉出插头，应弄干手后拔出插头；

3. 清理用电设备时必须将插头移离电源，确保电源截断；

4. 插头插座周围应保持干爽，不可被水滴；

5. 插头不应负荷过重；

6. 电器应妥当接地并安装漏电断路器，以防漏电；

7. 只有合资格人员才可安装及维修电器设备。

（三）厨房锋利用具

1. 刀具应保持良好状态；

2. 刀具不用时应妥善存放，以免下坠造成伤害；

3. 使用刀具时应使用防割手套；

4. 切料时应在稳固不易移位的砧板或桌面上进行；

5. 大力刀斩时应留意身旁无人；

6. 除刀割外，刀具不应作其他用途，如开罐头。

（四）灼热东西

1. 滚热液体应小心摆放，不可过满；

2. 清洁加热后的器具时，应小心余热未散；

3. 小心油炸及蒸煮时，开盖的高温蒸汽；

4. 不应使用欠缺防热手柄的器具；

5. 运送滚热东西时小心烫伤，应加毛巾隔热。

（五）设备使用

1. 应参阅设备原厂说明书（如有）使用设备；

2. 清楚设备的安全设置，如设备损坏应标识，以防他人误用，并尽快安排维修；

3. 煤气设备必须由持牌承办商修理。

（六）化学清洁用品

1. 盛载化学品的容器上，应张贴清楚合适标签；

2. 化学品不应放近高温或近火的地方；

3. 注意清洁用品的标签，按要求配戴适合个人的防护装备；

4. 洗地时，不可将漂白水与其他清洁剂混合或同时使用，以免有害气体释出；

5. 使用漂白水或强力清洁剂时，应保持场所通风良好。

（七）其他

1. 保持个人卫生；

2. 妥善保存食物；

3. 保持厨房用具清洁；

4. 刀伤或烫伤应立即处理；

5. 保持正确的搬运姿势及采用合适的搬运器具；

6. 使用结构合适的梯子及正确的姿势清洁高挂设施；

7. 清洁隔油池时，需配戴胶手套；

8. 八字梯脚踏损毁或缺接铰（或合适接绳）时，不可使用。

——资料来源：职业餐饮网 http：//www.canyin168.com

复习与思考

一、名词解释

酒店员工规章制度

劳动合同

二、简答题

1. 员工规章制度的特点。

2. 劳动合同的含义。

三、单选题

1. 劳动者已在该用人单位连续工作满（　　）的可以申请签订无固定期限劳动合同。

A. 1 年　　B. 3 年　　C. 5 年　　D. 10 年

2. 劳动法规定最长的试用期限是（　　）。

A. 1 个月　　B. 3 个月　　C. 6 个月　　D. 1 年

3. 国家的职业安全卫生法规范属于（　　）法律规范，具有必须严格执行的法律约束力，所有酒店必须严格执行。

A. 地方性　　B. 推荐性　　C. 强制性

4. 根据《劳动法》的规定，劳动者在试用期的工资不得低于本单位相同岗位最低档工资的（　　）或者不得低于劳动合同约定工资的（　　），并不得低于用人单位所在地的最低工资标准。

A. 60%　　B.70%　　C. 80%　　D. 50%

5. 非全日制劳动者在同一用人单位一般平均每日的工作时间不超过（　　）小时。

A. 4　　B. 8　　C. 10　　D. 12

四、多选题

为了充分保障劳动者的合法权益，根据《劳动合同法》第四十二条规定，劳动者有下列（　　）情形之一的，用人单位不得依照本法第四十条、第四十一条的规定解除劳动合同：

A. 员工已签订无固定期限合同的

B. 患病或者非因工负伤，在规定的医疗期内的

C. 女职工在孕期、产期、哺乳期的

D. 在本单位连续工作满十五年，且距法定退休年龄不足五年的

五、案例分析题

试用期内受伤

2012 年 12 月，洪某应聘到一家酒店工作，双方约定试用期为 3 个月，待试用期结束转正后再与酒店签订正式的书面劳动合同，并依法享受五险一金待遇。2013 年 2 月，洪某在工作时不慎被机器将右手两根手指绞断，花去治疗费等 1 万余元。之后洪某多次找酒店要求申报工伤，但酒店认为，试用期内厂里没有义务为聘用人员缴纳社会保险，发生工伤与酒店无关。无奈之下，洪某向法院提起诉讼，要求酒店赔偿工伤等各项费用 12.7 万元。

思考题：

1. 根据案例描述，洪某能定性为工伤吗？

2. 试用期内酒店是否应该为员工缴纳保险？

参考资料

孙宗虎，李亚慧 . 员工手册编写范本（第 4 版）[M] . 北京：人民邮电出版社，2017.

王晓均 . 员工手册编制实操 [M] . 北京：中国铁道出版社，2020.

中国劳动社会保障出版社法制图书编辑部．劳动关系与劳动合同［M］．北京：中国劳动社会保障出版社，2019.

法律出版社法规中心．新编劳动合同法小全书［M］．北京：法律出版社，2020.

法律出版社法规中心．2020 中华人民共和国劳动和社会保障法律法规全书（含全部规章）［M］．北京：法律出版社，2020.

第八章

酒店的员工关系管理

酒店员工关系管理的主要职责是协调员工与公司、员工与员工之间的关系，引导建立积极向上的工作环境。良好的员工关系能够极大地增强企业的竞争力。

跨文化管理有利于解决文化差异、文化冲突所带来的问题，通过跨文化管理形成共同的文化，才能对员工的思想、心理和行为进行有效的约束和控制。

如何预防、妥善处理人力资源危机，把握危机期间的各种关系，进行积极的危机管理，使酒店减少或避免危机产生的影响，已经成为人力资源管理者关注的话题。

本章介绍了酒店员工关系管理、员工关爱管理的概念和内容，通过对酒店新生代员工的冲突管理和跨文化管理的介绍，有效增强了酒店人力资源在员工管理方面的能力，让酒店有更强的竞争力。

学习目标

知识目标

1 理解酒店员工关系管理的重要性。

2 了解酒店新生代员工管理的方法。

3 了解跨文化管理在酒店管理中的作用。

4 了解人力资源危机管理的类型。

技能目标

1 熟悉酒店员工关爱的具体内容。

2 熟悉酒店员工关系的具体内容。

3 熟悉跨文化管理的具体表现。

4 了解人力资源危机管理的应对方法。

案 例

这样的激励合理吗？

某市一家三星级酒店迎来了一年一度的商品交易会，恰逢十一黄金周，所以整整一个月客情非常好，酒店员工几乎天天加班，没有休假。各部门在开例会的时候都传达了总经理的表态，在交易会结束之后要奖励酒店所有员工。然而直到年底，依然没有实施任何奖励，员工开始消极怠工，并牢骚不断。眼看春节繁忙的时段又要来了，各部门不断有员工请假，并由此影响了酒店正常的优质服务，导致客人投诉现象增多，结果春节的盈利远远低于预期。而前一年黄金周的奖励终于在春节之后发放。

——资料来源：迈点网 http：//www.meadin.com

案例分析

你认为这家酒店的员工激励政策有什么需要改进的地方？你认为“十一”黄金周的奖励应该在什么时间发放比较合适？

第一节　酒店员工关系管理

一、员工关系管理概述

员工关系管理是在企业人力资源体系中，各级管理人员和人力资源职能管理人员，通过拟订和实施各项人力资源政策和管理行为，以及其他的管理沟通手段调节企业和员工、员工与员工之间的相互联系和影响，从而实现组织的目标并确保为员工、社会增值。从狭义上讲，员工关系管理就是企业和员工的沟通管理，这种沟通更多采用柔性的、激励性的、非强制的手段，从而提高员工满意度，支持组织其他管理目标的实现。其主要职责是：协调员工与管理者、员工与员工之间的关系，引导建立积极向上的工作环境。

酒店的管理者往往会花费相当一部分时间来处理员工与员工之间，员工与企业之间的冲突矛盾。根据调查显示，酒店管理层的工作中有 70% 甚至更多的时间是用来与员工沟通与交流的。

二、员工关系管理的具体内容

从广义的概念上看，员工关系管理的内容涉及企业整个企业文化和人力资源管理体系的构建。有企业愿景和价值观确立，内部沟通渠道的建设和应用，组织的设计和调整，人力资源政策的制定和实施等。所有涉及企业与员工、员工与员工之间的联系和影响的方面，都是员工关系管理体系的内容。

从管理职责来看，员工关系管理主要有以下九个方面：

（一）劳动关系管理

劳动争议处理，员工上岗、离岗面谈及手续办理，处理员工申诉、人事纠纷和意外事件。

（二）员工纪律管理

引导员工遵守公司的各项规章制度、劳动纪律，提高员工的组织纪律性，在某种程度上对员工行为规范起约束作用。

（三）员工人际关系管理

引导员工建立良好的工作关系，创建利于员工建立正式人际关系的环境。

（四）沟通管理

保证沟通渠道的畅通，引导公司上下及时进行双向沟通，完善员工建议制度。

（五）员工绩效管理

制定科学的考评标准和体系，执行合理的考评程序，考评工作既能真实反映员工的工作成绩，又能促进员工工作积极性的发挥。

（六）员工情况管理

组织员工心态、满意度调查，谣言、怠工的预防、检测及处理，解决员工关心的问题。

（七）企业文化建设

建设积极有效、健康向上的企业文化，引导员工价值观，维护公司的良好形象。

（八）服务与支持

为员工提供有关国家法律、法规、公司政策、个人身心等方面的咨询服务，协助员工平衡工作与生活。

（九）员工关系管理培训

组织员工进行人际交往、沟通技巧等方面的培训。

课堂思考

阐述员工关系管理的内容。

第二节　酒店员工关爱管理

一、酒店员工关爱的目的

酒店固然是以营利为目的的组织，然而，在一个酒店中同样需要有人文关怀的氛围。这种人文关怀，说到底，就是一种以员工为本的企业理念。为贯彻执行酒店以人为本的精神理念，体现酒店对员工“用心关爱每一人”的关怀，酒店应多了解、掌握员工关心的热点、难点问题，细心关注员工的思想情感波动和情绪变化，帮助员工缓解压力，推出员工领导接待的措施，切实加强管理者与员工之间的沟通，并以此增加员工对酒店的认同感、归属感及忠诚度，进而达到让员工保持更好的工作心态，与酒店共同成长和发展，酒店需要制定关怀管理方案。

二、酒店员工关爱的内容

（一）关怀员工的职业发展

营造想干事、能干事、会干事的环境，给员工提供实现自我价值的职业生涯空间和成长发展机会，实现人尽其才、人尽其用、适才适岗，形成干事有舞台、工作有动力、评价有标准、发展有空间、利益有保障的良好氛围。

（二）关注员工的薪酬、宿舍和餐厅的管理科学

努力为员工改善福利待遇，并给予适当的指导和帮助。

（三）关怀员工身心健康

建立员工健康档案，为员工定期体检，随时监测员工的健康状况，为他们提供健康的饮食计划，帮助员工及时了解身体状况，督导员工关注自身健康。

（四）关心员工家庭生活

帮助员工解决实际困难，做员工的贴心人，对家庭出现特殊困难、家庭遭遇意外灾祸、本人生病住院的员工给予关注和关心。

（五）运用一些小措施来关怀员工

组织各类员工活动，丰富员工的业余生活，实现员工工作与生活的平衡。例如，为员工举办生日会，对员工进行定期与不定期的员工满意度调查；为员工编制一份治安案例防范手册；在员工和管理层之间举办午餐互动会、下午茶派对，组建羽毛球队、篮球队等活动小分队，并定期组织友谊竞赛等；组织年度春节晚会，在新年给员工送上新年礼物；由上级领导每年给员工送上一张小卡片，写上员工的优点和不足；等等。

所有以上这些措施，其目的都在于体现公司对员工的重视和关心，真心关注员工的发展。

三、酒店新生代员工的冲突管理

“酒店新生代员工”是指在酒店服务行业中工作的“85后”“90后”，甚至“00后”，他们的人生价值观具有很大的弹性和可塑性。酒店新生代员工除了关心薪水之外，还关心工作时间、工作环境、培训机会、社会保障等，更关注今后的职业发展和前途。新生代中的小部分独生子女，衣食无忧，很少经历挫折，自我意识更加强烈，更加注重个人和个人感受。他们特立独行，个性张扬，缺乏团队忠诚度，有很强的自尊心，但同时又心灵脆弱。

这一系列问题导致新生代员工难以进入工作角色，与管理者之间、同事之间矛盾重重，冲突不断。

冲突发生在双方的要求、目标、动机不匹配时。冲突的主要矛盾点常常表现在员工对于管理者下达的指令的不理解，执行不到位，批评教育不接受，相同错误不断重犯。这就导致管理者和员工之间沟通受阻、关系紧张，在相同问题一而再、再而三地出现后，管理者尤其是基层督导者便会失去耐心，认为新生代员工本质上就是“不懂事、太叛逆、难管教”，转而采取简单粗暴的教训、扣罚等方法，但仍收效甚微。

“冲突管理”是应用心理学在人力资源管理中的有益尝试与应用。冲突管理理论视冲突为团体中的正常现象，认为冲突是不可避免的，不能以“你死我活，互不兼容，非此即彼”的态度对待冲突，要提倡正确认识冲突、理解冲突，要学会利用冲突、引导冲突，以求双方的和谐与共赢。

冲突管理最重要的两个步骤就是“认知重建”“关系调节”。认知重建，即管理者对新生代员工的行为模式、情感特性、思维方式和认知特点等进行全方位的重新了解和认识、对冲突产生的原因进行客观分析。但是认知重建后，才能在工作中转变相关的管理行为。关系调节，即管理者要在认知重建的基础上采取沟通、协商甚至是妥协的方式来化解冲突，而不是试图掩饰，更不是任其发展。

（一）新生代员工的特点

1. 行为模式

在行为上体现出了自主性。他们渴望独立，试图通过外在的表现宣告自己的成年人身份。但实际上他们对外界的依赖性还很强，抗压能力与挫折承受力还比较弱，并非我们看到的表象的成熟。同时他们具有较强的叛逆意识，缺乏独立生存的能力，无法摆脱对家庭和他人的依赖，而在心理上却不愿意承认，由于缺乏历练，吃苦耐劳的精神明显不足。

2. 情感特征

由于物质的极大丰富和家长的呵护关心，他们对忍耐、礼让、畏惧、顾虑几乎没有什么概念。他们的情感很单纯，敢爱、敢恨、敢想、敢做、敢犯错、自控能力较弱，容易走极端。他们淡化了自己与父母、长辈、领导之间的等级观念，更倾向以平等的身份与人相处。

3. 思维模式

网络时代的到来，一方面促成了他们的思想早熟，他们往往见解独特，并积极表达；另一方面，流行思潮也容易使他们形成片面的思维模式。

4. 认知特征

新生代员工普遍智商较高，好奇心强，接受新事物能力强，具有创新精神，敢于向不合理的规则提出质疑和挑战。但他们的思维和价值观更加趋于功利性，常常以自我为中心。

大部分新生代员工对自己的评价是：思维敏捷、有责任感、敢想敢干、有时缺乏耐心，处理不好人际关系，对前途感到渺茫。他们对管理者的评价则是：有能力、做表率、敬业，有时过于苛刻、不能公平处事。因此，管理者只有摘下“有色眼镜”，切实满足他们被重视、被尊重的需求，才能发挥其爱思考、敢创新的优势，从而提高员工绩效。

这四点都应该放在中性的角度上来看待——这些是“特点”而非“缺点”，要从中找出积极因素来加以引导。他们虽然朝气蓬勃、文化基础好，但他们的自我个性决定了他们会顾虑本职工作是否与个人兴趣、志向吻合，考虑是否利于个人优势和专长发挥，是否有足够的空间来任其发展，自身价值能否实现，酒店品牌的影响力和前景，个人工作自由度，工作环境及人际关系等。管理者要强化自身的倾听技能，做一名积极的倾听者。在解决冲突中，管理者还需要增强自信。要敢于并善于面对面地与员工交流。自信表现和能够控制自己的情绪，能够正确地表达自己的感受，而不是以训斥、轻视甚至是置之不理的态度来显示自己的“权威”。

（二）新生代员工的管理方式

1. 实行轮岗制或交叉培训式

新生代员工，尤其是高学历的员工，自认为是到酒店来学习的，希望能学到更多的实践知识。日复一日的标准化操作流程，一般情况下一个月、三个月、半年左右会对岗位操作内容产生莫名的厌倦感，吵着嚷着要提前离去或轮岗实习。适当的岗位轮换或交叉培训，能给他们带来更多的新鲜感，工作的心情也会更加顺畅。一方面可以适当稳定员工心态，另一方面可以培养多面手人才以备人员紧缺时调度。

在实行这种管理方式时，需要因人而异，因时而定。

（1）一定要看准人，不是每个人都适合轮岗或交叉培训。从人格色彩学的角度分析，活跃猎奇的“红色”员工，对于轮岗或交叉会非常赞成，但耐心不足；不达目标不撒手的“黄色”员工，会为了将来的远大目标努力学习；四大皆空的“绿色”员工，会服从酒店或部门分配，哪怕不轮岗、不交叉培训都无所谓；悲观多疑的“蓝色”员工，则会产生抗拒心理，可能会将“培训机会”误当成“淘汰的台阶”。

（2）一定要把握“度”，不是每个岗位、每个阶段都适合轮岗或交叉培训。专业技术人才，更多地考虑他们的技术修炼以及岗位的晋升，其他员工轮岗也只能学到些皮毛而已。对于互通性的前台服务岗位，则可以考虑轮岗，能有效地提升积极性。轮岗和交叉培训的时间不能太长，也不能太频繁。一般情况下，一次轮岗的周期是两至三年，但如果干得不好，一年后就得回到原来的岗位上，时间太短，又无法完全吃透，有表无实。

当然，实施内部轮岗，并不能避免招聘新人，但如果一个难招的岗位被内部轮岗人才顶替，空出来一个容易招的岗位再从外部招聘，则会大大降低招聘的难度。

2. 推行具有特色的酒店文化

新生代员工在父母祖辈们的赞扬声中长大，多数有着“激励”情结。需要酒店管理人员学会对新生代员工个体进行人格、性格分析，同时积极主动地去发现员工的优点、亮点，针对不同人格的员工运用不同的方式加以鼓励。

新生代员工一般比较有个性、好面子，在“鞭子”管理时需要结合每位员工自身的性格特点采取不同的管理方式，否则适得其反。如一位性子急、好面子的员工，领班在召开例会时当众点名批评他，他可能会当众顶撞，甚至以旷工方式进行反抗；如果是一位非常内向的员工，则可能暗自神伤，最后悄然离去。自信的管理者对待员工是开放、平等、诚恳的，“家长式”的管教远不如“朋友式”的帮助。

3. 酒店人文关怀和人性化管理

始终坚持以人为本，将酒店人文关怀延伸至工作之外，除待遇外，酒店可在食宿、管理方法和手段等方面体现对员工的人文关怀和尊重，特别是对那些来自遥远他乡的员工，生活中有水土不服、生病、饮食不习惯现象时要加倍细心照顾，并可定期举办各种丰富多彩的员工文化活动，保障他们有寻求支援和帮助的渠道，帮助他们顺利渡过难关，安心工作。只有让员工感受到酒店的“爱”，他们才能真正理解酒店的“企业文化”，这比上酒店文化培训课要来得更加记忆犹新。所以，对于新生代的员工，酒店不能实行“统一”管理，需要“人性化”“个性化”的人文关怀。顺应他们的心理特点，给他们营造一个良好的氛围，他们可以更好地为酒店发光发亮。

4. 倡导参与管理，集思广益

酒店管理者要强化自身的倾听技能，做一名忠实、积极的倾听者。仔细听，并“移情”员工，努力理解对方的观点。管理者不仅要权衡工作量的分配，还可适度“授权”，让他们参与管理。新生代员工有个性，更有想法和创意，敢说敢做。如果酒店能让他们参与管理策略、活动方案等探讨，献计献策，一方面可以使他们化消极地服从为积极主动地参与，降低他们的抵抗心理，增强对酒店文化的认同感，甚至能维护酒店的利益协助管理。另一方面，每个人都有自己的特长和优势，参与管理能集思广益，充分发挥他们的聪明才智，挖掘潜能，让他们感受到酒店对他们的尊重与信任，在酒店能体现他们的价值，这样才能营造一个平等和谐的工作氛围，他们也将对未来的无限憧憬与酒店紧密相连。

5. 注重文化氛围，用知识武装

磨刀不误砍柴工。培训，就是“磨刀”。每个人的成长，离不开挑战和学习，但得知道自己这把刀是否还够“刃”，哪些地方出现钝化，要磨到什么程度才够“利”。酒店磨好自己的刀，才用得顺手，才能“刀口向外”，才能保持良好的战斗力。新生代员工，也只有磨好自己这把刀，才能够披荆斩棘、所向披靡。

对于酒店和新员工来讲，需要特别重视入店培训、入职培训、管理提升性培训等任何培训机会。

（1）用酒店文化留住人。好的企业文化和理念，员工认同是对企业忠诚度高，或许待遇并不高，但员工乐意在这种氛围中工作。

（2）培训师资力量的强化是做好各类培训的关键之一。

（3）管理人员要身先士卒，起很好的表率和模范带头作用。

管理者应以自己的个人魅力影响下属员工，让员工从内心由衷地敬佩，并乐意去工作，由“要我做”变为“我要做”。大多新生代出校门后心态把握不好，不够踏实、心浮气躁、眼高手低、自以为是，酒店管理者要耐心教育，鼓励他们从小事做起，从基层做起，逐步完善自我，摒弃“眼高手低”和“一切朝钱看”的观念。培训时不仅需要教授他们酒店的企业文化和服务标准，更要端正他们的工作心态，教会他们认清自己的角色，正确定位。

6. 建立健全考核激励机制

制定并运用科学的评价方法对员工的表现和综合素质进行评价，对工作成绩显著、综合素质全面、基础较好的骨干员工要予以奖励和提供晋升空间。

7. 持续重视职业生涯规划，共同成长

经营之神松下幸之助先生曾经问松下公司新员工说：“松下公司生产什么？”当大部分的新人回答“松下电器”时，幸之助先生予以否定：“松下公司生产的是‘松下人’。”在数十年前，松下幸之助曾为松下公司制定出250年的企业发展规划，他首先提出培养“松下人”的战略要求，希望通过培养一支优秀的松下人军团来缔造出松下帝国。

高昂的工资待遇是招人的强大诱惑，但却不是吸引人、留住人最有力的理由。所以，酒店可根据当地的消费水平进行绩效评估，注重员工职业生涯规划设计，测定员工的期望，持续强化酒店员工人才培养体系，同时给予管理培训生、高级服务员等职业前景培养，结合员工特性，帮助他们制定个人职业发展目标，并将有潜力的、表现出色的员工选拔出来，纳入酒店人才库。

课堂思考

员工关爱的内容有哪些？

新生代员工的特点有哪些？

第三节　酒店跨文化管理

一、跨文化管理介绍

目前，酒店经营管理重点正战略性地向其他国家发展，由此形成了东道国和母国的关系。不仅要为来自全球的客人提供服务，更多时候要与来自不同国家、具有不同背景的同事交往。由于不同国家不同民族拥有自己独特的文化，因此员工之间存在显著的文化差异。

跨文化管理又称为“交叉文化管理（Cross Cultural Management）”，即在全球化经营中，对于公司所在国的文化采取包容的管理方法，在跨文化条件下克服任何异质文化的冲突，并据以创造出企业独特的文化，从而形成卓有成效的管理过程。

其实跨文化管理并不是一个新的事物，它起源于古老的国际商贸往来。早在古代时期，古埃及人、腓尼基人、古希腊人就开始了海外贸易，并懂得了如何与不同文化背景下的人们做生意。到了文艺复兴时期，丹麦人、英国人以及其他一些欧洲国家的商人更是建立起了世界范围的商业企业集团。当他们与自己文化环境以外的人们进行贸易时，他们就会对与他们不同文化背景下产生的语言、信仰以及习惯保持敏感以避免发生冲突并顺利实现交易。这些其实就是在从事跨文化的经营与管理活动。不过这时候的跨文化管理活动完全取决于从事贸易活动的商人们的个人经验，有关文化及文化差异与相似的研究也仅仅是人类学家的事。公司与企业还很少注意对文化及其差异的研究，跨文化管理也还未成为一门独立的科学。

跨文化管理真正作为一门科学，是在 20 世纪 70 年代后期的美国逐步形成和发展起来的。它研究的是在跨文化条件下如何克服异质文化的冲突，进行卓有成效的管理，其目的在于如何在不同形态的文化氛围中设计出切实可行的组织结构和管理机制，最合理地配置企业资源，特别是最大限度地挖掘和利用企业人力资源的潜力和价值，从而最大化地提高企业的综合效益。

跨文化管理学科的出现是时代发展的产物，全球化经济迫使来自不同文化的个体和群体在一起工作和学习，让产品被不同习俗的人群所接受和使用。对许多跨国公司的管理人员来说，跨文化管理已成为他们日常事务的一部分，他们与来自不同文化的人共事，通常的情况是自己的老板、直接主管或同事都来自与自己不同的国家。比如，在微软工作的员工，面对的就是这样的情形。可能一个七人团队就代表了五个国家。因此，管理人员不仅得学习某一种特定的文化，还得学会如何同时应对五种文化分别对员工自身工作态度和行为的影响，以及对他们之间的交往互动的影响。

实行全球化经营，企业面临的是一个个与母国有着诸多差异的生产经营环境，包括经济环境、政治环境、法律环境、社会环境、文化环境等。但其中，文化环境对于企业的经营来说，其影响是全方位、全系统、全过程的。这是因为文化是社会生活的总和，它包括诸如一般行为、信仰、价值观、语言和社会成员的生活方式等要素，也是某区域内人们的价值观、特性或行为的特征表现。在不同文化背景下的企业经营中，最重要的就是要理解消费者观念、价值观和社会需求的差异。由于企业经营本身即是为了满足客户的需求，当这个需求在很大程度上以文化为基础时，企业就应该努力去理解所要开拓的市场文化规范。由此可见，企业经营环境的跨文化差异是企业在全球化经营中所必然要遇到的一大难题。因此，跨文化管理的成功与否是关系到企业全球化经营成败的关键所在。

二、价值观不同产生的问题

价值观的内容，一方面表现为价值取向、价值追求，凝结为一定的价值目标；另一方面表现为价值尺度和准则，成为人们判断价值事物有无价值及价值大小、是光荣还是可耻的评价标准。世界上的民族众多，形成了各自不同的文化，也造就了不同民族的价值观。

随着中国经济的发展，越来越多的跨国酒店集团在中国投资建立酒店。而文化对于酒店集团的管理是非常重要的，所有的酒店集团都有自己的酒店文化和管理体系，但是不同的国家文化差别很大，人与人之间接受文化的差距也很大，酒店和酒店的文化不同，文化随时代的变化也相当之大。所以酒店集团在跨文化管理时常常会遇到一系列文化的问题等。

三、跨文化价值观培训

（一）语言语用方面的问题

所谓语言语用，即掌握所用语言的语言习惯或表达方式，以及语义的语言应用能力。语言学家海姆斯说过：“不懂得语言的运用规则，语法规则将变得毫无用处。即使说话人用标准的语法遣词造句，在语用行为上却可能让人难以接受。”

（1）不同语言习惯产生的问题。由于表达方式和表达结构的不同，造成母语与目的语的差异，人们容易在跨文化交际中造成语用失误，从而阻碍双方的交流。酒店的服务员和客人熟悉后，再见到时就会进行日常的问候。酒店服务员见到客人都要问好，这是一种服务意识，但如果忽略了不同的语言习惯，就容易出现误解的现象。例如，有一个服务员在问候时，先是说“Good morning”，之后又问“Sir，where are you going？”国外客人听后很不高兴。因为服务员利用了中国的问候语言习惯，如问“到哪儿去啊”等，这在中国人看来是对对方的一种问候，但是外国人尤其是欧美人却误解为干涉他们的生活，探听他们的隐私。

（2）字面意义的差异而产生的问题。由于两种语言的差异，一种语言的字面意义是不能与另一种语言的意义进行等同的，否则会造成相互间的信息传递不畅，不能领会到对方的真正用意，从而影响相互间的交流合作。例如，曾经有一位酒店行李员在为一位欧洲游客搬运完行李后，客人说了一句：“Thank you for your help！”以此表示感谢，而行李员却说“It’s my duty！”这按照字面的意义可以有不同的理解，当酒店行李员对国内游客服务后说“这是我应该做的”，游客听起来会很舒服，但是欧美国家的客人却会把“It’s my duty！”理解为“这是我的责任”，认为行李员并不是很乐意为他服务，而是迫不得已才帮忙的。这使原本为了让客人满意的服务却因为客人的误会而对酒店的印象大打折扣。

（二）非言语行为方面的问题

非言语行为包括说话时的语调、语气、语速、音量、身姿、手势、表情、服饰、体距等，非言语行为具有鲜明的文化特征，不同的国家和民族有很大的区别，甚至表示的意义正好相反。在跨文化交际中，如果对对方的文化习俗不熟悉或不了解，某些非言语行为会导致交际障碍，甚至引起冲突。如中国人会因为自己的言行不适而感到尴尬，女生常常会吐吐舌头，伴之以脖子一缩，而英美人没有办法接受这样的行为。因为他们认为吐舌头是一种粗鲁的表现，这种动作带有一定的贬斥、戏谑色彩。再如，有位英语国家客人在中国入住酒店后，询问服务员关于服务的问题时，服务员低着头回答客人问题。因为服务员没有与其进行眼神交流，使得客人很生气。在中国人看来，不与对方眼神交流是表示尊敬或服从，而英语国家的人则认为没有眼神交流是缺乏诚意的表现。可见，彼此的非言语行为的不同含义很容易造成交流的误会。

课堂思考

酒店集团在跨文化管理时经常遇到哪些问题？

第四节　人力资源危机管理

一、危机管理

危机管理是指企业、政府部门或其他组织为应对各种危机情境所进行的规划决策、动态调整、化解处理及员工培训等活动过程，其目的在于消除或降低危机所带来的威胁和损失。

酒店危机是指由于突发性的重大事件，对酒店的经营管理造成重大影响，使酒店陷入生存与发展的严重困境。酒店危机管理，就是通过对酒店危机的监测、防范、决策和处理，达到避免和减少危机。

在众多的酒店经营者和危机管理的研究者当中，人们往往只是把目光投向容易让人感觉得到的财务危机、营销危机、公关危机等方面，而对于人力资源危机却没有给予足够的重视。实际上，人力资源是酒店在市场竞争中获胜的决定性因素，因此人力资源危机的管理应给予足够的重视。

二、人力资源危机管理的概念

人力资源危机管理是酒店在对人力资源危机成因及征兆进行分析的基础上，在危机产生之前，对人力资源危机进行有效识别，并根据预警信号采取措施防范危机；并在人力资源危机发生后及时、有效采取措施应对危机的管理过程。

三、人力资源危机产生的原因

（一）外部原因

外部的原因是指独立于酒店之外的原因，这类原因是酒店主观上不能够改变的，唯一能做的只能是分析、预测并做好准备。

1. 社会经济发展形势

一般地，在经济繁荣时，人民的收入水平增加、失业率降低、酒店业务量增加、对于人员的需求量也较高。反之，如果社会经济不好，酒店的业务量可能减少，酒店可能面临裁员的尴尬。

2. 行业发展趋势

酒店所处的行业发展趋势的好坏，可能会影响到酒店的各个方面，包括酒店的人力资源。

3. 劳动力市场的变化

劳动力市场的变化会引起酒店的劳动力的变化，从而引起酒店人力资源危机。当酒店所处的劳动力需求市场上供小于求时，酒店很难招聘到合适的员工，可能会引起招聘危机。

4. 竞争对手的人力资源策略

竞争对手的人力资源策略也是影响酒店人力资源的一个外部原因。当竞争对手提供较高的薪酬、较好的福利、较好的职业发展前景等，本酒店的人力资源将存在较高的流动风险。

（二）内部原因

内部原因主要是由酒店的内部问题引起的人力资源危机，这类危机酒店比较好控制和处理。

1. 酒店人力资源管理部门内部存在缺陷

酒店人力资源管理部门内部缺陷主要表现为：酒店学习力低下、人员配备不当、职责分工不清、人力资源管理机制不完善、人力资源管理理念僵化等。

2. 酒店人力资源激励与管理不合理

具体表现在选拔和招聘人才不当、考核方法不合理、评价标准不稳定、考核人员受主观因素左右、考核人员水平不高、人事制度不健全、人员流动频繁、工资激励制度缺乏力度、权利和责任不对称、惩罚不合理、人际沟通不畅等。

四、人力资源危机的类型

人力资源危机一般属于管理失控状态下的危机，主要有四种类型：酒店文化危机、酒店员工忠诚度危机、人力资源过剩危机、人力资源短缺危机。

（一）酒店文化危机

酒店文化危机是目前酒店最常见的一种人力资源危机。它的本质在于缺乏正确的酒店核心价值观或缺乏核心价值观的有效沟通与传播途径，表现为员工缺乏对酒店社会存在价值与理由的认知或认同，一盘散沙。酒店文化危机产生的根源在于酒店管理者缺乏崇高的精神境界或文化建设能力，在酒店内部无法营造出酒店可持续发展的生生不息的内驱力和精神支柱。

（二）酒店员工忠诚度危机

员工忠诚度高低是影响酒店生存和发展的重要因素之一，是酒店管理好坏的重要指标。员工忠诚是员工对酒店的认同和竭尽全力的态度和行为，具体表现为在思想意识上与酒店价值观和政策等保持一致；在行动上尽其所能为酒店的发展做贡献，时刻维护酒店的利益。

酒店员工忠诚度危机主要体现在以下三点：员工流动率高、工作积极性低、职业素质较低。

（三）人力资源过剩危机

人力资源过剩危机是因人力资源配置超过酒店经营发展需要而产生的危机。通常在三种情况下发生：一是酒店并购活动中，重复机构撤并时，会造成人员富余；二是酒店效益不佳，需撤销分支机构或缩减业务规模时，而产生人员富余；三是目标过高的战略失败后，高目标的人力资源配置造成大量冗员。

（四）人力资源短缺危机

人力资源短缺危机是相对于酒店面对激烈的市场竞争环境，生存和发展所需的竞争力而言的。酒店人力资源短缺危机主要有两种表现形式：一是人力资源数量结构性短缺，即各职类、职种的核心人才缺乏；二是人力资源素质水平满足不了战略要求。

五、人力资源危机的解决方法

（一）完善薪资福利制度

要想留住员工并提升员工的忠诚度，酒店就需要制定完善的薪酬福利制度，具体表现在以下几方面：

（1）坚持薪资福利设计的基本原则，即内部公平性、外部竞争性、激励性、可行性。

（2）加强有效的薪资福利沟通。

（3）系统满足员工多层次的需求，理解员工的具体需求。

（4）动态满足员工需求，加强对员工的培训与开发，帮助员工规划职业生涯。

（二）培养酒店员工患难与共的酒店价值观

作为一个酒店的员工，其自身的价值取向和酒店价值观的有机结合就形成了员工对酒店价值观的认同，只有形成员工对酒店价值观的认同，酒店才能不断提升酒店的向心力和员工忠诚度。

（1）要逐步完善、修正公司的价值观，使其成为公司价值和个人价值的统一体，要对员工进行经常性的价值观教育，利用不同形式，从不同角度阐述价值观对个人和酒店发展的意义和重要作用。

（2）通过学习把实现公司核心价值观变为员工的自觉行动。为有能力、高度认同公司价值观的员工创造晋升和实现其价值的渠道和平台。

（三）加强“以人为本”酒店文化的不断建设

所谓“以人为本”的管理，是指在管理过程中以人为出发点和中心，围绕着激发和调动人的主动性、积极性、创造性展开的，以实现人与酒店共同发展的一系列管理活动。酒店可以采取以下措施：

（1）创造良好的环境促进人的发展和酒店的发展。

（2）将员工目标与酒店目标相结合，将酒店变成一个学习型酒店，可以使得员工实现自己的目标。

（3）科学、合理地使用人才，追求员工与酒店的共同发展，就要有知人善任的本领，要尊重员工的愿望和要求，让员工在为酒店建功立业的过程中发展自己。

（四）加强与员工的沟通技巧

管理者与员工之间适当的沟通，除了能帮助员工解决亟待解决的问题、及时了解员工近期的工作情况之外，还可以拉近彼此之间的职级距离，创造和谐温馨的工作环境，激发员工的工作热情，提高员工对上级领导的满意度和认可度，从而使员工更积极努力地工作。

（五）酒店关注员工的心理变化，并及时做出应对措施

对于一些工作不在状态、经常犯错、消极工作的员工，酒店应该多加关注，及时了解这些员工的心理变化，并及时加强沟通，如果的确是员工对酒店的忠诚度发生了变化，酒店与员工都应该积极找出解决问题的办法。如出现对工作或者酒店其他方面不满意的地方而准备辞职的，或者已经辞职的员工，酒店应该做好如下工作来挽回和完善酒店员工忠诚度，防止员工忠诚度下降给酒店带来的不利影响。

六、酒店人力资源管理对酒店危机管理的作用

（一）管理层的危机应对能力

自然灾害、重大政策调整、公共安全事件、公共卫生事件往往会对酒店的生产经营造成致命的影响。在面对上述问题时，管理层的危机的态度和决策处理能力，直接关乎酒店的生存与今后的战略方向。

（二）专业的危机应对团队管理

酒店需要具有专业化水平的危机应对团队，具备较强的危机管理意识，了解危机发生后的应急处理程序，掌握所需要的专业技能。同时，需要与相关的机构、媒体保持良好的沟通，以便酒店在第一时间正确处理好危机，将损失控制在最小范围内。

（三）全员危机管理培训

酒店日常应对全员加强各项危机管理培训，包括危机意识、危机预防、危机处理、规范行为等，日常定期组织消防演练、食品安全检查、安全隐患排查、工程设备维护、财务资金审计、管理流程规范等，提升全员危机管理能力。

案　例

金陵大肉包

2020 年春节，突如其来的新冠疫情，导致整个酒店业陷入“停工停摆”状态，生产经营受到巨大冲击，并且疫情影响的持续时间也无法准确预测。而在 2 月 17 日，南京金陵饭店集团接到紧急任务，36 小时赶制 10000 个金陵大肉包、3000 份盐水鸭驰援湖北黄石抗疫一线，此次任务赢得社会一片赞誉。这 36 小时，刷新了金陵大肉包的烹制纪录，其倒逼出来的效率和产量让金陵饭店全员上下为之一振。

基于上述事件和对于市场的判断，金陵饭店集团决定全力组织生产自救，最大限度地释放产能，一场名为“春雨战役”的生产自救行动于 2 月 21 日正式打响。2 月 21 日当天，金陵大肉包、盐水鸭等金陵美食正式上线销售，截至 3 月 31 日，金陵大肉包销量突破 100 万个。各连锁酒店除盐水鸭、大肉包等金陵经典美食外，结合当地市场需求，因地制宜，推出区域化、个性化产品，包装打造特色产品；预售大促产品整合客房、餐饮、婚宴喜宴等，进行组合报价，以超乎预期的优惠价吸引流量。金陵饭店集团凭借精准的洞察力和惊人的行动力，准确识变，主动求变，从眼前的危机、眼前的困难中迅速捕捉和创造机遇，让集团闯出了酒店外卖的新空间，跑出了生产自救的加速度。

"春雨战役"的成功基于三个方面的原因：一是在疫情之下，无论是硬核驰援，还是生产自救，都充分彰显了金陵饭店集团作为国企的政治觉悟和责任担当，充分展示了应对市场巨变的快速反应能力。二是以互联网为载体，创新营销模式，发动全员营销，并且以质量为根本，满足市场需求。三是组织劳动竞赛，鼓舞员工士气，在酒店业普遍停工的条件下，主动为员工创造复工的机会。

课堂思考

某一天，在H酒店自助餐厅用餐的一半以上的客人感到身体不适，不少客人被送往医院救治，请思考H酒店处理此次危机的正确步骤。

知识链接 搜索

员工满意度调查问卷

《酒店员工满意度调查问卷》

尊敬的女士／先生：

您好！感谢您在百忙之中抽出时间填写此问卷，此次问卷旨在了解你们对本酒店的满意情况。希望将您的意见和建议反映给我们，谢谢！

本次调查为不记名调查，无须署名，请放心作答，我们将严格为您保密。（请选择符合您实际情况和意向的答案，如无特殊说明每个问题仅有一个答案。）

第一部分：个人情况

性别：□ 男　□ 女

所在部门：

年龄：□ 18~25 岁　□ 26~30 岁　□ 30~40 岁　□ 40 岁以上

任现职时间：□ 6 个月以内　□ 6~12 个月

□ 1~2 年　□ 2~5 年

□ 5 年以上

第二部分：工作感受

1. 您认为酒店目前的工作环境（　　）。

A. 很好　B. 较好　C. 一般　D. 较差

2. 您认为目前的工作氛围（　　）。

A. 很和谐　B. 和谐　C. 一般　D. 压抑

3. 您认为部门上班时间安排（　）。

A. 很合理　B. 较合理　C. 一般　D. 不合理

4. 您对酒店规章制度的遵守程度（　）。

A. 非常高　B. 较高　C. 一般　D. 较低

5. 您认为自己的能力是否得到了充分发挥（　）。

A. 已尽我所能　B. 未能完全发挥

C. 对我的能力有些埋没　D. 没有能让我施展的机会

6. 您对本店会议信息传达及时性、准确性（　）。

A. 很满意　B. 较满意　C. 一般　D. 不满意

7. 您与同事之间工作关系（　）。

A. 很融洽　B. 较融洽　C. 一般　D. 不融洽

8. 您对部门负责人的管理水平（　）。

A. 很满意　B. 较满意　C. 一般　D. 不满意

9. 您对酒店员工转正、晋升考核制度（　）。

A. 很满意　B. 较满意　C. 一般　D. 不满意

10. 您对酒店员工活动组织 / 安排（　）。

A. 很满意　B. 较满意　C. 一般　D. 不满意

11. 您对本店企业文化建设（　）。

A. 很满意　B. 较满意　C. 一般　D. 不满意

12. 您对酒店目前的福利政策（节假日福利、生日福利、健康体检、带薪假期等）（　）。

A. 很满意　B. 较满意　C. 一般　D. 不满意

13. 您对目前的薪资待遇（　）。

A. 很满意　B. 较满意　C. 一般　D. 不满意

14. 您对酒店员工食堂：①菜肴质量（　）②环境卫生（　）③工作人员的服务态度（　）。

A. 很满意　B. 较满意　C. 一般　D. 不满意

15. 您对酒店住宿情况：①住宿条件（　）②环境卫生（　）③宿舍管理（　）。

A. 很满意　B. 较满意　C. 一般　D. 不满意

若对以上不满意，您觉得需改善的地方或其他建议

16. 您对本店培训：①新员工入职培训（　）②部门在岗培训（　）③培训数量（　）④培训时间安排培训效果（　）。

A. 很满意　B. 较满意　C. 一般　D. 不满意

若对以上不满意，您觉得需要改善的地方或其他建议______________。

17. 除薪酬外，您最看重（　）

A. 提高自己能力的机会　B. 好的工作环境

C. 和谐的人际关系　D. 工作的成就感

E. 其他，请详述：________

18. 您认为本部门人员流动的根本原因是（　　）（可多选）。

A. 福利待遇　　B. 工作氛围　　C. 上级管理　　D. 同事关系

E. 其他，请详述：________

19. 您认为目前店内最大的问题是（　　）（可多选）。

A. 没有提升机会　　B. 工作环境较差，人际关系不太和谐

C. 管理混乱　　D. 工作量大，太累

E. 其他，请详述：________

20. 您认为目前的工作（　　）。

A. 很合适，并且有信心、有能力做好

B. 是我喜欢的工作，但自己的能力有所欠缺

C. 不是我理想的工作，但我能够做好

D. 不太适合，希望换一个岗位

21. 您认为在公司工作有没有发展前途？（　　）。

A. 有　　B. 说不准　　C. 没有

22. 就目前情况来说，您对酒店最满意的地方是（请概述）：

23. 您认为自己最需要哪些培训？（请概述）：

24. 您对本店的其他意见及建议（请概述）：

25. 总体来说，您对酒店是否满意：□ 是　　□ 否

若不满意，最主要的原因是：（请填写）

感谢您抽出宝贵的时间完成该调查问卷，谢谢！

______年______月

复习与思考

一、名词解释

跨文化管理

员工关系管理

人力资源危机管理

二、简答题

1. 冲突管理的两个重要步骤。

2. 新生代员工的管理方法。

3. 怎样解决人力资源管理中常见的危机？

三、单选题

1. 如果你想送一条领带或围巾给一位拉丁美洲人，最好不要送（　　）。

A. 绿色　　B. 红色　　C. 紫色　　D. 蓝色

2. 马来西亚的主要宗教是（　　）。

A. 佛教　　B. 伊斯兰教　　C. 基督教　　D. 东正教

四、多选题

1. 酒店集团在跨文化管理时常常会遇到一系列的问题，其中包括（　　）。

A. 东道国和母国的文化问题

B. 酒店文化与员工本国文化问题

C. 不同国籍员工之间的文化问题

D. 新生代员工与酒店管理的问题

2. 从管理职责来看，员工关系管理主要有哪几个方面？（　　）

A. 劳动关系管理

B. 员工纪律管理

C. 员工人际关系管理

D. 员工沟通管理

3. 人力资源危机管理常见的类型有哪些？（　　）

A. 酒店文化危机

B. 酒店员工忠诚度危机

C. 人力资源过剩危机

D. 人力资源短缺危机

五、案例分析题

王经理是酒店前厅部经理，最近他发现新来的应届生员工小李的情绪经常比较低落，于是在班前会后，王经理单独找到小李进行谈话，通过了解，原来小李对酒店工作时间有很大的异议，他认为酒店要求提前半小时到岗是过多占用了自己的个人时间。

因此，小李准备重新找适合自己的工作。由于王经理从未接触过此类事情，陷入了新生代员工管理的困惑中。

思考题：

如果你是王经理，你将怎么应对小李的困惑？请阐述你将使用什么方法让小李安心在酒店工作。

参考资料

陈建华．企业人力资源危机的识别与评估研究［J］．辽东学院学报，2004.

漆丽．企业人力资源危机管理［D］．贵州大学，2007.

黄攸立，司冬玲．企业人力资源危机类型及其对策［J］．价值工程，2004.

张璨，论企业人力资源管理危机及应对措施［J］．现代经济信息，2017-10-05.

李树峰．基于心理契约的酒店“80后”员工管理［J］．管理观察，2014.

周俊．酒店员工人性化管理浅析［J］．人才资源开发，2013.

张园．浅论员工关系对改善酒店服务质量的管理举措［J］．科技经济导刊，2020.

邵亮．浅析酒店经营管理中的跨文化关系［J］．中国集体经济，2018.

施永兵．外资酒店在华跨文化管理中存在的问题和对策——以洲际酒店为例［J］．商业经济，2017.

项目策划：段向民
责任编辑：武　洋
责任印制：钱　宬
封面设计：武爱听

图书在版编目（CIP）数据

酒店人力资源管理实务 / 方向红，陆勤，苏炜主编. -- 2版. -- 北京：中国旅游出版社，2021.8（2025.2 重印）

中国旅游院校五星联盟教材编写出版项目　中国骨干旅游高职院校教材编写出版项目

ISBN 978-7-5032-6729-1

Ⅰ．①酒…　Ⅱ．①方…　②陆…　③苏…　Ⅲ．①饭店－人力资源管理－高等职业教育－教材　Ⅳ．①F719.2

中国版本图书馆 CIP 数据核字（2021）第 110700 号

书　　名：酒店人力资源管理实务（第二版）

作　　者：方向红　陆 勤　苏 炜
出版发行：中国旅游出版社
（北京静安东里6号　邮编：100028）
https://www.cttp.net.cn　E-mail:cttp@mct.gov.cn
营销中心电话：010-57377103，010-57377106
读者服务部电话：010-57377107
排　　版：北京旅教文化传播有限公司
经　　销：全国各地新华书店
印　　刷：三河市灵山芝兰印刷有限公司
版　　次：2021年8月第2版　2025年2月第2次印刷
开　　本：787毫米×1092毫米　1/16
印　　张：15.5
字　　数：301千
定　　价：39.80元
ISBN　978-7-5032-6729-1